KB272486

963
직장인
마라톤

963 직장인 마라톤

42km 스마트 러닝 루틴

곽원철 지음

처음북스

서브4 러너의 책이라고 하면 타고난 체력이나 독한 의지의 서사를 떠올린다. 그런데 이 책의 저자는 다르다. 자동차 부품 회사에서 일하며 매일 기계와 사람을 상대하는 엔지니어 출신 임원이, 일과 삶과 가족 모두에 몰입하기 위해 달리기까지 치밀하게 조직한다. 엔지니어의 노동과 삶을 연구하는 내게 저자는 그 자체로 흥미로운 사례다. 9-6-3 프레임워크로 좌표를 잡고, 스마트워치와 생성형 AI를 거리낌 없이 끌어다 쓰며, 출장지에서도 미리 주로를 확보한다—모든 것이 니트하게 짜여 있으면서도 억지스럽지 않다. 공정을 최적화하던 감각이 자신의 러닝에도 고스란히 작동하는 셈이다.

러닝 이코노미, VO₂max, 케이던스 같은 개념이 교과서에 머물지 않는 점도 인상적이다. 저자는 이 숫자들을 자기 몸으로 체감하고 검증한 과정을 솔직하게 풀어놓고, AI로 데이터를 해석해 훈련에 적용하는 대목까지 시의적절하다. 이론과 경험과 기술이 하나의 루틴 안에서 순환하는 것이 이 책의 힘이다.

재능 있는 사람의 달리기가 아니라, 이를 악물고 뛰는 사람의 달리기도 아니라, 하루를 잘 조직하는 사람의 달리기를 배우라는 것이 이 책의 메시지다. 루틴을 세우고 마일리지를 쌓다 보면 몰입과 정체성이 생기고, 부상 없이 일상과의 조화 속에 오래도록 달릴 수 있게 된다. 내가 늘 부러워하던, 결승선을 딸과 함께 통과하며 환하게 웃는 저자의 사진을 보며 독자 여러분도 그 장면의 주인공이 될 수 있으리라 믿는다.

양승훈 경남대학교 사회학과 교수, 〈중공업 가족의 유토피아〉, 〈울산 디스토피아〉 저자

공학을 전공하고 본업을 이어가는 생활인으로서, 오래 달리기는 오랫동안 나와는 거리가 있는 활동이라 생각해 왔다. 코로나를 계기로 걷기에서 시작해 러닝을 이어 오며, 최근 몇 년간 풀코스를 꾸준히 완주하고 있지만 여전히 달리기는 배워 가는 과정이다.

이 책은 그런 '평범한 생활인 러너'를 위한 드문 안내서다. 기록 향상이나 이론 중심의 훈련서가 아니라, 바쁜 일상 속에서도 부상 없이 오래 달릴 수 있는 루틴과 마인드를 균형 있게 제시한다. 무엇보다 복잡한 내용을 과장 없이 풀어내는 문장이 술술 읽히며, 실제 경험에서 비롯된 통찰이 자연스럽게 전달된다. 특히 마일리

지의 축적, 루틴의 힘, 지속 가능한 달리기에 대한 메시지는 많은 독자들에게 깊은 공감을 줄 것이다.

달리기를 '특별한 사람들의 영역'에서 '나의 일상'으로 바꾸고 싶은 이들에게, 이 책은 가장 현실적인 출발점이 되어 줄 것이다.

이임평 서울시립대학교 공간정보공학과 교수, (주)이노팸 대표

작가가 삶의 빈자리를 달리기로 채워 가는 과정은 제가 50살이 다 되어 발레를 배워 온 시간과 닮아 있었습니다. 이게 뭐지 하면서 조각조각 주워 배우다가 흠뻑 빠져 욕심을 부리다가 다치기도 하고, 더 크게 다치지 않게 안전한 범위를 정해가며 반복하는 것을 즐기며 만족하게 됩니다. 이제까지 없던 다른 자아를 만나게 되는 그 과정을 힘들게 겪어가는 '저 혼자만 진지한' 마음도 비슷했고요. 결국 몸에 딱 달라붙는 부끄러운 옷을 자랑스럽게 입게 된다는 목적지마저도 같더라고요. 달리기로 삶을 채워나가는 이 잘생긴 중년 사람 작가의 책을 읽으면서 여러분도 비어 가는 중년의 시간을 채워 보시길!

배진수 세종대학교 AI융합전자공학과 교수, 발레책 〈물리의 뽈리에〉 저자

내게 "요즘 인생에 낙이 있다면, (   )다"라는 문장 속 빈칸은 언제나 운동의 한 종목으로 채워진다. 그게 달리기였던 시절도 제법 길었다. 낙이라고 퉁쳐 말하지만, 매일의 에너지를 채우는 충전법이기도, 스트레스를 털어내는 도피처이기도, 삶의 태도를 가다듬는 훈련장이기도 하다. 비밀 아닌 비밀이지만, 스타트업에 투자하는 직업을 가진 사람으로서, 창업자가 무엇이든 한때 몰두했던 운동이 있었다 하면, 마음 속으로 가산점을 주기도 한다. 거쳐갔던 여러 운동의 종목 중에, 돌이켜보면, 달리기만큼 확실한 도파민 충전기이자, 문턱 낮은 삶의 수련법이었던 게 있었나 싶다. 달리기에 발을 들여놓았거나 놓으려는 보통의 분들에게 친절한 가이드가 되어 줄 만한 책을 만나게 되어 반갑다.

제현주 인비저닝파트너스 대표, 〈일하는 마음〉, 〈내리막 세상에서 일하는 노마드를 위한 안내서〉 저자

처음에 출판사로부터 '달리기에 대한 책을 써 보지 않겠느냐'는 제안을 받았을 때, 당황하지 않을 수 없었습니다. 저는 엘리트 선수나 코치도 아니고, 운동 생리학이나 스포츠 의학의 권위자도 아닙니다. 일반인이지만 풀코스만 백 번 이상 완주했다거나 sub-3를 밥 먹듯이 하는 러닝 고수도 아니고, 주제에 상관없이 이름값만으로도 썼다 하면 책이 날개 돋친 듯 팔려 나가는 셀럽도 아닙니다. 50대 직장인이자 가장으로서, 바쁜 일상에서 매일 출근 전 10km 달리기를 수년째 이어 가고 있고, 매년 봄가을 각 1회 풀코스를 4시간 내외의 기록에 완주하는 정도로 러너의 정체성을, 나름 만족스럽게, 유지하고 있을 뿐입니다. 이런 사람이 쓴 책에 관심을 갖는 독자가 있으려나? 반문했지만, 오히려 그런 '평범함'이 독자들에게 더 와 닿을 수 있다, 지금 시대에 필요한 것은 평범한 사람들을 위한 달리기 책이다, 라는 출판사의 설득에 솔깃해져 버렸습니다.

서점에도 가 보고, 동네 도서관 서가도 뒤적여 보았습니다. 과연 전문가들이 쓴 훈련 프로그램과 분석 도서들, 그리고 유명인들의 달리기 에세이들은 많더군요. 그런 책들은 공부도 되고, 보는 재미도 있고, 이런 놀라운 삶도 있구나 하는 경외심도 듭니다. 어쩌면 독자들에게 새로운 동기 부여가 될 수도 있겠지요. 하지만 저 같은 평범한 사람이 42km를 달리게 되는 과정, 그 과정에서 루틴이 만들어지고, 인생의 축이 하나 더 생기는 흐름을 다룬 책은 많지 않더군요. 있다고 하더라도 글쓴이의 개인적인 감상 위주거나, 신변잡기를 포함한 수필 수준에 멈추는 것이 아쉬웠습니다. '이런 내용을 참고해서 나도 풀코스를 준비해 볼 수 있겠다'는 실용적 감각과, '이런 사람도 했으니 나도 할 수 있겠네'라는 공감 사이의 균형을 맞춘 책은 생각보다 많지 않더라는 거죠. 그제서야 아, 내가 그런 책을 쓴다면 누군가에겐 도움이 될 수도 있겠구나, 싶었습니다.

책 본문에 반복해서 나오지만, 제가 생각하는 좋은 달리기는 '부상 없이 안전하게, 일상과의 조화 속에, 꾸준히 오래도록' 달리는 것입니다. 이런 달리기를 유지하기 위한 핵심은, 규칙적인 리듬과 항상성입니다. 뭔가 대단하고 새로운 것을 해내는 것이 아닙니다. 일상에 새로운 습관을 형성함으로써, 생활에 규칙적인 리듬을 부여하고, 이것이 꾸준히 이어지다 보면, 그 과정에서 $10\,km$도 달리고, 하프도 달리고, 여차하면 풀코스도 달리게 되는 거죠. 강한 의지와 자기 절제를 발휘해야 하는 게 아닙니다. 남들보다 뛰어난 체력이나 물질적, 시간적 여유가 필요한 것도 아닙니다. 저도, 독자 여러분도 그런 걸 갖고 태어날 만큼 운이 좋은 사람들이 아니잖아요. 그냥 좋은 리듬을 타고, 그 과정에 방해가 되는 것들을 하나 하나 치워 나가면 되는 겁니다. 이 책은 그런 방법들을 제시하는 것으로 시작합니다.

이 책에서 강조하고자 하는 또다른 축은 '쉽고 편안하게 달린다'는 것입니다. 학창 시절 체력장 또는 군대를 비롯한 조직에서의 구보, 건강을 위해 어쩔 수 없이 등록한 헬스클럽에서 올라 탄 러닝머신에서의 달리기가 전부인 분들에게는, 달리는 게 달리는 거지 무슨 편하게 달리는 방법이 따로 있어, 라며 의아하게 느껴질 수 있습니다. '달리는 기술'에는 빠르게 달리는 기술만 있는 것이 아닙니다. 에너지를 적게 쓰고 편하게 오랫동안 달리는 기술도 분명히 있습니다. 실은 저도 그것을 깨닫는 데 오랜 세월이 걸렸습니다. 서른 전후부터 시작해서 끊길 듯 말듯 간간이 이어 간 달리기가 어언 20년 이상 되었지만, 경제적으로 편하게 달리는 법, 즉 '러닝 이코노미'에 집중하기 시작한 것은 40대를 지나 50대에 접어들면서였습니다. 나이가 들어 가면서 자연의 순리에 따라 점점 약해지는 체력과, 이에 반비례해 점점 무거워지기만 하는 일터와 가정에서의 책임 속에, 달리기를 계속 이어나갈 수 있는 방법이 필요했거든요.

앞서 말한 것처럼 저는 엘리트 선수나 코치도 스포츠 과학자도 아니지만, 산업공학과 경영학을 전공했고 30년 가까이 크고 작은 기업에서 경영 기획과 관리와 전략을 경험했습니다. 뭘 하든지 조금씩 개선해 나가고 효율화하여 이를 현장에 적용하는 데 있어서는 전문가라고 할 수 있을 겁니다. 달리기와 그를 축으로 하는 일상도 마찬가지입니다. 다양한 자료를 공부하며 어떻게 하면 투입(노력, 체력, 시간, 정신력…)을 최소화하면서 최대의 결과(마일리지, 풀코스 완주, 건강, 만족감과 성취감…)를 얻어낼 수 있을지를 고민했고, 매달 $100{\sim}200\,km$ 이상을 달리면서 직접 체험하고 검증해 보았습니다. 그 과정에서 스마트 기기와 생성형 AI 등을 활용하는 것도 주저하지 않았습니다. 달리기에 방해가 되는 것들을 제거해 나가다 보면, 온전히 달리는 데에 집중할 수 있게 됩니다. 그 과정을 이어 가다 보면, 달리기를 통해 '몰입'의 경험도 하게 됩니다. 한번 경험하면 엔간해서는 그만 두기 어려워질 겁니다. 제가 그랬습니다.

마지막으로 강조하고자 했던 것은, 우리 인생에는 달리기보다 중요한 것이 많다는 겁니다. 사람에 따라 다를 수 있겠지만, 평범한 생활인인 제게 가장 중요한 것은 첫째, 가족이고 둘째, 일터입니다. 달리기는 아무리 높아도 3위 또는 그 아래입니다. $10km$가 됐건 하프가 됐건 $42km$ 풀코스가 됐건 그 이상이 됐건, 혼자만의 도전이었던 레이스를 마친 뒤에는, 건강한 모습으로 가족의 품에 안겨야 하고, 다음날에는 일터로 돌아가 여느 때와 다름 없이 활기차게 일할 수 있어야 합니다.

이런 점들을 염두에 두고 이 책을 읽어 보신다면, 여러분도 분명히 부상 없이 안전하게, 일상을 해치지 않으면서, 오래도록 꾸준히 달리실 수 있을 거라고 생각합니다. 우리 모두는, 당신이 생각한 것보다 더 달릴 수 있는 사람입니다.

차례

Chapter 1

왜 달리는가

뻔하지만 하지 않을 수 없는 이야기

만약 바쁘다는 이유만으로 달리는 연습을 중지한다면 틀림없이 평생 동안 달릴 수 없게 될 것이다. 계속 달려야 하는 이유는 아주 조금밖에 없지만 달리는 것을 그만둘 이유는 대형 트럭 가득히 있다. 우리가 할 일은 '아주 적은 이유'를 하나 하나 소중하게 단련하는 것뿐이다.

— 무라카미 하루키

왜 달리는가, 라는
뻔한 질문

달리기에 대한 책을 쓰기 시작했을 때, 나름 집필의 방향으로 생각했던 것 몇 가지가 있었다. 그래, 먼저 나의 정체성을 생각해 보자. 공대 졸업 후 30년 동안 직장인으로서 상장기업 임원도 해 보고 가족을 건사하며 성실하게 살아 왔다. 이런 내가 달리기 책을 쓴다면 바쁜 직장인이 마라톤 풀코스 $42km$를 완주하도록 안내하는 내용을 쓰고 싶었다. 요즈음 젊은 세대들은 열심히 노력한 끝에 뭔가 달성하는 것조차도 트렌디하게 '갓생'이라고 한다던데. 평범한, 어쩌면 보잘것없는 내가 해냈으니까 당신도 할 수 있다고, 마라톤 풀코스 $42km$ 완주라는, 누구에게나 자랑거리가 될 만한 목표를 달성하도록 안내해 준다면 독자들이 관심을 갖지 않을까? 전문 코치나 의사가 아닌 평범한 직장인이기에, 나에 대한 얘기는 가급적 빼야겠다.

이런 나의 집필 의도에 편집자는 처음부터 걱정을 했다. 독자들은 책의 저자가 누구든 그의 개인적인 생각과 경험을 듣고 싶어

할 거라는 조언을 받았지만, 아랑곳하지 않고 초안을 작성해 나갔다. 하지만 책의 뼈대를 잡고 내용들을 연결하면서, '왜'라는 질문에 답을 하지 않고는 흐름이 이어지지 않는다는 것을 뒤늦게 알아차렸다.

'왜 달리는가'에 대한 필자 나름의 의도와 감상을 넣지 않고자 했던 이유는, 솔직히 말하자면, 필자 스스로 달리는 데 특별히 '왜'라는 이유는 없었기 때문이다.

달리기에 익숙하지 않다면 선뜻 이해하기 어려울 수도 있겠지만, 달리기가 삶의 한 부분으로 어느 정도 정착하신 분들이라면 대체로 공감하지 않을까 싶다. 지금 '왜 달리고 있는가'에 대한 답을 내기가 어려우니, '왜 달리기 시작했는가'로 되돌아가서 '왜 달리기를 계속하는가'에 대한 질문으로 이어 가야 할지도 모르겠다.

지속 가능하지 않았던
첫 풀코스 완주의 추억

대략 2000년대 초, 막 20대 후반을 지나 30대로 넘어갈 즈음이었던 것 같다. 여의도의 직장에 다니던 나는 어느 날 퇴근길에 한강변 주로에서 석 달 후에 10km 달리기 대회가 열린다는 플래카드를 보게 된다. 그때의 내가 어떤 마음으로 그 대회를 신청했고, 이후 어떻게 훈련을 했는지 전혀 기억이 나지 않는다. 세월이 지나기도 했지만, 어쩌면 특별한 이유가 없었기 때문은 아닐지. 다만 한 가지 뚜렷한 기억은, 대회 신청 직후 집 근처 허름한 체육관에서 트레드밀 위를 달려 본 것이다. 고작 1km를 달리는데도 짜증이 날 만큼 힘들었고, 사실상 준비도 없이 덜컥 10km 대회 당일을 맞이했다. 집 근처에서 5km 남짓은 그래도 대회를 대비한다고 몇 번 달려 보았는데, 10km를 어떻게 달려야 하는지, 그런 길이 있기는 한 건지 깜깜했다. 주말인 당일 아침에는 그냥 한숨 자는 게 더 낫지 않을까 망설였던 기억도 어렴풋이 난다. 그날 확실했던 기억은 출발선에 사람들이 몸을 풀며 달릴 준비를 하고 있는데, 동료 주자들의 분위기에 휩쓸려 나도 왠지 모르게 들떠 있던 것이었다. 그리고 결승점 근처에서 생전 처음 보는 모르는 사람들의 응원에 기운을 받아, 상쾌한 기분으로 통과할 수 있었다는 것. 아, 이래서 사람들이 달리기를 '대회'씩이나 나가면서 하는구나. 어렸을 때부터 사람들의 환호를 받으며 운동해 본 경험이 없던 나로서는, 20년이 지나도록 잊히지 않는 기억이다. 돌이켜보면 나는, 당시에는 어쩌면 '달리기'보다는 '달리기 대회'의 매력에 빠졌던 듯하다.

10㎞를 달리고 나자 자연스럽게 다음 단계를 생각하게 되었다. 일단 동아 마라톤 대회 하프코스를 신청했고, 온라인 커뮤니티에서 마라톤 훈련 정보를 본격적으로 수집했다. 거의 절반도 지켜지지 않았지만 나름의 훈련 계획도 짜 봤고, 잠실 체육공원 둘레길을 함께 달리는 모임에도 나가 같이 달려 봤다. 우여곡절 끝에 하프 레이스도 어찌저찌 완주할 수 있었다. 차량이 통제된 서울 도심 한복판을 거침없이 달려 나가는 그날의 기억은, 내가 '달리기'보다 '달리기 대회'의 매력에 빠져 있었음을 다시 한번 확인하게 된 계기였다.

이제 남은 건 풀코스였다. 가을의 춘천 조선일보 마라톤 대회에, 지금 생각해 보면 무모하게 신청해 버렸다. 그때에도 LSD니 30㎞의 벽이니 하는 개념들은 있었지만, 그것들을 어떻게 준비해야 하는지는 거의 몰랐던 것 같다. 대회 날짜는 다가왔고, 훈련 계획표를 구해 틈틈이 달려 보긴 했지만 연습량이 턱없이 부족하다는 게 느껴졌다. 그래도 포기는 하기 싫어서 나름의 작전을 실행해 봤다. 레이스를 일주일 앞둔 주말 토요일 아침, 버스를 타고 춘천에 가서 대회 코스를 따라 15㎞를 달렸다. 그 지점에서 택시를 타고 숙소에 돌아왔다가, 오후 늦게 다시 15㎞ 지점에 가서 15㎞를 더 달렸다. 다음 날 아침에는 30㎞ 지점에 가서, 결승점까지 12㎞를 달려 봤다. 누적된 피로로 12㎞ 주행이 버거웠으나, 전체 코스를 미리 밟아 봤다는 안도감은 확실했다. 이 세 번의 '쪼개 달리기'를 해낼 수 없다면 미련 없이 포기하려고 했으나, 해내고 말았으니 마지막 핑계조차 사라진 셈이었다. 지금 생각해 보면 레이스 2주 전부터는 테이퍼링(달리기 부하량 감소)을 하는 기본 원칙조차도 무시한 엉터리 전략이었지만, 결과적으로 이 방법은 주효했다. 마지막 5㎞는 거의 걷다시피 했고 5시간 컷으로 교통 차단이 풀려 바로 뒤에서 바리케이드를 치우는 바람에 쫓기듯이 달려야 했지만, '아는 길'이 눈앞에 보이는데 포기할 수 없어, 간신히 완주는 해냈으니 말이다. 결승점 통과 후 바닥에 쓰러지다시피 누운 나는, 노랗게 변한 하늘을 보며 '이런 미친 짓을 또 하나 보자.'고 다짐했다. 젊었었다.

하프 완주 이후 대략 6개월 동안, 일과 개인 시간과 마라톤 연습이라는 세 개의 우선 순위를 두고 계속 저글링을 해야 했다. 부족한 시간과 체력은 연습을 나가려는 나의 발목을 끊임없이 붙들었고, 팀의 막내로서 회식에 빠지는 것도 한두 번이지 달리기 연습을 해야 한다는 핑계는 선배들에게 일축당하기 일쑤였다. 아무리 젊었다 해도 풀코스를 소화할 수 있는 상태가 아니었음은 스스로 가장 잘 알고 있었을 것이다. 그럼에도 포기하지 못하고 강행했던 것은 강한 의지의 발로가 아니었다. 그 괴로웠던 과정을 또 다시

시작해야 하는 게 너무 싫었고, 포기하면 지난 6개월간 고생한 게
아무 성과없이 끝나면서 다시는 그런 도전을 못 하게 될 것이 두
려웠을 것이다. 고통스러운 준비 과정을 거쳐 어떻게든 완주를 해
낸 그 경험 이후, 결승점 통과 후 트랙 바닥에 누워 다짐했듯이, 다
시 달리지 않았다. 마치 산왕과의 경기에서 기적 같은 승리를 일궈
낸 북산 농구부가 다음날 경기에서 거짓말 같이 대패하듯, 이제 달
리기라면 지긋지긋했다.

그로부터 10여 년 뒤, 30대의 끝자락에 한 번도 상상해 본 적 없
던 프랑스에서의 직장생활을 시작하기 전까지는 그랬다는 말이다.

프랑스에서의 달리기 (1)
– 베르사유 정원을 달리다

30대 후반, 어느덧 직장 생활 10년차를 훌쩍 넘기면서, 나는 슬슬 '이 길의 끝에는 뭐가 있는 걸까.'를 생각하기 시작했다. 많은 고민과 가능성의 탐색 끝에 나는 유럽, 그중에서도 프랑스로 가는 길을 택했다. 누가 불러 준 것도 아니었고, 새로운 기회가 약속되어 있는 것도 아니었다. 베르사유 소재 경영대학원에 진학했으나, 언어 장벽이 있는 30대 동양인에게 보장된 미래는 없었다. 새로운 도전을 꿈꿨지만, 학위 과정을 마치고 취업문을 두드려야 했던 그해는 하필 남유럽발 금융위기로 유럽의 재정 상황이 심각한 국면으로 치닫고 있었다. 안 그래도 좁았던 기회의 창이 더 오그라든 상황. 프랑스까지 오기까지도, 공부하는 것도 결코 순탄치 못한 과정이었기에, 그냥 2년 동안 유럽에서 공부하고 돌아왔다는 정도로 마치고 싶지는 않았다. 막막해진 내게 문득 10여 년 전의 기억이 떠올랐다. 파리 마라톤 완주에 도전해 보자는, 당면한 현실과는 동떨어진 어쩌면 도피에 가까울 수도 있는 목표를 떠올리게 되었다.

불확실한 미래가 불안할 때 인간은 신에게 의지하거나, 자신의 육체적·정신적 한계를 시험하며 답을 찾곤 한다. 나는 두 가지를 다 했다. 크리스천인 나는 그 한 해 동안 매일 조금씩 성경을 읽어 창세기부터 계시록까지 구약 39권, 신약 27권 전권을 완독하는 목표와 함께, 파리 마라톤에 참가 신청을 했다.

마침 달리는 환경은 나쁘지 않았다. 당시 아내와 살던 집은 베르사유 궁전 정문에서 1.3km 정도 거리에 있었고, 집을 나서서 궁전 앞까지 갔다가 전통 시장 쪽으로 꺾어서 돌아 달려 오면 대략 3km 정도 거리였다. 달리기 초보 또는 풀코스 완주 경험이 있더라도 오랫동안 달리기를 중단했던 러너가 다시 러닝을 시작하기에 적당한 거리다. 조금씩 거리를 늘려 가며 일주일에 5일 정도는 한 번에 5~7km씩 달리게 되자, 이제는 궁전의 정원을 달리기 시작했다. 이건 현지인들만 아는 팁이라고 할 수 있는데, 약 240만 평으로 여의도 면적과 비슷한 베르사유 궁전의 정문에서 서쪽으로 돌아가면 무료로 드나들 수 있는 출입구가 있었다. 정원 한복판에는 '그랑 카날(Grand Canal)'이라고 불리는 거대한 인공 연못이 십자 모양으로 펼쳐져 있다. 매일 10km 정도 서문으로 들어가 그랑 카날 둘레를 한 바퀴 돌고 출발점으로 돌아왔다.

이어지는 장들에서 설명하겠지만, 좋은 주로를 확보하는 일은 달리기를 꾸준히 이어가는 데 있어 결정적인 역할을 한다. 베르사유 정원을 달릴 수 있던 나는 그런 면에서 행운이었다. 이 아름답고 광활한 정원이 일반인, 그것도 나 같은 외국인에게 무료로 개방되다니! 정교한 조각상으로 장식된 분수와 연못에는 오리와 백조

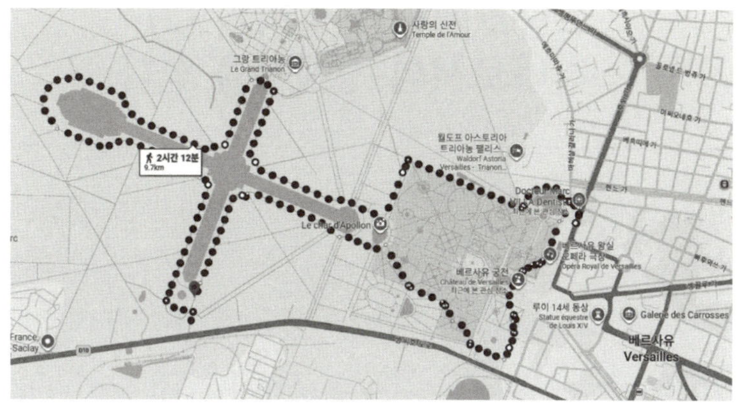

필자가 베르사유에 살던 시절 거의 매일 달리던 베르사유 궁전 정원의 10㎞ 코스
출처: 구글 맵스

가 노닐고, 사시사철 잘 가꾸어진 수목들은 육신의 피로와 한계를 잊게 한다. 더구나 지도를 보면 알겠지만 일단 이 코스에 접어들면 중간에 멈출 수도 없다! 학업과 구직 활동에 지쳐 있다가도 아름다운 정원을 달린 후의 쾌감을 생각하면 신발 끈을 묶지 않을 수 없었다. 매일 $10km$를 달리는 습관의 틀은 이때 잡히기 시작했는지도 모른다.

이때도 체계적인 마라톤 훈련에서는 동떨어져 있었지만, 어쨌든 매일 $10km$를 달린 덕에 '마일리지'는 충실히 쌓여 갔다. 그해 나는 파리 마라톤을 완주했고, 성경을 구약 1회, 신약 2회를 한 글자도 빠짐 없이 완독했으며, 스치듯 지나가는 기회를 놓치지 않고 붙들어서 애초에 목표했던 대로 프랑스의 대기업 전략 부서에 정규직으로 취업하여 아내와 함께 정착할 수 있었다.

프랑스에서의 달리기 (2)
– 러너로서의 정체성을 얻다

파리에서 직장생활을 시작한 나는 본사 출장으로 그르노블에 다녀오면서 그곳의 자연 환경에 매료되었고, 이듬해에 자원해서 근무지를 옮겼다. 이곳은 에너지와 IT 분야의 대기업들이 밀집해 있는 산업 도시이면서 동시에 레저 스포츠의 천국이다. 프랑스 전역을 횡단하는 사이클 경기인 뚜르드프랑스가 프랑스 최고의 인기 스포츠인 것에서 알 수 있듯이, 프랑스인들 중에는 레저 스포츠에 말 그대로 목숨을 걸다시피 하는 이들이, 평범한 생활인 중에서도 적지 않다.

당시 나의 직장에서 마라톤은 정말 흔한 레저 활동이었다. 게다가 우리 회사는 파리 마라톤 대회의 메인 스폰서였다. 해마다 그 구하기 어려운 파리 마라톤 티켓을 직원들에게 나눠 주며 참가를 독려했고, 달리지 않는 직원들도 팀을 꾸려 대회 당일 자원 봉사로 참여하는 등, 파리 마라톤 대회가 회사의 축제 역할을 할 정도였다. 매년 마라톤 시즌이 다가오면 동료들끼리의 잡담도 마라톤을

중심으로 돌아갔고, 그 밖에도 사이클, 스키, 패러글라이딩 등 온
갖 레저 스포츠가 생활의 중심축을 차지했다. 그르노블에서의 내
첫 출근을 휠체어에 앉아 환영해 주던 팀 동료는 장애인 올림픽
펜싱 메달리스트였다.

꼭 회사 분위기 때문이 아니더라도, 남프랑스·알프스 일대에는
달리지 않을 이유를 찾기가 어려울 정도인 천혜의 주로가 널려 있
었다. 시내를 가로지르는 강변을 따라 조성된 수변도로를 달리는
동안, 고개를 들면 알프스의 만년설이, 시선 아래로는 고풍스러운
건물과 평화로운 목초지가 어우러진 비경이 펼쳐졌다. 당시 달리
던 주로들은 지금 떠올려 봐도 기억이 생생하다.

나의 러너로서의 '정체성'은 아마도 이런 환경에서 자연스레 자
리를 잡게 되었던 것 아닌가 싶다. GPS 기능이 지원되는 스마트폰
을 암밴드에 차고 달리기 시작했던 것도 이때쯤부터였다. 러닝 앱
으로 주간 러닝 기록을 누적하기 시작했고, '핏빗' 같은 초기 웨어
러블 기기를 손목에 차고 일주일에 $30{\sim}40km$ 정도는 별다른 결심
없이도 당연히 달리는 일상이 되었다. '대회 전 3개월 누적 달리기
$400km$'의 기준이 자연스럽게 몸에 익기 시작했다. 2015년에 파리
마라톤 풀코스를 두 번째로 완주했고, 2018년에는 리옹에서 풀코
스를 완주했다.

리옹 마라톤의 경험은 당시 한국의 일간지에 칼럼으로 기고했
기에 꽤나 생생히 남아 있다. 프랑스 제2의 도시인 리옹의 가을 마
라톤은 봄의 파리 마라톤과 쌍벽을 이루는 이 나라의 대표적인 레
이스이다. 대회 당일에 비가 온다고 해서 뛸지 말지 고민하다가,

출발 시각인 오전 9시쯤부터는 차차 갤 거라고 해서 그냥 달리기로 했다. 실제로는 정오가 지나도록 계속 비가 와서 결국 온몸이 쫄딱 젖은 채로 42㎞를 달려야 했다.

시작 500m 즈음에 길이 많이 미끄러워 '넘어져 다치는 사람들 좀 나오겠는데.'라고 생각한 순간, 젖은 맨홀 뚜껑을 밟으며 쭉! 넘어져 버린 건 나였다. 공중에 붕 떠서 엉덩이와 허벅지로 떨어지는 바람에 '아 이거 1㎞도 못 가서 포기인가.' 싶었는데 일어나 몸을 추슬러 보니 달리지 못할 정도는 아니었다. 안전 관리를 위해 배치되어 있던 경찰 한 명이 다가오기에 도와주려는 줄 알고 괜찮다고 했더니, 되레 실실 쪼개며 "아직 42㎞나 남았는데." 하고 약 올리는 게 아닌가. 이후 힘들어 포기하고 싶어질 때마다 이 친구를 떠올리며 이를 악물고 한 발짝씩 내디뎠으니, 완주의 기쁨을 리옹 경찰서 티에리 순경에게 바쳐야 하려나. 달리는 동안에는 몰랐는데 집에 와서 보니 허벅지 상처가 생각보다 컸다. 15㎝가량 길게 긁혀서 아내에게 호되게 걱정을 들어야 했다.

악조건 속에 힘겹게 완주를 하니 나름 보람은 있었는데, 동료들에게 자랑할 수는 없었다. 공교롭게도 바로 일주일 뒤에 팀 동료인 다니엘이 하와이에서 열린 철인 3종 경기를 완주했기 때문이다. 바다에서 4㎞를 수영한 뒤에 곧바로 자전거로 180㎞를 달리고 나서, 그대로 쉬지 않고 42㎞ 마라톤 풀코스를 완주하는, 말 그대로 '철인'들의 레이스다. 더구나 그는 당시에 이미 나보다 7살이나 많은 54세, 즉 나의 지금 나이 정도였다.

언제부터 철인 경기를 시작했냐고 물었더니, 의외로 꽤 늦은 나이인 40대 중반에 시작했다고 한다. 직장생활을 시작하면서 일 년의 절반 이상을 해외 출장으로 보내던 그는 40대에는 출장을 덜 다녀도 되는 직무로 보직을 변경했다. 생애 첫 풀코스에 도전한 후에는 슬금슬금 철인 경기에 관심을 갖기 시작했다. 중독되다시피 훈련에 매진하던 그는 50대 초반에 들어서야 지나친 훈련이 생활의 균형을 깨뜨리고 있음을 깨달았다. 이후 욕심을 버리고 훈련 강도를 낮추면서 오히려 경기력이 향상되어, 드디어 철인 경기 중에서도 원조이자 최고의 대회인 하와이 아이언맨 레이스 출전 자격을 획득했고, 2018년에 9시간 43분의 기록으로 완주했다.

50대 중반에 철인 3종 경기를 완주하는 다니엘도 대단했지만, 나의 또다른 동료였던, 역시 50대 초반의 뱅상도 그에 못지않았다. 그의 취미는 다름 아닌 산악 마라톤. 평지도 아닌 산악 지역을, 하루 이틀도 아니고 짧게는 열흘에서 길게는 한 달 이상 매일 수십 *km*씩 주파하는 것이다. 피레네산맥 종주 마라톤의 경우 지중해에서 출발하여 열흘 동안 500*km*에 달하는 산길을 달려 대서양에 면한 마을에 도착하는 식이다. 내가 그를 처음 만났을 때 마침 그는 안나푸르나에서 10일 동안 표고차가 1,500m에 달하는 총연장 360*km*의 거리를 달리는 레이스를 마친 참이었다. 점심을 먹으며 이런저런 얘기를 나누다가, 즐기는 운동이 있냐고 묻기에 마라톤 풀코스를 두어 차례 완주한 적이 있다고 자랑한 것이 나중에 돌이켜보니 얼마나 민망했던지.

적어 놓고 보니 내가 대단한 슈퍼맨들과 함께 일했던 것 같지만, 일상에서 접하는 그들은 그저 평범한 직장인일 따름이었다. 바쁘게 일하고, 출장도 다니고, 동료들과 점심을 먹으며 와인을 살짝 곁들이거나 일과 후에 맥주 한잔 기울이기도 하는 그런 사람들. 그들이 처리하고 책임지는 업무량도 결코 적지 않았다. 즉 그들이 한직에 있기 때문에 이런 극한의 취미 생활을 즐길 수 있었던 것이 아니었다. 어떻게 훈련 시간을 짜내는지 물어보았더니, 둘 다 가족과 보내는 시간의 안배에 대한 답을 했다. 변호사인 아내와의 사이에 4명의 자녀를 둔 뱅상은 가족과 함께하는 시간 또한 양보할 수 없었기에, 점심시간에 식사 대신 운동복으로 갈아입고 한 시간가량 회사 주변을 달린 뒤 샤워 후 업무에 복귀하곤 했다. 식사는 간단히 샌드위치 등으로 때운다. 반면 두 명의 자녀가 모두 커서 이미 독립한 다니엘은, 다행히 아내도 본인만큼은 아니지만 여행과 스포츠를 즐긴다고 했다. 철인 경기가 열리는 곳들은 대부분 풍광도 훌륭한지라, 대회가 있을 때 보통 앞뒤로 2~3주 정도 휴가를 내서 아내와 함께 자연을 즐기는 것으로 벌충했다.

이런 과정을 거쳐 형성된 러너로서의 정체성은 2019년 말, 팬데믹 직전에 한국으로 복귀할 때까지 지속되었다.

국내 복귀 후 달리기
– 지속 가능한 시스템을 만들다

프랑스에서의 은퇴와 연금 생활을 꿈꾸며 알프스 산자락에 집까지 샀던 나는, 파리행 편도 비행편을 끊어 한국을 떠난 지 정확히 10년 뒤인 2019년 가을, 우연과 필연이 겹친 일련의 만남 끝에 한국에 돌아와 직장생활을 이어 가게 되었다. 나름의 부푼 꿈을 안고 고국에서의 커리어를 다시 시작하려던 나에게, 그리고 전 세계 모든 인류에게, COVID-19는 그야말로 날벼락이었다. 당시 어려움을 겪은 많은 이들과 마찬가지로, 나 역시 힘든 시기를 보내야 했다. 하고자 했던 많은 일들이 가로막혔고, 성과는 더뎠으며, 무엇보다도 이 어두운 터널의 끝이 언제일지 알 수 없었다.

다시 조금씩 달리기 시작한 것은 2021년 여름 즈음이었다. 이번에도 시작은 집 근처 한 바퀴부터였다. 서서히 컨디션이 올라오자, 조금씩 거리를 늘려 갔다. 과천에서 출발하여 양재천을 따라 $5km$를 달려갔다가 다시 온 길을 되돌아오는 $10km$가 내가 가장 자주, 즐겨 달린 코스였다. 과천 서울대공원 호수를 도는 코스와 의왕 백운호수 둘레길을 도는 코스도 달렸다. 그 사이 직장을 옮겼고, 해외 출장이 잦아졌다. 출장지에서도 어떻게든 시간을 짜내어 달리기를 이어 갔다. 미리 구글 지도를 검색해서 적당한 거리의 주로를 확인해 두고, 출장지 일정 시작 두 시간 전에 일어나 이국땅의 낯선 길을 10km씩 달리고 돌아와 일과를 시작했다.

하프 대회를 두어 번 달리고 난 뒤 2023년 가을, JTBC 마라톤 풀코스를 완주했다. 기상 조건이 좋지 않아 어렵기도 했지만, 그전의 풀코스들과는 다르다는 느낌이 들었다. 준비 과정도 그랬고, 당일의 레이스도 그랬다. 아무리 달려도 속도는 빨라지지 않았고, 회복은 느렸다. 놀랄 일도 아니었다. 나는 이미 50을 훌쩍 넘긴 나이였다. 50년을 넘게 사용한 내 몸은 이미 내용 연수의 절반 이상이 지나 있었지만, 사용법은 익숙해졌고, 몸이 내는 소리에 더 예민해졌다. 완주 후 내게 남은 길은 두 갈래였다. 하나는 나이 50을 넘겨 풀코스 완주를 해 보았으니, 이제 10km 이상 무리하게 달리지 말고, 낡아 버린 신체를 고이 간직할 수 있게 5km 건강 달리기 정도를 꾸준히 하는 길. 다른 하나는 20년이 넘는 세월 동안 몇 번인가 인생의 갈림길에서 전환점이 되어 주었던 마라톤을, 이제는 즐기면서 달릴 수 있게 몸에 다시 새기는 길. 나는 후자를 택했다. 마침 나는 산업공학을 전공했고, 기업의 경영을 관리하고 전략을 수립하는 일을 하고 있었다. 기록과 데이터를 관리하여 자원을 최적화하고, 한계 곡선상에서 최적화를 추구하는 DNA가 있었다. 조직의 크기와 상관 없이 언제나 부족하게 마련인 자원을 효율적으로 배분하는 것은 경영의 ABC요, 바쁜 시간과 에너지를 쪼개어 안배

하는 것은 30년 가까이 직장생활을 하며 익힌 자기 관리의 기본이었다. 때마침 등장한 생성형 AI 서비스들은, 10년 이상을 사용해 오면서 그 진화 과정을 직접 체험한 각종 스마트·모바일 기기들과 함께 나의 러닝을 최적화하는 데 큰 도움이 되었다.

이듬해 가을, 남원 마라톤 대회 풀코스를 다시 달렸다. 1년 만에 기록이 현저히 좋아진 것은 크게 중요하지 않았다. 이번에는 처음부터 끝까지 편안하게, 예측 가능한 상태로 달릴 수 있었다. 레이스 자체도 그랬지만 준비 과정도 그랬다. 갈림길에서 무엇을 선택해야 할지 고민하지 않았고, 미리 정해 둔 루틴을 유연하게 따르는 동안 몸은 자연스럽게 $42km$라는 거리를 준비해 갔다. 레이스 다음날 바로 출근하여 정상 근무했고, 며칠 쉬고 난 뒤에 다시 조금씩 달리기 시작했다. 그다음 해 봄 다시 진주 마라톤을 즐겁게 완주했고, 역시 별다른 회복 기간 없이 바로 일상으로 복귀했다. 한 달여 뒤 보성 마라톤도 신청했는데 한 시즌에 두 번의 풀코스 도전은 처음이었다. 특별히 준비가 부족하지는 않았으나, 경기 당일 컨디션이 썩 좋지 않았고, 비까지 부슬부슬 내려 깨끗이 포기하고, 가족과 함께 보성 차밭과 인근 여수 일대를 쉬엄쉬엄 둘러보고 귀가했다. 보성 마라톤은 나중에 다시 도전하면 된다. 마라톤이 점점 인기 스포츠가 되어 가면서 참가 경쟁이 심해진 수도권 경기에 연연하지 않고, 지방의 마라톤 대회를 가족과 여행 삼아 다녀 오는 여유가 생겼다. 이제 나의 마라톤은, 더 나은 기록도, 완주 자체도 아닌, 부상 없이, 일상을 해치지 않고, 오래도록 달려 나가는 것을 목표로 하는 삶의 동반자가 되었다.

다시, 왜
달리는가

'왜 달리는지'에 대한 답을 찾기 위해 20여 년을 거슬러 올라가 '왜 달리기 시작했는지'와 '왜 계속 달렸는지'를 짚어 왔다. 여전히 답이 와 닿지 않는다면, 나의 직장 동료 다니엘과 뱅상에게 마이크를 돌려 보자. 그들은 도대체 왜, 이런 극한의 취미 생활을 즐겼을까? 둘의 대답이 한결같았다. "글쎄, 좋은 질문이군. 그다지 깊게 생각해 본 적은 없는데?" 이는 솔직히 나에게 던지는 질문이기도 했다. 건강을 위한 것일 리는 없다. 마라톤의 유래를 돌이켜봐도, 아테네 전령은 승전 소식을 전한 뒤에 쓰러져 버렸다고 하지 않는가. 즉 $42km$는 사람이 쉬지 않고 달리면 위험할 수도 있는 거리라는 얘기다.

실은 이런 질문을 스스로에게 던질 때마다 떠오르는 영화가 있었다. 1990년대 초에 개봉한 〈K2〉라는 영화다. 세계에서 두 번째로 높은 산이지만 등반의 난도로는 단연 최고인 K2에 도전하는 남자들의 이야기를, 과장된 액션이나 복잡한 플롯 없이 담담히 그린 내용이었다. 거대한 자연과 이에 속절없이 굴복하는 인간들의 모습도 기억에 남지만, 대학생이던 내게 인상 깊었던 부분은, 목숨 걸고 산에 도전하는 주인공들이 전문 산악인이 아니라 변호사, 물리학자 등 남부러울 것 없는 전문직 종사자들이라는 거였다. 당시만 해도 88올림픽으로 상징되는 엘리트 스포츠가 주류였기에, 이런 극한의 활동은 누군가의 후원을 받는 전문 산악인들이 '국위 선양'을 위해 하는 것이라는 인상이 더 강했던 듯하다.

다시 앞서의 질문으로 돌아가 봐도, 딱히 떠오르는 답은 없다. 〈K2〉에 등장하는 변호사와 물리학자가 목숨 걸고 산에 도전하는 것도, 다니엘과 뱅상이 바쁜 직장생활 틈틈이 자신의 한계를 시험하는 경주에 출전하는 것도, 내가 아내 눈치를 봐 가며 마라톤 대회에 나가는 것도, 당신이 마라톤 완주를 염두에 두고 이 책을 집어든 것도, 먹고사는 데에는 조금의 도움도 안 되지만, 사람이 하는 모든 일이 꼭 그렇게 뭔가에 도움이 되어야만 하는 것은 아니지 않을까.

… And the end of all our exploring
Will be to arrive where we started
And know the place for the first time.
결국 모든 탐험의 끝은
시작했던 그곳에 도착하여
마치 처음인 듯 그곳을 알게 되는 것일지니.

— T.S. 엘리엇, 〈네 개의 사중주〉 중에서

Chapter 2

생애 첫 풀코스 도전을 위한 좌표 확인

9-6-3 프레임워크

우리가 지금 어디에 있는지, 그리고 어디를 향해 가고 있는지를 먼저 알 수 있다면,
무엇을 해야 할지, 어떻게 해야 할지 더 잘 판단할 수 있습니다.

- 에이브러햄 링컨

"여기서 어느 길로 가야 하는지 알려줄래?"
"그건 네가 어디로 가고 싶은지에 달려 있지." 고양이가 대답했다.

- 〈이상한 나라의 앨리스〉, 루이스 캐럴

나의 위치와 목표 확인하기,
1㎞에서 42.195㎞까지

앞 장에서 필자의 지난 여정을 되짚어 보았으니, 이제는 이 책을 읽고 계시는 독자분들이 어떻게 하면 생애 첫 풀코스 도전에 첫발을 내디딜지를 생각해 볼 차례다. 그 '첫걸음'은 내가 지금 어디에 서 있는지, 무엇을 향해 가고 있는지, 얼마나 시간이 걸릴지 또는 언제 도달하게 될지를 아는 것이다. 이 책의 목적은, 필자가 20여 년에 걸쳐 겪은 시행착오를 독자들은 피해갈 수 있도록, 그래서 가급적이면 짧은 기간 동안에 무리 없이 $42km$를 완주할 수 있도록 준비하는 방법을 안내하는 것이다. 그러려면 먼저 좌표 확인이 필요하다.

필자가 20여 년 전 첫 풀코스 완주 당시에 썼던 꼼수를 기억하실 것이다. 전체 거리를 쪼갠 뒤 가급적 짧은 시간 내에 연결해서 달려 봄으로써 코스를 인지해 두는 것. 자칫 무리했다가는 부상으로 인해 오히려 달리기로부터 멀어질 수도 있는 위험천만한 시도였지만, 어쨌든 끝까지 달려 결승선을 통과했으니 효과가 없지는 않았던 셈이다. 노파심에 말씀드리자면, 행여라도 독자들께서는 이런 엉터리 전략은 쓰지 마시기를 당부드린다.

군이 좋은 쪽으로 해석해 보자면, 머릿속에 인지 지도를 형성하는 심리적 수단이었다고 볼 수 있다. 먼 길을 갈 때 이미 가 본 길이 초행길보다 훨씬 쉬운 것은 경험으로 충분히 알 수 있을 것이다. 원시 시대부터 이어 오는 인간의 동물적 본능은, 미지의 영역에서 혹시 튀어나올지 모르는 위험에 대비할 수 있도록 긴장의 끈을 늦추지 못하게 하고, 이로 인한 압박감은 육체적인 피로로 이어진다. 반면 익숙한 길에서는 이러한 심리적 압박에서 자유롭고, 특히 갈림길에서 어느 방향을 택해야 할지 매번 판단해야 하는 '결정 피로'를 현저히 줄일 수 있다.

이러한 심리적 기제들은 우리가 마라톤 준비라는 여정을 밟아 가는 동안 활용하게 될 도구들이다. 우리의 뇌는 '생존'을 최우선 순위로 삼는데, 이를 위해 '에너지 보존'은 가장 중요한 목표다. 생명의 위협을 느끼지 않는데 $42km$를 쉬지 않고 달리는 것은 절대 피해야 할 행동인 것이다. 뇌의 입장에서 이는 '생존 위기'로 인식되기에 어떻게든 중단시키기 위해 끊임없이 '고통'과 '부정적인 생각'이라는 신호를 보낸다. 이를 극복하기 위해 갖은 방법으로 뇌를 속이는 심리적 장치들은, 비단 마라톤뿐 아니라 한계를 돌파해야 하는 인간사의 모든 영역에서 공통적으로 활용된다.

주목할 점 두 가지. 첫 번째는 그 '익숙함'이 반드시 실제 경험에서 유래되어야만 하는 것은 아니라는 점이다. 물론 직접 현장에서 두 발로 디뎌 보는 것이 가장 확실하겠지만, 지도를 통해서 또는 여러 가지 방법으로 일종의 '간접 체험'을 해 보는 것만으로도 긴장감과 결정 피로를 현저히 줄일 수 있다. '시뮬레이션'으로 실전을 대비하는 셈이다. 두 번째는 이러한 심리적 기제들이 레이스 당일에만 적용되는 것이 아니라, 오히려 마라톤을 준비하는 과정에서 더 강력하게 힘을 발휘한다는 것이다.

마라톤에서 '끝까지 달린다'는 것의 의미는, 레이스의 출발선에서 결승선까지 달린다는 것보다, 준비 과정을 끝까지 해낸다는 의미가 더 강하다. 준비 과정에서 필요한 마일리지를 끝까지 달려 내지 못했는데 레이스에서 무리하여 끝까지 달리는 것은 강한 의지가 아니라 미련한 고집이다. 부상으로 인해 달리기에서 영영 멀어질 수도 있다.

나의 달리기가 현재 어느 수준인지, 풀코스 완주를 위해서는 어떤 경로를 얼마나 달려야 하는 것인지를 간접적으로나마 경험하고 인지하는 것이, 길고 지루한 준비 과정을 끝까지 달려나가게 하는 심리적 장치가 되는 이유가 여기에 있다.

일단 달리기 대회에 나가 보자

이 책을 읽는 독자가 만약 달리기가 처음인 분이라면, 먼저 '나의 $1km$ 달리기'를 확인해 보는 것으로 시작하시기를 권한다. 인간의 본능에 가까운 달리기가 '처음'이라는 말이 생경할 수 있다. 이 책에서 말하는 '달리기'는, 스스로 달린 거리와 시간을 기록하고 어제의 그것과 비교하는 것을 말한다. 한국에서 교육 받고 자란 사람이라면, 학창 시절의 '체력장' 종목 중 '오래달리기'를 기억할 것이다. 군필자라면 복무 중에 체력 검정을 받았을 수도 있다. 자신이 마지막으로 기억하는 달리기 거리와 시간 측정이 체력장 혹은 군 복무 중의 체력 검정이라면 당신은 달리기 초보라고 할 수 있다. 축하할 일은 아니나 실망할 필요도 없다. 이제 출발점에 제대로 선 것이다.

어떻게 측정할까? 가장 손쉬운 방법은 근처 운동장을 활용하는 것이다. 체력장의 기억을 떠올려 보자. 일반적인 트랙은 한 바퀴에 400m다. 두 바퀴 반을 달리는 데 몇 분 몇 초가 걸렸는지를 재고, 기록하면 된다. 만약 근처에 트랙이 없다면, 산책로도 좋고 공원도 좋다. 다만 거리를 측정할 수 있는 장치가 필요하다. 요즘 대부분의 스마트폰에는 GPS가 탑재되어 있다. 스마트폰에 러닝 앱을 설치해 보자. 나이키 런 클럽, 스트라바, 런데이 등은 대표적인 러닝 앱이고, 거리와 시간, 평균 페이스를 기록해 준다. 아이폰의 기본 앱인 '피트니스'에서 '운동'을 선택하여 '실외 달리기'를 시작해도 충분하다. 갤럭시 폰의 '삼성헬스'도 훌륭한 러닝 앱이다. 집이나 회사 근처의 헬스클럽에서 트레드밀 위를 달려 봐도 된다. 자신이 달리기에 편안한 속도를 세팅하고 $1km$를 달린 뒤, 몇 분이 걸렸는지 확인하자. 계기판의 사진을 찍어 두면 간단하다. 내일 다시 같은 거리를 달리고 기록을 비교한다. 어제보다 느려졌다고, 더 힘들다고 실망할 필요는 없다. 중요한 건 계속하는 것이고, 기록하는 것이다. 매일이 아니어도 된다. 일주일에 두세 번이라도 시작으로 나쁘지 않다. 주중에 시간을 내기가 도저히 어려웠다면 주말에라도 달려 보자.

수치로서의 기록보다는 기록하는 행위 자체에 의미를 둔다. 옆 사람과 가벼운 대화를 나눌 수 있을 정도의 속도로 충분하다. 숨이 조금 가쁘지만 참을 만한 수준, 즉 '조깅'이라 부를 수 있는 속도를 유지하며 1km를 끝까지 가는 것이 중요하다. 가급적이면 걷지 말고 달리기를 유지하자. 인간에게는 '빠르게 걷기'와 '천천히 달리기'의 차이가 애매할 수도 있는데, 로봇공학에서 달리기의 기준은 '두 발이 동시에 땅에서 떨어지는 순간의 유무'이다. 간단히 말하면, 그저 걷지 않고 달린다는 생각을 유지하는 정도면 된다.

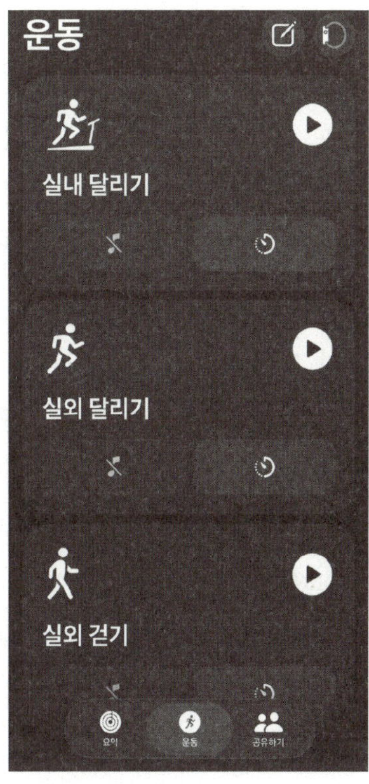

아이폰의 기본 달리기 앱은 마라톤 준비와 실행에 필요한 대부분의 기능을 충실히 제공한다.

당신이 아직 40세 이하인데 1km도 달리기 전에 견딜 수 없이 숨이 차거나 다리를 비롯한 신체에 심한 통증이 느껴진다면, 그건 체력의 문제가 아니라 건강의 문제일 수 있다. 병원 진료부터 받아보는 것이 순서다. 아프지 않다면, 1km 정도는 누구나 지금 당장 달릴 수 있다. 정 힘들면 조금 빨리 걷다가, 다시 천천히 달려도 된다. 체력보다 의지가 부족하다면? 이 책에서 반복적으로 강조하겠지만, 의미 있는 성취는 투철한 의지의 산물이 결코 아니다. 의지력의 한계를 명확히 인지하고 이를 우회하는 시스템을 설계한 결과이다. 우리는 몸과 환경이 그 일을 수행할 수밖에 없도록 만드는 장치들을 하나씩 구축해 나갈 것이다. 핵심은 일단 운동화를 신고 집 밖으로 나서는 것이다. 일단 나서면 달리게 된다.

1km 달리기에 어느 정도 적응이 되었다면, 거리를 조금씩 늘려 보자. 보통 천천히 달리는 남성은 1km에 약 6~7분, 여성은 7~8분 정도가 걸린다. 즉, 20분을 달린다면 남성은 2.5~3.5km, 여성은 2~2.5km 정도를 달리게 된다. 매일 또는 일주일에 몇 번이라도, 준비 시간을 포함하여 25~30분 정도를 달리기에 투자할 수 있도록 세팅하는 것이다.

그다음 단계는 5km 대회 출전을 목표로 삼는다. 실질적으로 5km 부터가, 본격적인 러닝의 시작이라고 할 수 있다. 5km는 일상을 유지하며 달리기의 즐거움과 성취를 체감할 수 있는 최적의 단위다. 당신이 아직 30대 초반 이전이라면, 그리고 건강에 나름 자신이 있다면, 10km부터 시작해도 된다.

러닝의 시작을 대회 참가로 할 것을 권하는 이유는, 집 근처 공원을 다섯 바퀴 도는 것과 대회에 나가 5km를 뛰는 것은 상당히 다른 경험이기 때문이다. 특히 주거지와 상업지가 빽빽하게 밀집된 한국의 도시 환경에서는 더욱 그렇다. 평소 우리가 뛰는 길에는 수많은 신호등이 있고, 갑자기 튀어나오는 보행자나 배달 오토바이를 피해야 한다. 흐름이 끊길 수밖에 없다. 하지만 대회 코스는 오직 러너들을 위해 통제된 도로이다. 신호 대기 없이, 방해물 없이 수천 명과 함께 달리는 경험은 혼자 달려서는 또는 트레드밀 위에서는 좀처럼 느낄 수 없는 것이다. 이 첫 단추는 앞으로 42.195km 완주까지 달려 나가는 여정에서, 그리고 러너로서의 정체성을 세워 나가는 과정에서 중요한 마일스톤 역할을 해 줄 것이다.

연습이 완벽해지면 대회를 나가겠다고 미루지 마시라. 하프나 풀코스라면 몰라도, 5km는 준비가 부족해도 어떻게든 달려 볼 수 있는 거리다. 일단 집 근처에서 2~3개월 정도 후에 열리는 마라톤 대회를 검색하고, 5km 대회에 등록하고, 결제 버튼을 누르거나 참가비를 이체하라. 그런 일련의 행위 자체가 당신을 '러너'라는 정체성으로 한 발짝 밀어넣는 계기가 된다. 일단 경험을 해야 다음 단계로 나갈지 말지를 정할 수 있다.

10㎞: 건강 달리기와 마라톤의 경계선

1km를 확인하는 것으로 첫발을 딛고 5km라는 최소 실행 단위를 경험했다면, 이제 마주하게 될 첫 번째 도전은 10km다. 10km는 평범한 생활인이 '건강한 신체'를 목표로 도달할 수 있는 가장 대중적이면서도 상징적인 마일스톤이다. 많은 초보 러너들이 10km 대회 참가를 계기로 '마라토너'로서의 첫발을 딛는다. 그리고 이 지점이 우리가 42km 완주라는 여정에 발을 들여놓을지 즉 러너로서의 정체성을 확립할 것인지, 아니면 건강한 생활인으로 남을지를 결정하는 경계선이 된다.

10km를 건강 달리기의 상한선으로 정의하는 기준은 명확하다. 아마추어 러너가 수분이나 에너지 보충 없이 자신의 몸에 저장된

자원만으로 끝까지 달릴 수 있는 가장 먼 거리를 $10km$라고 보면 된다. 보통 성인의 몸은 약 1,000~1,500kcal, 운동으로 단련된 건강한 남자는 2,000kcal 정도의 글리코겐, 즉 탄수화물 에너지원을 근육과 간에 저장하고 있다. 환산하자면 두 시간 정도의 중고강도 운동을 견딜 수 있는 에너지가 비축되어 있다는 뜻이다. $10km$를 달리는 데 소모되는 에너지는 개인차가 있지만 대략 700kcal 내외인데, 에너지 비축량이 절반 이하로 떨어지면 우리 몸은 여러 방법으로 경고 신호를 보내온다. 즉, $10km$는 외부로부터의 연료 보충 없이 내 몸이 비축한 에너지만으로 충분히 달릴 수 있는 거리인 것이다.

사실 $10km$까지는 주 3~4회 성실히 달린다면 누구나 달성 가능한 목표지만, 가볍게만 보면 곤란하다. 매일 $10km$를 달릴 수 있는 숙련된 러너들에게는 이 거리가 일상이지만, 이제 막 달리기를 시작한 '런린이'들에게는 엄연히 '도전'의 영역이다. 초보자가 $10km$ 대회를 무사히 완주하기 위해서는 최소 8주에서 12주 정도의 점진적인 훈련 기간이 권장된다. 갑자기 늘어난 거리는 무릎과 발목의 관절에 평소의 몇 배에 달하는 충격을 가하기 때문이다. 근육은 며칠이면 회복되지만, 뼈와 인대가 달리기라는 부하에 적응하는 데는 훨씬 긴 시간이 필요하다. 주 3회 정도 꾸준히 달리되, 한 번에 달리는 거리를 매주 10% 내외로 조금씩 늘려 가는 전략이 필요하다.

$10km$ 완주는 마라톤의 세계에 발을 들이게 되는 관문이자 다음 단계로 나아가는 출발점이라고 할 수 있다. 문제는 그다음부터다. $10km$를 넘어서 하프($21.0975km$)나 풀코스($42.195km$)의 영역으로 들어가면서 달리기의 패러다임은 바뀐다. 하프 마라톤부터는 달리

는 도중 물을 마셔야 하고, 풀코스에서는 혈당이 떨어지는 것을 막기 위해 에너지 젤을 섭취하거나 주최 측에서 준비한 초코파이나 바나나를 삼키며 달려야 한다. 즉, 달리는 중에 먹고 마셔야 한다!

건강을 위해, 업무의 스트레스를 해소하고 일상의 활력을 얻기 위해 달린다면, $10km$는 충분히 훌륭한 목표가 된다. 수분 보충의 번거로움도 없고, 레이스 이후의 회복도 빠르며, 일상에 지장을 주지 않는 선에서 달리기의 즐거움을 만끽할 수 있다. 하지만 만약 당신이 그 경계선을 넘어 풀코스라는 미지의 영역을 꿈꾼다면, 이제는 '그냥 꾸역꾸역 열심히 달리는 것' 이상의 전략적 접근이 필요하다. 필자가 20여 년간 수차례 반복했던 시행착오를 피하려면 말이다.

하프 마라톤: 전략적 중간 기착지

육상 경기의 관점에서 볼 때 $10km$는 트랙 위에서 펼쳐지는 가장 긴 거리인 '1만 미터' 종목으로, '스피드 레이스'의 영역에 속한다. 하프 마라톤부터는 트랙을 벗어나 일반 도로로 나와야 하는 '로드 레이스'의 영역에 진입한다.

아마추어 러너로서, $10km$ 레이스까지는 평소 축적된 기초 체력과 약간의 인내심만 있다면 어떻게든 밀어붙여 완주할 수 있다. 심지어 체계적인 달리기 훈련이 없어도, 종류에 상관없이 꾸준히 운동을 해서 기초 체력을 갖추고 있다면 못 달릴 것은 없다. 즉 반드시 '러너'가 아니더라도 도전해 볼 수 있는 거리다. 하지만 하프 마라톤부터는 '자원의 전략적 관리'와 '심리전'이 필요하다. 아울러 하프 거리부터는 '신경근적 피로'가 무대에 본격적으로 등장한다. 근육과 관절이 지면에 부딪히는 수만 번의 물리적 충격을 견딜 수 있느냐가 성패를 가르는 것이다. '건각'이라는 말이 실감 나기 시작한다.

15km 지점을 넘어서며 다리가 무거워지는 경험은, 근육이 지쳐버리기 전에 우리 몸이 부상을 막기 위해 뇌에 보내는 '정지 신호'다. 이 신호를 다스리는 것이 바로 '심리적 항상성'의 관리다. 우리 뇌는 신체가 평소보다 과도한 에너지를 쓴다고 판단하면 생존을 위해 활동을 억제하려 한다. 하프 레이스는 이 뇌의 비상벨을 어떻게 달래며 나아갈 것인지를 배우는 과정이다. 일정한 페이스를 유지하며 뇌를 안심시키는 기술이 필요하다.

또한 하프는 '보급 전략'이 실전의 변수로 작용하기 시작하는 거리다. 10km까지는 물을 마시지 않고도 달릴 수 있었지만[1], 하프에서는 달리는 도중 급수대에서 컵을 받아 물을 마시는 동작, 그리고 필요하다면 에너지 젤을 섭취하여 뇌에 연료가 공급되고 있다는 신호를 보내는 행위가 수반된다. 단순한 갈증 해소가 아니라, 레이스 후반부에 올 수 있는 급격한 체력 저하를 막기 위한 선제적 '리스크 관리'다.

풀코스를 달리기에는 훈련량이나 시간적 부담이 크고, 그렇다고 10km만 달리기에는 뭔가 아쉬움을 느끼는 이들에게 하프는 매력적인 선택지다. 여전히 러너들에게 하프는 풀코스로 가기 위한

---

1   실제 레이스에서는 보통 5㎞부터 급수대를 설치하여 물을 보급하기 시작한다. 웬만하면 5㎞ 급수대는 건너뛰기를 권한다.

중간 기착지 정도로만 여겨지지만, 나는 하프 그 자체만으로도 직장인에게는 매우 훌륭하고 독립적인 목표가 될 수 있다고 생각한다. 풀코스가 막대한 헌신을 요구하는 프로젝트라면, 하프는 주중 루틴과 주말 훈련만으로 도전 가능하다. 일상의 균형을 깨뜨리지 않으면서도 성취감을 경험할 수 있는 경제적인 거리인 셈이다.

풀코스 마라톤: 30㎞ 너머의 별세계

하프 마라톤을 완주한 러너가 풀코스를 염두에 둘 때, 보통 '21km를 뛰었으니, 같은 거리를 한 번 더 뛰면 풀코스'라는 생각이 들게 마련이다. 그 정도면 도전할 만하다고 생각할 수도, 반대로 '이 정도로도 힘든데 같은 거리를 한 번 더 뛴다고?' 진저리를 치며 포기할 수도 있다. 둘 다 착각하시는 거다. 풀코스 마라톤은 '하프의 두 배'가 아니라 아예 다른 종류의 신체 활동이라고 봐야 한다. 하프까지는 '레이스'의 영역이지만, 30km 이후부터는 인체의 생리적 한계 및 생존 본능과 싸워야 하는 도전에 직면하게 된다.

러너들이 30km 지점에서 마주하게 되는 '벽'은 단순한 심리적 위축이 아니라 명백한 생리적 한계다. 우리 몸이 간과 근육에 저장할 수 있는 탄수화물 에너지원인 글리코겐은 대개 30km 전후에서 고갈된다.

기업을 운영할 때, 가용 자원의 활용에는 우선순위가 있다. 기업은 먼저 조건이 좋은 리소스, 즉 낮은 금리의 대출이나 사내 유보금을 활용한다. 이것이 바닥나면 단계적으로 금리가 높은 자금을 끌어다 써야 하고, 최악의 경우 자산 매각이나 고통스러운 구조조정을 단행해야 한다. 마라톤의 에너지 전략도 이와 흡사하다. 우리 몸은 고효율 연료인 탄수화물(글리코겐)을 먼저 소진한다. 이것이 고갈되는 $30km$ 지점부터는 에너지 효율이 현저히 떨어지는 지방을 주력 연료로 사용해야 하는 '에너지 전환'의 고통을 겪게 된다.

물론 적지 않은 이들에게 달리기를 시작하는 동기는 '지방을 태우기 위해'일 것이다. 다이어트가 러닝의 목적인 이들에게 지방 연소는 환영할 만한 일이지만, 러너 입장에서는 훈련 과정에서 얻는 부수적인 소득일 뿐이다. $42.195km$라는 극한의 거리에 도달하기 위해서는 나름의 '에너지 믹스' 전략이 필요하다. 국가 산업 기반이 안정적으로 작동하기 위해 화석연료, 신재생에너지, 저장장치(ESS), 원자력 등이 적절한 비율로 조화를 이루어야 하듯, 러너 역시 체내 글리코겐 보존과 지방 대사 효율, 그리고 외부에서 투입하는 에너지 젤의 타이밍을 적절히 결합해야 한다. 이러한 에너지 포트폴리오를 구성하려면 적어도 수개월간의 의식적인 훈련을 통해 내 몸의 에너지 전환 능력을 끌어올려야 한다.

생리적인 에너지 운용의 한계 외에도, 우리를 괴롭히는 것은 하프에서부터 나타나기 시작한 '신경근적 피로'다. 하드웨어 자체의 내구성이 임계점에 도달하는 것이다. $42.195km$를 달리는 동안 발바닥이 지면에 닿는 횟수는 수만 번이며 그때마다 체중의 3~4배에 달하는 충격이 관절과 인대에 누적된다. $35km$ 지점에 이르면 숨은 전혀 차지 않는데 다리가 내 의지대로 움직이지 않는 경험을 할 수 있다. 이는 근육이 지쳐서라기보다, 반복된 충격으로 인해 뇌에서 근육으로 전달되는 전기 신호 시스템에 과부하가 걸린 상태다. 엔진은 멀쩡해도 배선이 타면 멈추듯, 뇌는 신체 보호를 위해 근육 동력을 차단하려 한다. 그렇다고 쉽게 도전을 포기하지는 말자! 모든 자원이 고갈되고 시스템이 셧다운을 경고하는 순간에도 한 걸음을 더 내딛는 경험은, 일상과 업무에서 마주하는 고난을 사소하게 만드는 강력한 '회복탄력성'을 선물한다.

42.195㎞ - and beyond!

이 고통의 터널을 지나 피니시 라인을 통과한 이후, 러너들의 행보는 크게 세 갈래로 나뉜다. 첫 번째는 $42.195km$라는 목표를 달성했으니 인생의 버킷리스트 항목 하나를 체크하고는 다른 분야의 도전으로 옮겨가는 '성취 지향형'이다. 두 번째는 한 번의 경험을 발판 삼아 다음번에는 더 빨리, 혹은 더 편안하고 우아하게 이 거리를 정복하고 싶어 하는 '효율 추구형'이다. 세 번째는 $60km$, $100km$ 울트라 마라톤이나 험난한 산악 지형을 달리는 트레일 러닝처럼 더 극단적인 도전을 찾아 떠나는 '탐험가형'이다. 돌이켜보면 필자는 '성취 지향형'에서 '효율 추구형'으로 변화하는 과정을 겪었다고 할 수 있다. 이 책은 나와 같은 두 번째 부류의 러너들, 즉 '더 나은 레이스'를 꿈꾸는 직장인 러너들을 위해 쓰였다. '마라톤 완주는 한 번으로 족해.'라고 생각하시는 분들이나 그 너머를 목표로 하시는 분들에게는 다른 경로를 권한다. 하지만 부상 없이 안전하게, 일상을 해치지 않으면서 오래도록, 나이 들어서도 건강하게 달리고 싶다는 러너들에게는 이 책이 반드시 도움이 될 거라 믿는다.

9-6-3 프레임워크:
시간의 축적과 전략적 자원 배분

'마라톤 완주'의 실체를 나름 생생히 묘사해 보았다. 어떤 이들은 "아, 이게 뭐야. 이렇게 힘들고 고통스러운 걸 왜 해… 난 그냥 $5km$ 정도 꾸준히 달리면서 살도 빼고 건강해질래."라며 책을 덮으실 테고 어떤 이들은 "아 마라톤 완주라는 게 이런 거였구나… 힘들겠지만 한번 도전해 보고 싶은걸? 어쨌든 머릿속에 이미지가 생생하게 그려지니 왠지 해낼 수 있을 것 같아."라며 다음 페이지를 넘기실 것이다. 양쪽 모두에게 건강과 행복을 기원드린다. 두 번째에 속하시는 분들에게는 거기에 '성취'를 하나 더 얹어 드려야겠다. 일단 목적지의 구체적인 이미지와 거기에 다다르는 지도상에서 내가 대략 어디쯤에 서 있는지를 훑어보았으니, 이제는 경로와 소요 시간을 예측해 볼 차례다.

축적의 시간, 인내의 스포츠(Endurance Sports)

마라톤은 정직한 운동이다. 오늘 흘린 땀방울이 당장 내일의 기록을 앞당겨 준다는 보장은 없지만, 밀도 있게 차곡차곡 쌓인 훈련의 체적(training volume)이 수개월 뒤 레이스 당일의 나를 지탱해 준다. 마라톤, 사이클을 비롯한 장거리 로드 레이스를 서구에서는 흔히 Endurance Sports 즉 지구력 스포츠 또는 인내의 스포츠라고 부른다. 나는 이 'Endurance'라는 단어가 가진 함축적인 의미를 좋아한다. 이 순간의 고통을 견뎌 내는 인내심뿐 아니라, 시간이 쌓여 만들어 내는 단단한 힘을 의미하기 때문이다.

야구나 골프 같은 스포츠는 찰나의 에너지를 한 점으로 폭발시켜 결과를 만들어 낸다. 배트가 공에 맞거나 클럽이 임팩트 지점을 지나는 그 짧은 순간의 집중력이 승패를 가른다. 반면 마라톤은 폭발적인 힘이나 순간의 집중보다, 누적된 동작의 총합이 중요하다. 한 걸음 한 걸음이 수만 번, 수십만 번 반복되고 그 과정이 최소 수개월간 쌓여서 비로소 42.195km라는 결과물이 완성된다. 한 번의 뛰어난 샷보다 매일 아침의 성실함이 더 큰 가치를 발휘한다. 그것이 바로 '인내의 스포츠'의 본질이다. 어쩌면 우리 직장인의 삶도 이와 크게 다르지 않다. 매일의 업무와 사소해 보이는 루틴들이 쌓여 한 사람의 커리어를 만들고 전문가로서의 단단함을 형성한다.

이러한 '축적의 시간'을 어떻게 체계적으로 관리할 수 있을까? 생각하며 달리다가 문득 떠오른 것이 9-6-3이라는 일련의 숫자였다. 풀코스 마라톤을 완주하기 위해 달리기 초보라면 최소 9개월, 10km 이상을 뛰어 본 경험이 있다면 6개월, 숙련된 러너라도 최소 3개월간의 '축적'이 필요하다는 의미다. 앞에서 살펴본 '달리기의 좌표'에서 내가 현재 어디에 서 있느냐에 따라, 필요한 자원을 조달하고 시스템을 정비하는 준비 기간을 의미한다. 필자가 생각해 낸 나름의 고유한 틀이지만 야매라고 걱정하실 필요는 없다. 절대적인 권위의 코치인 잭 다니엘스 같은 분들이나 러닝 앱들이 제안하는 준비 프로그램도 큰 틀에서는 대동소이하다. 다만 '9-6-3 프레임워크'는 대한민국 직장인들의 평균적인 라이프 사이클과 마인드셋을 고려한 거라는 정도의 차이일 뿐이다.

분기별 경영으로서의 달리기: 왜 3개월인가?

기업의 실적을 평가하고 전략을 수정하는 최소 단위가 '분기'인 관계로, 3개월은 대부분의 직장인에게 익숙한 기간 단위다. 흥미롭게도 우리의 몸이 외부의 자극을 받아들여 세포 단위에서 가시적인 변화를 일으키는 데 필요한 물리적 시간 역시 약 3개월, 즉 100일 안팎이다. 뇌과학적으로도 증명된, 새로운 행동이 기저핵에 각인되어 의지력 없이도 수행되는 '자동화된 습관'으로 변모하는 데 필요한 시간과 일맥상통한다.

필자의 지인 중에는 '21일의 법칙'이라는 걸 내세우며 뭐든 습관으로 만들고자 한다면 21일, 즉 3주 동안 매일 하루도 빠짐없이 하면 된다고 하는 분이 있다. 근거는 확실치 않으나 충분히 일리 있는 얘기이긴 한데, 달리기에 딱 들어맞지는 않는 것 같다. 아침에 일어나 물 한 잔 마시기 같은 간단한 습관이라면 모를까, 달리기를 21일 동안 하루도 쉬지 않고 한다는 것은 그다지 효율적이지 않다. 먼저 달리기와 같은 육체적 활동은 4~5일 정도 반복하고 나면 하루 정도는 쉬어 줘야, 근골격계의 소위 '초회복' 작용에 의

해 더한 강도의 신체 활동을 수행할 수 있도록 성장하는 사이클을 통과하기 때문이다. 두 번째로는 현대인의 생활 리듬은 일주일을 단위로 일과 휴식을 반복하는데, 요일별 생활 패턴에 차이가 있을 수 있고 그 사이에 많은 변수들이 끼어들 수 있어 어느 정도의 관용성을 갖는 것이 루틴을 지속해 나가는 데 더 유리하다. 말하자면 '21일/3주 동안 하루도 빠짐없이'를 목표로 하다가 하루라도 빠지면 '처음부터 다시'보다는 90일/12주/3개월 동안 듬성듬성이라도, 80~90% 정도 계속해 나가는 것이 습관으로서의 정착에 더 낫다는 거다. 마침 생물학적으로도, 우리 몸의 적혈구가 교체되는 주기가 약 100~120일 정도라고 한다. 100일을 목표로 달리는 동안 우리 몸은 어느새 말 그대로 '새로운 피'로 채워져 runner's body로 업그레이드되는 경험을 할 수 있게 된다.

이 3개월이라는 단위가 반드시 연속적으로 이어질 필요는 없다. 9-6-3 프레임워크는 270일간의 멈추지 않는 질주가 아니라, 독립적으로 작동 가능한 '3개월짜리 모듈'의 조합이다.

특히 한국처럼 사계절이 뚜렷한 환경에서 3개월은 곧 하나의 계절적 주기를 의미한다. 여름의 혹서기와 겨울의 혹한기는 '풀코스 완주를 향해 달리기'라는 프로젝트에서 각각 다른 리스크 관리 전략을 요구한다. 여름에는 체온 관리와 수분 보충이 핵심이라면, 겨울에는 관절의 예열과 호흡기 보호가 필수다. 9개월이라는 장기간의 목표를 세워두고 몰아붙이다가, 갑작스러운 혹서/혹한이나 업무 부하의 급등, 혹은 명절이나 가족 행사 같은 일상의 변수를 만나면 많은 이들이 '실패했다'는 좌절감에 빠져 운동화 끈을 풀어 버린다.

다이어터들은 이를 '에라이 효과(What-the-hell effect)'라고 부른다고 들었다. 작은 계획이 어그러졌을 때 전체를 포기해 버리는 심리적 기제를 뜻한다. 하지만 3개월이라는 독립된 모듈 단위로 사고한다면 어떨까. 이번 3개월 모듈에서 '기초 체력 다지기'라는 부분 목표를 달성했다면, 다음 모듈인 '마일리지 쌓기'는 업무 일정이나 계절적 상황에 맞춰 열흘이나 보름 정도 뒤에 시작해도 무방하다. 3개월 단위의 '모듈화'는 우리에게 '루틴으로의 복귀'를 훨씬 수월하게 만들어주는 심리적 안전장치가 된다. 9개월의 로드맵은 이 3개월짜리 성공 경험을 세 번 반복하는 과정이며, 각 모듈 사이에 있을 수 있는 잠깐의 공백은 실패의 트리거가 아니라 다음 단계를 위한 전략적 휴식 혹은 일상과의 타협점 정도로 해석되어야 한다.

직장인 러너에게 3개월이라는 단위는 스스로의 한계를 인정하고 목표를 '소분'하는 지혜로운 방식이다. 거창한 습관보다 이번 분기 내에 몸과 환경을 새롭게 세팅하겠다는 현실적 접근이 효과적이다. 3개월마다 갱신되는 목표와 나름의 결과는, '멈추지 않고 목표를 향해 달려 나가는 불굴의 의지'라는 불확실하기 짝이 없는 자원에 의존하지 않고도 당신을 피니시 라인으로 데려다줄 디딤돌이 될 것이다.

초보 러너라면 9개월 후 풀코스에 도전하자! 5㎞ 대회부터 시작해 몸의 골조를 다시 세우기

당신이 이제 막 달리기를 시작한 초보 러너라면, 풀코스 완주까지 최소한 9개월의 준비 기간이 필요하다.

초보 러너들이 가장 먼저 부딪히는 심리적인 벽은 '숨 가쁨'일 것이다. 단 몇 분만 뛰어도, 아니 생각만으로도 심장은 터질 듯이 뛰고 폐는 타들어가는 것 같은 통증을 느낀다. 그래서 많은 초보 러너들이 마라톤 완주를 위해 가장 먼저 강화해야 할 대상이 '폐활량'이라고 믿는 경향이 있다. 오해다. 달리기가 당신의 생활에 안착해 들어가기 시작하면, '숨 가쁨'이 실은 가장 얕은 허들이었음을 깨닫게 된다.

러너로서의 정체성을 꿈꾸는 독자들이 한 가지 기억할 것은 인간은 다른 어떤 동물보다도 장거리 달리기에 적합하게 진화해 왔다는 거다. 털이 없고 온몸으로 땀을 흘릴 수 있는 인간의 육체는 수랭식 엔진을 갖춘, 탁월한 열 관리 시스템이다. 에너지 공급/순환 장치(심폐)와 가동부(다리)가 근접해 있어 움직임이 동기화될 수밖에 없는 사족보행 동물에 비해, 이족보행을 하는 인간은 이 부분이 독립되어 있다는 것도 휴식과 달리기를 병행할 수 있는 고유한 특장점이다. 날카로운 이빨이나 발톱도, 두꺼운 피부도 갖지 못한 인간이 생태계의 최상위 포식자 지위를 유지할 수 있었던 것은 도구와 무기를 개발할 수 있는 능력 때문만은 아니었다. 인간보다 발이 빠른 동물들이 열을 식히기 위해 쉬는 동안에도 부지런히 쫓아가 결국 지쳐 쓰러지게 만들 수 있었기 때문[2]이다. 인간처럼 수십 km를 쉬지 않고 달릴 수 있는 생물은, 극한의 추위 속에서 완전히 다른 형태의 에너지 시스템을 진화시킨 시베리안 허스키 정도뿐이다. 즉 대부분의 인간은 $40km$를 달릴 수 있는 심폐 기능 정도는 갖고 태어난다.

아니, 무슨 소리야. 나는 $1km$만 달려도 심장이 터질 것 같은데! 라는 독자들의 볼멘소리가 들리는 듯하다. 당연하다. 훈련받은 운동선수도 가만히 앉아 있다가 갑자기 일어나 달리기 시작한다면 비슷한 고통을 겪을 것이다. 이는 우리 몸이 달리기와 같은 신체 활동에서 사용하는 에너지 시스템을 전환하는 과정에서 뇌가 '가짜 신호'를 보내기 때문이다. 달리기 초기에는 아직 심폐 시스템이 충분한 산소를 공급하기 전이므로, 근육은 산소 없이 에너지를 만드는 비상 발전기 즉 무산소 대사를 돌린다. 이때 젖산 등의 부산물이 쌓이며 뇌에 '힘들어! 당장 멈춰!'라는 신호를 보내게 된다. 이는 곧 산소 부채, 즉 산소 요구량과 공급량 사이의 간극이 벌어지는 단계로 이어진다. 하지만 약 $10{\sim}20$분 정도 즉 $1.5{\sim}2km$ 정도를 달리고 나면, 심폐 시스템이 본궤도에 오른다. 즉 심장과 허파가 '아, 지금 우리 몸이 이 정도 산소가 필요한 활동을 지속할 예정이구나. 어쩔 수 없군.' 하고 인정하게 되면서, 산소 공급이 원활해지며 거짓말처럼 숨이 가라앉는 경험을 하게 된다. 이를 러너들은 '세컨드 윈드(second wind)'라고 부르기도 한다.

---

2 '지구력 사냥' 가설: 진화생물학자 대니얼 리버먼과 번드 하인리히가 정립한 이론

그러니까 당신이 의욕적으로 달리기를 시작했다가 그저 숨이 가빠서, 심장이 터질 것만 같아서 멈춰야 했다면, 세컨드 윈드로 넘어가는 데 실패했다는 의미로 이해하면 된다. 그러니 걱정 마시라. 이 장에서 계속 얘기하듯, 인간의 뇌는 가야 할 길이 보이면 어떻게든 가도록 협조하게 되어 있다. 즉 '아, 이제 한 발짝만 더 가면 쓰러져 죽을 것 같아.' 싶다가도, 열 발짝 앞에 종착점이 보이면 두 발짝, 세 발짝 내딛게 되는 것이 인간이라는 것이다. 산소 부채를 돌파하여 세컨드 윈드에 도달하는 경험이 두 번 세 번 쌓이기 시작하면, 초보 러너에게 무산소 구간의 고통은 세컨드 윈드를 맞이하기 위한 통과 의례로 받아들여진다. 만약 달리기 초반에 겪는 이런 고통이 싫다면? 충분한 워밍업이 답이다. 달리기 전의 웜업은 근육에 산소를 공급하고 인대를 유연하게 만들어 경기력을 향상시키고 부상을 방지하지만, 심폐 기능을 미리 준비시켜 무산소 구간과 산소 부채를 출발 전에 통과해 두는 효과도 있다. 세컨드 윈드 단계에서 출발선을 넘는 것이다. 말하자면 출발하기도 전에 가볍게 숨이 찰 정도로 웜업을 하는 것인데, 이는 동적 웜업이라고 하여, 인대를 늘리는 등 유연성 확보에 더 많이 노력을 쏟는 정적 웜업에 대비되는 개념이다. 어차피 달리다 보면 거치게 될 과정인데 에너지를 최대한 아낀 상태로 출발하고 싶다면 그건 그것대로 유효한 선택이지만, 최소한의 웜업은 거르지 마시길.

진짜 문제는 심폐 기능이 달리기에 적응하기 시작하면서 드러난다. 더 이상 숨이 차지 않게 되면, 이제는 앞에서 말한 근골격계의 내구성 한계와 신경근적 피로가 본격적으로 우리의 앞길을 막기 시작한다. 레이스 당일뿐 아니라, 평소의 훈련 과정에서도 그렇다. 그나마 다행인 것은, 우리 몸에서 가장 정직하게 훈련에 반응하며 강화되는 부위는 근골격계, 즉 근육과 뼈와 인대다. 근육은 비교적 빠르게, 즉 며칠 단위의 주기로 훈련에 반응하며 팽창하거나 지구력을 갖추지만, 뼈와 인대, 힘줄 같은 결합 조직이 달리기라는 물리적 부하에 견딜 만큼 단단해지는 데는 좀 더 긴 시간이 소요된다.

초보자에게 9개월(3×3 모듈)의 로드맵을 제안하는 이유는 바로 이 하드웨어의 리모델링 기간을 확보하기 위해서다. 첫 3개월 모듈의 목표는 $5km$ 또는 $10km$ 레이스를 무사히 마칠 수 있는 '몸의 골조'를 세우는 것이다. 이 시기에 초보자가 겪는 가장 큰 리스크는 '자신의 의욕이 몸의 내구성을 앞지르는 것'이다. 숨이 차지 않는다고 해서 마일리지를 급격히 늘리면, 아직 단단해지지 않은 인대와 뼈에 미세한 균열이 생기고 결국 부상으로 이어질 수 있다.

이렇듯 9개월 로드맵의 첫 번째 3개월 모듈은 (D-9개월부터 D-7개월까지) '적응'에 초점을 맞춘다. 인체의 뼈는 가해지는 기계적 하중에 적응하여 스스로 재구조화된다. 매일 조금씩 달리는 행위는 뼈세포를 자극해 밀도를 높이고, 인대의 인장 강도를 강화한다. 이 과정은 지루하고 성과가 눈에 보이지 않지만, $30km$ 너머에서 당신의 몸이 무너지지 않게 지탱해 줄 기초공사다.

한 번만 더 강조한다. 숨이 차다면 멈추지 마라. 몇 발짝만 더 가면 세컨드 윈드가 불어올 것이다. 근육이나 뼈가 아프면 반드시 멈춰라. 의욕이 너무 앞서고 있는 것일 수 있다.

10㎞를 달릴 수 있다면 6개월 준비로 풀코스 완주 가능! 10㎞/하프 경험자를 위한 시스템 최적화

첫 3개월 동안 초보 러너에서 $5km$ 이상을 편하게 달릴 수 있는, $10km$까지도 도전해 볼 수 있는 체력을 갖추게 되었다면, 남은 6개월 중 첫 3개월, 즉 D-6개월부터 D-4개월까지는 시스템을 최적화하는 기간이다. 만약 당신이 이미 $10km$나 하프 마라톤을 완주해 본 경험이 있는 러너이고 꼭 달리기는 아니더라도 기초 체력을 유지할 수 있는 운동을 꾸준히 해 왔다면, 잠시 러닝을 쉬고 있었더라도 첫 번째 모듈을 건너뛰고 바로 6개월 로드맵에 돌입할 수 있다. 9개월 로드맵의 첫 번째 '모듈'이 기초 공사와 하드웨어 리모델링에 집중했다면, 다음으로 필요한 6개월(3×2 모듈)의 시간은 구축된 하드웨어 위에서 운영 체제를 업그레이드하고 에너지 효율을 높이는 과정이다.

D-6개월부터 D-4개월에 이르는 3개월 모듈의 핵심 목표는 '유산소 베이스의 확장'과 '에너지 대사 시스템의 전환'이다. 하프 마라톤까지는 체내에 저장된 탄수화물 에너지와 수분 보충만으로도 '출력'을 높여 밀어붙이는 것이 가능했을 수 있다. 하지만 풀코스는 다르다. 이 시기에는 의도적으로 속도를 늦추고 달리는 거리와 시간을 늘리는 훈련(LSD, Long Slow Distance 또는 Zone 2 훈련)을 통해 몸이 필요 시 지방을 주연료로 사용하는 모드로 전환할 수 있도록 준비해야 한다. 만약 아직까지 하프를 달려 본 적이 없다면, 이 기간의 끝, 즉 풀코스 목표로부터 최소 3개월 이전에 하프 레이스에 참가하여 스스로를 점검해 봐야 한다.

6개월이라는 시간은 단순히 훈련량을 늘리는 시간이 아니라, 당신의 몸이 의지력의 개입 없이도 장거리 달리기를 하나의 '기본값'으로 받아들이게 하는 시스템 구축의 시간이다. 매주 일정한 거리를 달리는 루틴이 일상화될 때, 뇌는 비로소 이 비효율적인 에너지 소모 활동을 생존의 위협이 아닌 관리 가능한 일상으로 인식하기 시작한다.

직장인 러너에게 6개월이라는 기간은 업무 성과와 개인의 도전을 조화시킬 수 있는 현실적인 '스프린트' 주기가 되기도 한다. 9개월은 너무 길어 지루해질 수 있고, 3개월은 기초를 다지기에 촉박할 수 있다. 하지만 6개월은 두 번의 분기를 거치며 자신의 성장 궤도를 수치로서 객관적으로 확인하고, 한 번 이상의 계절 변화를 겪으며 환경 대응 능력을 기르기에 충분한 시간이다.

기억해야 할 점은 6개월 로드맵을 걷는 동안 자신의 의지력을 신뢰해서는 안 된다는 사실이다. 습관과 루틴, 나아가 '러너로서의 정체성'이 나를 편안한 집 안을 나서서 상쾌한 새벽 공기로 달려 나가도록 이끄는 시스템을 구축해야 한다. 이미 $10km$를 뛰어 봤다는 자신감이나 나름 체력에는 자신 있다는 자만이 오히려 독이 되어, 컨디션이 좋은 날 무리하게 페이스를 올리거나 훈련 스케줄을 건너뛰는 유혹에 빠지기도 쉽다. 숙련된 경영자가 감이 아닌 데이터에 기반해 의사결정을 내리듯, 당신도 그날그날의 기분이 아닌 미리 설정된 시스템과 훈련 로그를 따르되 객관적인 몸 상태 및 훈련 결과에 따라 유연하게 움직여야 한다.

6개월의 끝에서 당신이 얻게 될 것은, 또는 목표로 해야 할 것은, 장거리를 달릴 수 있는 다리만이 아니다. 그날의 사정에 따라 무너지지 않는 견고한 루틴과, 자신의 에너지와 자원을 적절하게 배분할 줄 아는 성숙한 러너의 일상이다. 이 시스템이 완성되었을 때, $30km$ 너머의 그곳은 더 이상 두려운 미지의 해역이 아니라 당신이 충분히 통제하고 관리할 수 있는 영토가 될 것이다.

레이스 직전 3개월: 생애 첫 도전이건 노련한 도전이건 두렵기는 마찬가지

6개월 동안의 여정을 거쳐 몸의 골조를 세우고 하드웨어를 최적화해 온 러너들에게, 마지막 3개월은 드디어 생애 첫 풀코스라는 종착역을 향해 치닫는 '마지막 스프린트' 기간이다. 이 3개월은 이미 풀코스를 여러 번 완주해 온 숙련자들에게도 건너뛸 수 없는 '최소한의 준비 기간'이다.

D-3개월부터 레이스 당일에 이르는 3개월 모듈은 본격적인 '에너지 믹스'의 최적화 단계다. 이 시기에는 실제 레이스에서 사용할 보급품을 테스트하고, 자신의 소화 기관이 달리는 도중 에너지를 얼마나 잘 흡수하는지 실전처럼 점검해야 한다. 이 단계에서는 제법 정형화된 훈련 방법론이 적용되기 시작하는데, 자세한 내용은 마지막 장에서 다루기로 한다.

평범한 직장인 러너에게 풀코스 완주는 신체 에너지를 바닥까지 긁어 쓰는 가혹한 프로젝트다. 이 프로젝트를 마친 후 다음 프로젝트에 착수하기 위해서는 최소한 3개월의 간격이 필요하다. 완주 후 한 달은 신체를 회복시키는 '휴식기'로, 다음 한 달은 다시

기초 체력을 끌어올리는 '재정비기'로, 그리고 마지막 한 달은 식단 조절과 마일리지를 조율하며 레이스에 임하는 '집중기'로 사용해야 하기 때문이다.

이런 주기를 고려할 때, 직장인 러너가 일상을 유지하면서 1년에 소화할 수 있는 풀코스는 최대 3~4회 정도다. 혹서기와 혹한기를 제외하면 봄과 가을에 각각 한두 번씩의 기회가 주어지는 셈이다. 물론 아마추어 러너 중에도 연간 10회 이상 풀코스를 완주하는 이들이 적지 않지만, 그분들은 이미 이 책이 타깃으로 하는 '평범한 생활인'의 범주를 벗어난 존재들이시니 논외로 하자.

나를 포함해 매 시즌 풀코스를 달리는 중년의 중급 러너들에게 이 3개월은 기록 향상이라기보다 '현상 유지'를 위한 처절한 싸움일 때가 많다. 한 살씩 나이가 들어가는 신체적 감퇴를 고려한다면, 매번 같은 기록으로 완주하는 것조차 부담스러운 훈련량이 뒷받침되어야 하는 '도전'이기 때문이다.

42.195km라는 거리는 익숙해질 수는 있어도 결코 만만해질 수는 없다. 그렇다고 해서 비범한 능력을 가진 사람만 할 수 있는 일도 아니다. 나 같은 평범한 직장인도, 당신 같은 바쁜 생활인도 적절한 습관을 들이고 마일리지를 차곡차곡 쌓아나가다 보면 어느새 그 목표 앞에 훌쩍 다가서 있는 자신을 발견하게 될 것이다.

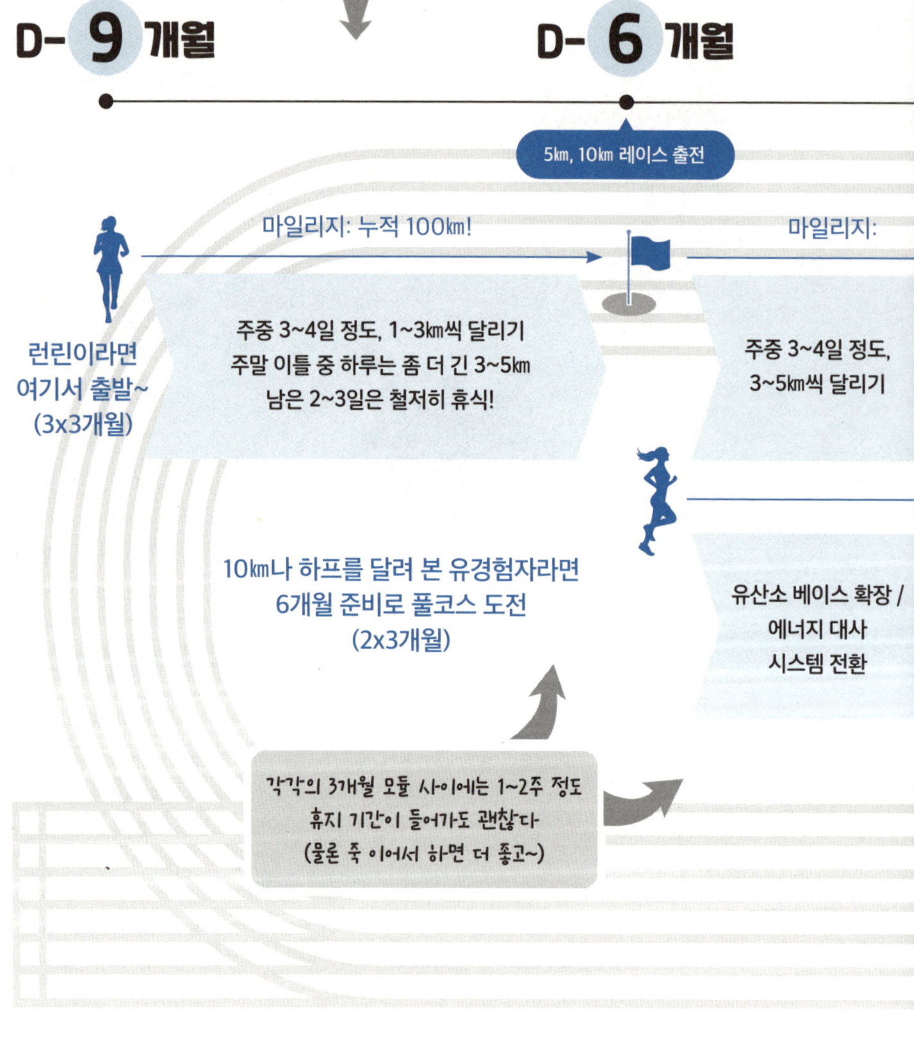

'산소 부채'에서 '세컨드 윈드'로 넘어가는 해방감을 경험: 더 이상 달리는데 숨이 차지 않다!!
D- 9 개월
D- 6 개월
5km, 10km 레이스 출전
마일리지: 누적 100㎞!
마일리지:
런린이라면 여기서 출발~ (3x3개월)
주중 3~4일 정도, 1~3㎞씩 달리기 주말 이틀 중 하루는 좀 더 긴 3~5km 남은 2~3일은 철저히 휴식!
주중 3~4일 정도, 3~5㎞씩 달리기
10㎞나 하프를 달려 본 유경험자라면 6개월 준비로 풀코스 도전 (2x3개월)
유산소 베이스 확장 / 에너지 대사 시스템 전환
각각의 3개월 모듈 사이에는 1~2주 정도 휴지 기간이 들어가도 괜찮다 (물론 죽 이어서 하면 더 좋고~)

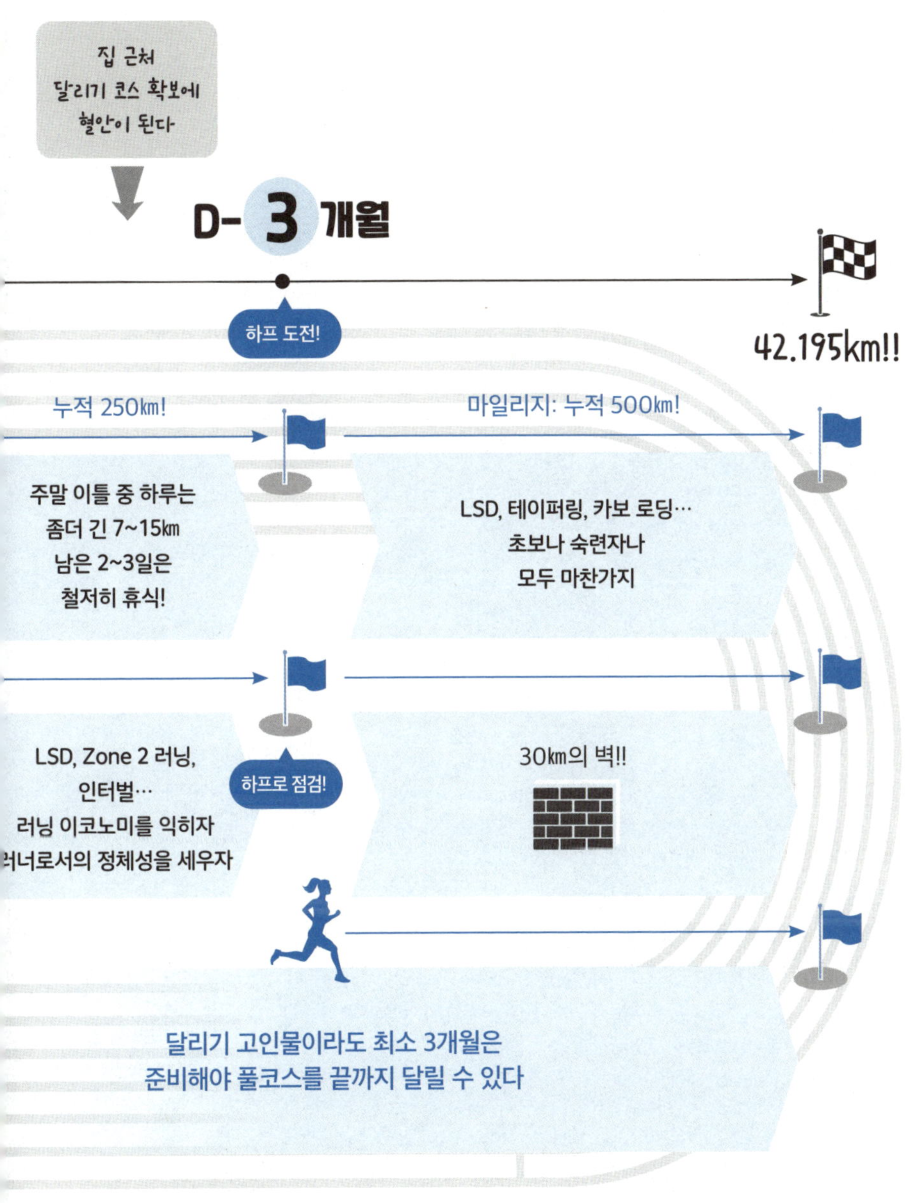

집 근처
달리기 코스 확보에
혈안이 된다

D- 3 개월

하프 도전!

42.195km!!

누적 250km!

마일리지: 누적 500km!

주말 이틀 중 하루는
좀더 긴 7~15km
남은 2~3일은
철저히 휴식!

LSD, 테이퍼링, 카보 로딩…
초보나 숙련자나
모두 마찬가지

LSD, Zone 2 러닝,
인터벌…
러닝 이코노미를 익히자
러너로서의 정체성을 세우자

하프로 점검!

30km의 벽!!

달리기 고인물이라도 최소 3개월은
준비해야 풀코스를 끝까지 달릴 수 있다

Chapter 3

왜 달리지 않는가?
달리기를 일상의 루틴으로 만들기

지난 30년 동안 나는 러너로서 15만 마일(24만㎞) 이상을 달렸다. 하지만 여전히 가장 힘든 것은 매일 달리기 위해 현관을 나설 때의 몇 발자국이다.
— 빌 로저스, 보스턴 마라톤 및 뉴욕 마라톤 각 4회 우승자, 『Marathon Man』 저자

뭔가 하고자 마음을 먹었는데 너무 어려워서 시작을 못 하겠으면, 더 쉬운 단위로 쪼개라. 1분짜리로 만드는 거다. 그것도 힘들면, 20초짜리들로 쪼갠다. 도저히 안 하겠다고 할 수 없을 때까지.

— Leo Babauta, 'Zen Habits' 운영자

무슨 생각을 해… 그냥 하는 거지.

— 김연아

달리기에 대해
책(씩이나) 쓴다고?

얼마 전에 지인과 식사를 하다가, 달리기에 대한 책을 쓰고 있다고 했더니, 그런 걸로도 책을 쓸 거리가 나오냐며 고개를 갸우뚱한다. 팬데믹 이후 러닝 열풍이 식지 않고 있다고는 하지만, 달리기가 삶의 일부로 스며들기 시작하지 않은 많은 분들께 여전히 달리기는 그냥 뛰면 되는, 하지만 꼭 필요한 상황이 아니라면 딱히 하고 싶지는 않은 신체 활동인 것이다. 아니 왜 굳이 '힘들고 지루한' 달리기를 해? 운동을 하려면 공을 차거나 차라리 쇠질을 하지. 살을 빼고 싶은 거라면 위고비도 있고 여러 가지로 쉬운 방법들이 얼마든지 나와 있잖아?

이 책을 집필하는 과정에서 기존에 출간된 달리기에 관한 책들을 꽤 여러 권 읽어 봤다. 그전에도 달리기에 관한 책들을 읽지 않았던 것은 아니지만, 독자가 아닌 작가로서, 다른 이들은 어떤 생각을 독자들에게 전하고 싶어 하는 것인지 궁금해서 읽다 보면, 바라보는 관점이 달라진다. 달리기가 그저 이야기의 소재 중 하나가 아니라 책 전체를 아우르는 주제일 경우, 크게 두 부류로 나뉘는 것 같다. 러닝이나 운동과 직접적인 관련이 없는 직업을 가진 저자가 자신의 달리기 경험을 나누는 경우, 엘리트 러너 혹은 운동생리학자 등 달리기를 전문적으로 수행하거나 연구하는 사람이 달리기의 이론과 실천적 지침을 코칭하는 경우. 전자의 대표로는 무라카미 하루키의 『달리기를 말할 때 내가 하고 싶은 이야기』가 있다. 이 부류의 책을 쓴 사람들은 거의 대부분 이 책을 읽고 영감을 얻었거나 최소한 영향을 받았다고 해도 무방할 정도로, 전 세계 아마추어 러너들의 마인드에 지대한 영향을 끼친 책이다. 달리기로 신경증을 극복한 영국의 칼럼니스트도, 인생의 좌절을 딛고 러닝 전도사로 나선 한국의 작가도 예외 없이 이 책을 인용하고 상찬한다. 물론 나도 마찬가지다. 후자의 대표로는 미국의 잭 다니엘스 박사가 쓴 『Daniels' Running Formula』가 두드러진다. 지난 수십 년간 전 세계 러너들의 명불허전 '바이블'로 자리매김한 책으로, 국내에도 4판이 번역 출간되어 있다. 우리가 책이나 기사나 칼럼이나 동영상 등으로 접할 수 있는 거의 모든 달리기 '이론'에 관한 내용들은 이 책의 내용을 직간접적으로 인용했다고 봐도 과언이 아니다. 지금 읽고 계시는 내 책도 마찬가지다. 권위가 권위인만큼 일반인 독자들이 읽기에 다소 딱딱한 면은 있는데, 진지하게 달리기를 하고 싶은 분이라면 한번 읽어 보거나 최소한 책꽂이에 꽂아 둘 필요는 있는 단 한 권의 책이다. 성경책의 효용과 유사한데 과연 바이블이다.

꼭 책에 적힌 내용들을 인용하지 않더라도, 장거리 달리기를 규칙적으로 함으로써 얻는 장점에 대해서는 굳이 설명해 봐야 지면 낭비다. 너무나 당연한 얘기라서 그런지 유튜브에 나오는 의사 선생님들 정도 빼고는 굳이 책까지 써 가며 건강 측면의 효능을 강조하는 경우는 그리 많지는 않은 듯하다. '경험 공유' 위주인 에세이 스타일 책들의 경우 정서적인 면을 많이 이야기한다. 스트레스 저항력, 불안 완화… 무엇보다 '해냈다'는 성취감과 뿌듯한 보람이 자신의 삶에 대한 결정권을 되찾은 듯한 자기 효능감으로 이어진다는 얘기들이다. 그럼요, 알다마다요. 그뿐인가? 여기저기 안 끼는 데가 없는 뇌과학까지 동원되어, 달리기가 전두엽의 활성화와 창의적인 몰입에 도움이 된다는 연구 결과들을 귀에 못이 박히도록 설파한다. 하루키가 '계속 달려야 하는 이유는 아주 조금밖에 없지만 달리는 것을 그만둘 이유라면 트럭 가득히' 있다고 했지만, 실은 달려야 할 이유는 아주아주 많다. 그런데 왜 선뜻 달리지 못하는 걸까?

사실 달리기는 즐겁다!
그런데…

각자의 달리기 경험을 한번 떠올려 보자. 학창 시절 운동회에서의 달리기, 딱히 준비하지는 않았지만 조금이라도 더 나은 점수를 받으려 애썼던 체력장, 바쁜 등교 또는 출근 시간에 버스나 지하철을 놓치지 않으려 혹은 막차를 잡으려 내달려야 했던 경험, 군대에서의 구보, … 대체로 그다지 신나고 즐거웠던 기억들은 아니다. 심지어 체벌로서의 달리기나 선착순 달리기 경험까지 있다면, 달리기에 좋은 기억이 남아 있을 리가. 많은 사람들에게 여전히 달리기는, 타인에 의해 강제된 경우가 아니고서야 하고 싶지 않은 경험이다. 그렇다면 우리가 달리지 않는 이유는, 고생스러워서, 힘들어서일까? 정말로?

자기 결정권이 제약될 수밖에 없는 학교나 군대에서의 달리기는 그렇다 치고 성인이 되고 사회생활을 시작한 이후의 달리기 경험은 어떠신지 떠올려 보자. 어떤 과정과 경로를 통해서였건 자발적으로 달려 본 경험이 있다면, 다음의 명제에 동의하실 수 있지 않을까.

자발적으로 신발 끈을 묶고 문을 박차고 나가 '세컨드 윈드'를 경험할 때까지 달려 본 경험이 있다면, 달린 뒤 '괜히 달렸다'고 후회한 적은 없을 것이다. 주행 중 일시적인 고통이나 지루함은 있어도, 끝난 뒤의 성취감은 독보적이다. 땀이 흐를 정도로 달리고 난 후 시원한 물이나 맥주를 한 잔 들이켤 때의 청량감, 샤워하면서 몸이 풀리는 느낌, 마른 옷으로 갈아입을 때의 감촉 등은, 한번 맛보면 잊기 어렵다.

사실 알고 보면 달리기는 인간의 원초적 본능을 일깨우는 본질적으로 즐거운 신체 활동이지만, '타인의 강제'라는 성장기의 사회적 경험에 의해 부정적인 인식이 덧씌워져 버린 것은 아닐는지? 그렇다면, 그러한 부정적인 강제가 사라지고 신체에 대한 자기 결정권을 행사하는 성인이 되고 나서도 달리지 않는 이유는 뭘까? 우리가 해야 할 질문은 '왜 달리는가'가 아니라, '왜 달리지 않는가'가 되어야 할지도 모른다. 왜 달리지 않는가? 달리고 나면 기분이 좋아지는 걸 뻔히 알면서도.

무엇이 우리를
달리지 않게 하는가

몸을 건강하게 하고 마음을 풍요롭게 하며 정신을 맑게 하는 가장 즉각적이고 확실한 수단이 달리기라는 건 굳이 책이나 유튜브를 뒤져보지 않아도 알 수 있는 사실이다. 인간은 그렇게 진화해 왔고 생존하고 번영했다. 하지만 현대 사회는 달리기와 같은 인간의 원초적인 신체 활동을 생존이 아닌 레저의 영역으로 밀어냈다. 살아 남기 위해 말 그대로 죽어라 달리지 않아도 된다는 것은 그 자체로 축복이라 하겠으나, 진화가 문명의 발전 속도를 따라가지 못하다 보니 인간의 신체는 여전히 달리기를 갈망한다. 매일 달린다고 하면 뭔가 특별한 생활 습관이라고 여겨지곤 하는데 사실 인간은 항상은 아니더라도 매일 달리는 게 가장 자연스럽다. 그 자연스러운 신체 활동을 현대 문명 사회의 뭔가가 가로막고 있는 것이다.

하루키가 이야기한, 달리지 못할 '트럭 한 대분'만큼의 이유에 어떤 것들이 있을까. 첫째 시간의 부족, 둘째 생물학적 방어, 셋째 심리적 장벽으로 구분해 보자.

먼저 시간이 없어서. 현대인, 그중에서도 직장인은 당연히 상시적인 시간 부족 상태에 쫓기게 마련이다. 절대적인 시간 부족보다 조직의 스케줄에 수동적으로 맞춰야 하는 직장인의 상황이 더 큰 제약일 수 있다. 사실 이건 우선순위의 문제다. 사회생활을 해보신 분이라면 알 거다. 내가 누군가에게 '시간이 없다'고 말하거나 반대로 그런 말을 듣는다면, 절대적인 의미로서의 '시간'이 없다는 것이 아니다. 그저 그 일이 또는 당신이 내게 우선순위가 아니다, 하루 24시간 중 1시간 또는 그 이상을 할당해야 할 만큼의 가치가 없다는 뜻이다. 그럴 수 있다. 우리 삶에는 달리기보다 중요한 것들이 있다. 시간을 좀 더 효율적으로 관리한다면, 하루 1시간 남짓을 할애하는 것이 가능하지 않을 리야 있겠냐만, 더 이상 선생님이나 조교의 지시에 따라 억지로 달려야 할 이유가 없는 성인들에게, 이는 각자의 선택의 문제이다. '의지가 없어서'는 조금 다르다. 이건 인간의 '의지'라는 일종의 정신적 자원에 대한 오해에 기인한 것인데, 뒤에서 좀 더 자세히, 필자의 경험담과 함께 다루도록 하자.

두 번째, 생물학적 방어. 체력이 없어서, 피곤해서, 잠이 부족해서…가 있을 텐데, 오해를 풀어야 할 필요가 있다. 21세기를 아등바등 살아가는 직장인은 대개 육체보다는 정신적 과부하에 시달리게 마련이다. 이때 몸을 움직여주면 혈액 순환이 촉진되어 오히려 피로가 풀리게 된다. 실은 당신도 알고 있다. 머리로는 알지만 몸이 아직 기억을 못 하는 거다. 달리기에 어느 정도 습관이 붙다 보면 피곤해서 못 달리는 게 아니라, 너무 피곤해서 달리기를 거를 수 없게 된다[3]. 다른 하나는 스스로의 몸에 대한 불신인데, 가령 무릎이나 발목이 아플 것 같다는 등의, 초보라면 당연히 가질 수 있는, 유효한 걱정이다. 제대로 된 주법을 익혀 천천히 달리기 시작하면 풀릴 문제이니 역시 걱정하지 않으셔도 된다. 마지막으로 나는 달리기 체질이 아니라서… 이건 뭐 굳이 반박할 필요를 못 느낀다. 인간은 달리기에 최적화된 동물이라니까? 정상적인 발생학적 경로를 따라 호모사피엔스로 진화해 왔다면 당신은 엄마 배 속에서 태어나기도 전부터 달리기 체질이니 걱정 마시라.

세 번째는 심리적 장벽으로, 달리기는 재미없다 지루하다는 오해이다. '지루함'은 뇌가 정보의 공백 상황에 기인한 '불확실성' 상태를 견디지 못하기 때문인데, 이는 다음 장에서 설명할 '스마트 러닝'으로 아주 간단히 극복될 터이니 걱정할 필요 없다. 한편, 달리기가 '힘들고 지루하다'고 할 때, 힘들다는 건 사실이다. 러닝 이코노미를 다루는 장에서 다시 설명하겠지만, 힘들다는 건 달리기의 본질과도 같은 것이니 받아들여야 한다.

마지막 한 가지. 의외로 적지 않은 분들이, 달리기를 할 때 타인의 시선이 신경 쓰여 심리적 장벽이 된다고 한다. 음… 현대인들은 다른 사람에게 그다지 관심이 없습니다. 자의식 과잉이라고까지는 안 하겠는데, 웬만큼 이상한 복장과[4] 자세로 달려도 사람들이

---

3 어디까지나 '회사 일로 피곤했을 때'를 말하는 거다. 훈련이 쌓여 피로가 누적되어 있을 때는 정신적 피로가 아니라 육체적 피로이니 의도적으로 훈련을 쉬어야 한다. 이에 대해서는 뒷부분에 좀 더 자세히 설명하겠다.

4 필자는 프랑스에 있을 때 산 형광색 러닝 점퍼를 아직도 애용하고 있는데, 이게

별로 신경쓰지 않으니까 안심하세요.

　대체로 보면 아시겠지만, 신발 끈을 묶고 현관을 박차고 나가는 것을 방해하는 요소들은 대부분 우리의 '뇌가 파놓은 합리화의 함정'들이다. 하루키가 말한 '달리지 말아야 할 트럭 분량의 이유'들은 항상 달리러 나가려는 찰나에 우리의 발목을 잡는다. 기본적으로 우리의 뇌는 스스로 우리 몸에서 에너지를 가장 많이 쓰다 보니, 다른 기관들은 생존의 위협이 없는 한 가급적 에너지를 적게 쓰도록 유도하는 가증스러운 리더다. 즉 뇌는 기본적으로 게으르다!

　끝으로 '의지 부족'에 대해 짚어 보자. 인간의 의지는 뇌가 파놓은 '함정'의 끝판왕, 최종 보스라고 할 만하다. 우리로 하여금 아무리 어려운 일도 해낼 수 있는 슈퍼 파워를 줄 것 같이 굴지만, 우리가 믿고 따르기로 결심하는 순간 여지없이 배신하는 것이 바로 이 '의지'라는 사기꾼이다. 유사품으로 '절제' 또는 '자제력' 등등이 있는데 기만적이긴 마찬가지이니 역시 속지 말자. 꼭 마라톤 완주자가 아니더라도, 매일 새벽 또는 퇴근 후 운동을 거르지 않거나 어떤 목표를 향해 꾸준히 나아가고 이뤄내는 사람들을 보면 '의지력이 대단하다'거나 '자기 절제가 강한 사람'이라고 생각하기가 쉽다. 터무니없는 오해다. '의지가 강하다'고 평가받는 사람들을 가까이서 관찰해 보면, 정작 그들은 자신의 의지를 전혀 신뢰하지 않는다. **꾸준한 이들은 의지의 변덕스러움을 알기에, 의지**

상당히 눈에 띄는 색이다. 나중에 설명하겠지만 러너의 복장은 무조건 눈에 잘 띄어야 안전하다. 이걸 입고 뛰어도 보행객 중에 적어도 대놓고 쳐다보는 사람은 거의 없는데, 그들이 산책시키는 강아지들은 예외 없이 흥분하곤 한다.

없이도 몸이 저절로 움식이도록 루틴이라는 '장치'를 세팅하는 데 집중한다. 실은 내가 그렇다.

생각하지 말고
그냥 해라

피겨스케이트 여제 김연아 선수가 현역 시절 남긴 말이 있다. 스트레칭을 하는 그녀에게 기자가 "무슨 생각하면서 하세요?"라고 묻자 "무슨 생각을 해… 그냥 하는 거지."라고 답하는 장면이 그대로 방송을 탔던 것. 엉뚱한 상상을 하고 있었는데 기자의 갑작스러운 질문에 당황했던 거라고 해명을 했지만, 나를 비롯하여 꾸준히 운동을 하는 사람들은 이 대답을 의지와 결단이라는 허상에 의존하고 싶어질 때마다 정신 차리라고 꺼내어 보는 죽비로 삼는다. 무슨 생각을 해. 그냥 해. 이게 답이다.

나의 경우 수년째 매 시즌(봄, 가을 각 1회 정도) 풀코스를 달리고 있고, 주중 4회 정도는 출근 전에 10km를 달리는 생활 습관을 유지하고 있다. 주중 하루는 대체 운동을 하거나 휴식을 취하고 주말에 1회 정도 15~20km 이상 장거리 달리기를 한다. 아침에 눈을 떴을 때 '오늘은 쉬고 싶다.'는 유혹을 느낀다면 이미 절반은 실패다. 그런 생각이 들기도 전에, 반사적으로 일어나서 아침 루틴을 수행해야 한다. 눈 뜨자마자 타이머를 45분 카운트다운으로 설정하고, 부엌에 가서 커피를 내린다. 몸을 흔들거리고 팔과 다리를 털어내면서 몸에 피가 흐르게 하고, 커피가 준비되기를 기다린다. 커피 한 잔을 마시고, 무릎을 구부렸다가 펴고 고관절과 둔근을 푸는 스트레칭을 천천히, 공들여 한다. 나이가 들수록 몸이 깨어나는 데 시간이 걸린다. 40대 이하라면 더 일찍, 30분 또는 눈 뜨자마자 15분 내에 나서는 걸 목표로 삼으셔도 될 것이다. 옷장에서 옷을 찾거나 코스를 고민하며 망설이는 찰나, 새벽의 귀한 시간은 속절없이 흘러가 버린다. 직장인에게 출근길 5분은 교통 상황에 따라 30분 지연으로 이어질 수도 있다. 내일은 달라질 거라고? 같은 상황에서 다른 결과가 나올 리가.

달리기를 마치고 나서도 마찬가지다. 한 시간 정도 달리고 돌아오면 6:30쯤 되는데 들어오자마자 땀에 젖은 옷을 세탁기에 넣고, 쾌속 세탁을 돌린다. 탈수까지 마치는 동안 약 17분이 소요되는데 이게 또 다른 타이머가 된다. 이 시간 동안 샤워하고 면도하고 머리 말리고 로션을 바르면 늘어질 새가 없다. 세탁기 알람음이 울리기 전까지 내 할 일을 마쳐야 한다. 땀에 젖은 옷은 바로 세탁하지 않으면 냄새가 배어 곤란하다. 세탁기에서 바로 꺼내어 널지 않으면 역시 냄새가 나기 때문에, 자연스럽게 루틴이 강제된다. 이런 과정들을 기계적으로 해치우면 7시 전에 출발할 수 있다. 차에 시동을 걸고 라디오를 틀었을 때 7시 뉴스가 막 시작한 참이면 성공!

핵심은, 앞의 단계를 마치고 나서 무엇을 해야 하는지 생각할 필요가 없이, 기계적으로 수행을 한다는 것이다. 즉 '결정할 필요가 없다'. '의지력'이나 '절제'와 같은 사기꾼들이 에헴, 하며 끼어들 여지를 사전에 차단하는 것이다. 아니 달리기의 동기 중 하나가 자기 주도권이라며, 생각하지 말고 그냥 하라고? 그렇다! '자기 주도권' 같은 숭고한 정신적 에너지는 보다 중요한 일, 즉 가족과의 관계, 직장에서의 업무, 그리고 더 잘 달리기 위한 노력 같은 곳에 선별적으로 사용하시기 바란다. 인간의 의지와 절제는 용량이 정해져 있는 한정된 자원이기 때문에, 사소한 일에 써 버리고 나면 정작 중요한 곳에 쓸 분량이 남지 않게 된다. 스티브 잡스와 같은 이들이 사소한 곳에 고민하는 시간과 에너지를 줄이기 위해 똑같은 옷을 여러 벌 갖추고 매일 같은 옷을 입는다고 한 것을 기억하자. '의지력', '절제', '자기 주도권' 같은 귀한 정신 자원을 아침에 달리러 나갈까 말까 같은 고민에 남용해서는 안 된다. 뇌는 몸이 비축한 에너지를 독식하려고 혈안이 되어 있다. 뇌가 생각할 틈을 주어 달리지 말아야 할 '한 트럭 분량의' 이유를 들이댈 여지를 사전에 차단하는 것이 관건이다.

아침 러닝이냐
저녁 러닝이냐

필자도 젊은 시절에는 올빼미형 인간이었다. 종일 격무에 시달리고도 나이트 라이프는 빠짐없이 즐겼고, 창의적인 일을 할 때에는 남들이 잠든 밤에 해야 뭔가 그럴싸한 게 나온다고 생각하여 자정을 넘겨서야 잠자리에 드는 것이 예사였다. 아침에는 당연히 일어나기 힘들어, 출근 시간에 맞추어 사무실에 간신히 도착하는 것도 버거웠다. 하지만 40대 중반에 얻은 늦둥이 딸을 키우느라 일찍 자고 일찍 일어나는 것이 습관이 되다 보니, 지금은 새벽에 일어나는 게 그리 힘들지 않다. 경험해 보신 분은 아시겠지만 아이를 재우다 보면 아빠도 졸음이 쏟아진다. 아이가 잠든 걸 확인하고 다시 일어나서 졸음을 털어내고 뭔가를 하느니, 차라리 같이 일찍 자고 새벽에 일어나서 내 할 일을 하는 게 낫다고 봤다. 그렇게 새벽 4시에서 5시 사이에 기상하는 게 습관으로 굳어져 버렸다. 수면 앱을 활용하는 습관도 도움이 됐다. 즉 아침 출근 전에 달리는 게 자연스러운 생활 패턴을 갖고 있는 것인데, 이게 반드시 정답은 아닐 것이다. 필자의 지인들 중에는 매일 저녁 퇴근 후에 상당한 거리의 달리기를 규칙적으로 소화해 내는 40대~50대 중후반 아마추어 러너들도 있다. 그분들은 내게 '아니 어떻게 매일 새벽에 일찍 일어나서 달리냐.' 하시지만, 내 입장에서는 그분들이 훨씬 대단해 보인다. 나는 퇴근하고 나면 완전히 녹초가 되어 달리기는커녕 손가락 하나 까딱하기 싫어지는데, 어떻게 그걸 떨쳐내고 나가 10km 이상씩을 달리고 꿀잠들을 주무시는지, 존경스러울 따름이다. 더구나 아침과 달리 저녁 시간은 내 맘대로 되지 않는 경우가 많다. 아무리 극악무도한 업무강도를 자랑하는 조직이라도 새벽 5:30에 회의가 소집되는 일은 웬만해선 없기 때문에, 달리기를 거를 핑곗거리도 없어지는 것이다. 어쨌든 저녁 달리기를 루틴으로 삼으시는 분들도, 각자의 방식대로 '결정 피로'를 줄일 수 있게 세부적으로 사전 세팅된 공정을 갖고 계시는 경우가 대부분이다. 나로서는 아침 시간이 결정 피로를 줄이기에 더 유리한 환경이라 생각하지만, 반대인 경우도 많다. 그때그때 상황에 맞게 아침 러닝과 저녁 러닝을 선택적으로 하시는 분들도 있을 텐데, 이분들이야말로 초인적인 의지와 자기 결정권을 발휘하시는 분들이다. 나 같으면 '그때 상황 봐서 달릴 수 있으면 달린다'고 하면 하루도 달리기 어려울 것이다. 각자의 라이프스타일에 맞는 패턴이 있다. 시행착오를 거쳐 가며 스스로 찾아내야 하고, 상황 변화에 적응하여 꾸준히 패턴을 조정해 가며 이어가야 한다.

관성과 탈출 속도를
역이용하자

물리학의 법칙과 개념 중에 '관성'과 '탈출 속도'라는 것을 아실 것이다. '관성'은 멈춰 있는 사물은 계속 멈춰 있으려 한다는 것이다. 습관 형성에 있어 '관성'은 큰 걸림돌이 되곤 하지만, 활용하기에 따라 가장 강력한 우군이 되기도 한다. 달리기 습관으로 한정해서 보자면, 달리지 않는 것은 말하자면 '멈춰 있는' 상태라, 달리도록 만들기 위해 의도적인 노력이 필요하다. 반면에 한번 달리는 습관이 정착되면 관성에 의해서라도 계속 달리게 된다. "오늘은 달리기를 했더니 피곤하네."가 아니라 "오늘 달리기를 빼먹었더니 종일 몸이 찌뿌드드하네."가 되어 버리는 것이다. 주중 5일을 내리 달리는 것보다 최소 하루 정도는 휴식을 취하거나 대체 운동을 하거나 돌발 상황에 대비한 버퍼로 남겨 두어야 한다고 했는데, 이건 필자만의 습관이 아니라 훈련-회복 사이클을 거치며 체력과 경기력을 향상시키기 위해 반드시 지켜야 하는 교과서적인 방식이다. 일단 달리기 습관이 몸에 익으면 아시게 될 것이다. 가장 힘든 날이 바로 이 쉬는 날이라는 것을. 나가서 달려야 하는 관성이 붙어 버린 몸을 잘 다독여 쉬도록 만드는 게, '습관성 러너'들에게는 쉬운 일이 아니다!

'탈출 속도' 또한 여러모로 러닝을 루틴화하는 데 있어 염두에 둬야 할 개념이다. 로켓이 중력을 벗어날 때 가장 큰 힘을 쓰듯, 달리기도 현관을 나서는 순간이 제일 어렵다. 거리와 난이도는 상관이 없다. 일단 나서기만 하면 궤도에 오른 로켓처럼 어떻게든 달리게 된다. 새벽에 일어나 졸린 눈을 비비며 찌뿌둥한 몸을 어떻게든 움직여 꾸역꾸역 달릴 준비를 하다 보면, 상사, 동료, 고객 등에게 종일 시달리다가 녹초가 되어 버린 몸을 광역버스나 전철에 싣고 퇴근하다 보면, '아, 지금도 이렇게 힘든데 어떻게 달려…' 싶으시겠지만, 실은 당신도 알고 있다. 어제도 그제도, 달리고 나서는 오히려 피로가 가시고 상쾌한 기분으로 출근하거나 하루를 마무리할 수 있었다는 것을. 달리지 않았던 날은, 아침의 찌뿌둥함이 하루종일 눌어붙어 있거나 저녁의 피로가 꿈속까지 따라 들어와 우리를 괴롭혔다는 것을.

우리의 뇌는 당장의 피곤함을 핑계로 달리기 후의 쾌적한 보상을 외면하려 하지만, 그럴수록 몸을 움직여 뇌의 개입 없이 떨치고 일어날 수 있어야 한다. 그러려면 뇌가 아직 협조적일 때, 즉 덜 피곤할 때 미리 루틴을 정교하게 짜 두고 이에 따라 움직여야 '탈출 속도'를 얻어 관성을 벗어날 수 있다. 방법은 여러 가지다. 잠들기 전에 아침에 일어나는 또는 새벽 공기를 가르며 상쾌하게 달리는 자신의 모습을 상상해 두거나, 오후에 틈날 때마다 퇴근 후 달리기와 그 후의 시원한 맥주 한 잔을 떠올려 두는 게 도움이 된다. 침대에서 벗어나거나 찬물에 세수하거나 현관문까지 걸어가는 각각의 과정에서 다음 단계로 넘어가기가 힘들다면, 하나, 둘, 셋! 하는 나만의 구호를 마음속으로 되뇌며 떨쳐 내는 방법도 있다. 각자에게 맞는 방식을 찾아 보자.

명심하시기 바란다. 우리를 달리게 하는 것은 알량한 나의 의지가 아니라, 미리 정해 놓은 루틴에 의해 유도되는 관성이다. 나의 관성을 '정차해 있는'에서 '멈출 수 없는'으로 옮겨 세팅해 두자.

달린다는 행위가 아니라
러너로서의 정체성

달리기를 습관으로 일상에 안착시키는 방법에 대해서는 찰스 두히그의 『습관의 힘』과 제임스 클리어의 『아주 작은 습관의 힘』이 제시하는 원칙들을 참고할 만하다.

두히그는 '습관'이라는 것이 뇌로 하여금 노력, 즉 에너지를 절약하면서도 해야 할 일을 하도록 하는 가장 효과적인 방법임을 강조한다. 보다 실천적으로, 모든 습관은 신호[Cue] - 반복 행동[Routine] - 보상[Reward]의 3단계 루프로 이루어짐을 강조하는데, 러너로서 우리는 이 루프를 미리 설계해 두어야 한다. 가령 전날 꺼내어 둔 운동복과 조깅화[Cue] - 새벽 달리기[Routine] - 시원한 샤워와 성취감[Reward] 같은 식이다. 중요한 것은 신호인데, 각자가 반응하는 스위치가 있을 것이다. 커피 한 잔일 수도, 찬물 세수일 수도, 양말을 신는 동작일 수도 있다. 아직 곤하게 잠들어 있는 가족을 배려해야 하는 상황이 아니라면, 눈 뜨자마자 거실의 TV를 켜는 것도 좋은 방법이다. 나를 움직이는 스위치가 무엇인지 잘 생각해 보는 것은, 스스로를 돌이켜보는 데 도움이 된다. 아침 달리기라면 보상은 출근 전의 상쾌한 샤워, 정도일 텐데 이때의 기분 좋은 느낌을 마음에 잘 새겨 두어야 한다. 습관 루프를 실행하고 난 후의 긍정적인 보상이 부정적인 느낌을 압도할 수 있어야 하기 때문이다. 하고자 하는 일을 마쳤을 때의 만족감만으로도 분명하고 강력한 보상이 된다. '스마트 러닝' 챕터에서 설명할 러닝 로그 기록을 통해 어제보다 나아진 나를 확인하는 것 자체가, 많은 러너에게 놓칠 수 없는 매일의 보상이다. 달리기를 지속하게 되면 최소한 하루 한 번씩은 기분 좋은 일이 생기는 것이다! 두히그는 나아가 '핵심 습관'이라는 개념을 통해, 새로운 습관의 형성을 통해 촉발되는 삶의 작은 변화가 연쇄 반응을 일으켜 삶 전체를 어떻게 바꿀 수 있는지를 꽤나 설득력 있게 제시한다. 매일 달리는 습관이 당신의 삶을 어떻게 바꿔 놓을지에 대해서는 수많은 이들의 간증이 넘쳐나니 굳이 이 책에서 언급할 필요도 없다.

제임스 클리어는 보다 실천적인 내용들을 제시한다. 책 제목이 시사하듯 습관을 아주 잘게 쪼개서 단계적으로 수행하라는 것. 작은 습관들이 모여서 아주 조금씩, 그러니까 1%씩 나아지는 방법들을 설명한다. 클리어는 습관을 형성하기 위해 행동 변화의 4가지 법칙을 제시하는데 두히그가 말한 3단계 루프와 유사하면서 2단계에 열망을 추가하고 있는 점이 조금 다르다.

1. 분명하게(Make it obvious)

습관 또는 그것을 구성하는 요소들을, 아주 분명하게 정의해야 한다. 언제, 어디서, 어떤 행동을 한다는 것을 구체적으로, 세부적

으로 정해 두어야 한다는 거다. 아침에 일찍 일어나서 달리러 나가
야지, 정도로는 어림도 없다. 그런 행동에 이르기까지의 단계적인
과정들을, 바쁜 평일 아침이 아니라 푹 자고 일어난 주말 오전 정
도에 구체적으로 시뮬레이션을 해 보시기 바란다. 달리러 나가기
전의 예비 동작들도, 대충 스트레칭을 해야지, 가 아니고 어떤 동
작들을 각 몇 번씩 총 몇 분동안 해야지, 정도가 되면 확실히 효과
가 있다.

2. 매력적으로(Make it attractive)

'유혹 묶기'라고 하는 방법인데, 내가 이미 좋아하는 행동 즉 굳
이 습관이 정착되지 않아도 당기는 행동을 연관 지으라는 것이다.
필자의 경우 아침 달리기를 할 때 주로 오디오북이나 구독하는 유
튜브 방송, 좋아하는 음악을 듣는다. 추리소설 등 내가 좋아하는
장르의 오디오북을 달리는 동안에만 듣자고 정해 둔다면, 범인이
궁금해서라도 다음 날 달리지 않을 수 없게 만드는 것이다. 바쁜
직장인이 매일 한 시간이나 좋아하는 뭔가를 듣는다는 게 쉬운 일
이 아니다. 어쨌든 이 행동을 할 때 뭔가 하고 싶다는 생각이 들도
록 만들어야 한다는 것인데, 사교적인 분들이라면 러닝크루에 들
어가 달리기를 즐기는 다른 분들과 달리는 것도 좋은 방법이다. 단
것을 좋아하지만 참고 있다면, 달리기 직전 또는 직후에 한 조각
베어 물어도 괜찮다.

3. 하기 쉽게(Make it easy)

습관을 들이고자 하는 행동 자체를 잘게 쪼개서 쉬운 단위로 만
들어야 한다. '아침에 일어나 달리러 나간다.'는 상당한 의지를 필

요로 하는 습관이지만, 커피를 내리고 2분간 체조를 하고 어떤 어떤 스트레칭을 각 2분씩 하고 어젯밤에 현관 옆 탁자에 꺼내 둔 운동복을 갈아입는 동안 10부터 거꾸로 세고… 등등으로 '자동화'를 해 두는 것이다. 이게 한번 몸에 익으면, 안 하는 게 더 어려워진다. 1번과 유사하기는 한데 여기서의 포인트는 '결정 피로' 또는 마찰을 줄이는 환경 설정이다.

4. 만족스럽게(Make it satisfying)

습관을 들이려면 고통을 참고 자제력을 발휘해서는 안 된다! 즉시 스스로에게 보상을 주어야 한다. '즉시'가 중요하다. 몇 번 이상 달리기를 해서 몇 km 마일리지를 채우면… 등으로 보상을 설계해도 좋지만, 그보다는 매일매일의 결과에 따른 보상이 더 좋다. 앞서 말한 것처럼, 달리기 기록을 확인함으로써 스스로 발전하는 과정에서 만족감을 얻을 수도 있고, SNS나 커뮤니티 등에 소위 '인증'을 함으로써 '좋아요'를 받는 즐거움을 보상으로 누릴 수도 있다.

클리어의 책은 습관을 형성하는 실질적인 방법들을 제시하고 있다는 점에서 도움이 되지만, 그냥 읽는 것보다는 내가 어떤 행동 패턴을 평생의 습관으로 만들고 싶은지 분명히 염두에 두고 읽으면서 그가 제시하는 많은 아이디어들을 내가 처한 환경, 나의 취향 등에 맞춰 응용하는 상상을 해 보면 훨씬 재미있고 유용하다.

행동 변화에 대한 실천적인 지침들도 쓸모가 있지만, 이 책에서 가장 핵심적인 것은 '정체성'에 대한 부분일 것이다. 즉 습관을 들이려면 그 행동을 반복해서 빠짐없이 하려고 노력하는 것이 아

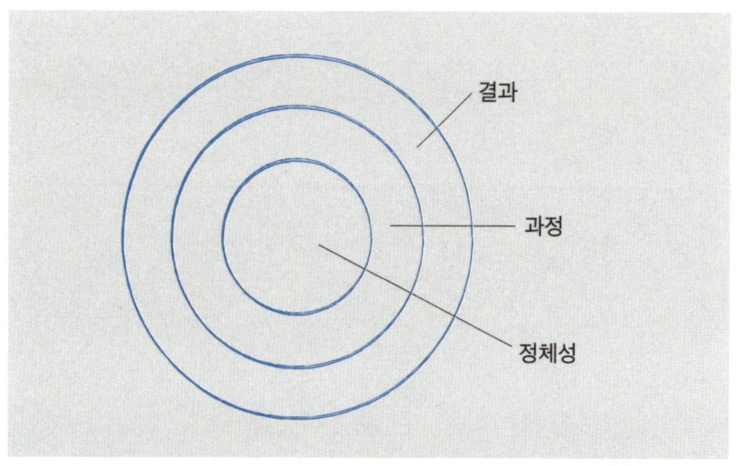

제임스 클리어에 따르면 행동의 변화는 결과 변화, 과정 변화, 정체성 변화까지 세 개의 층으로 이뤄져 있다고 한다. 미국인들은 이런 동심원으로 개념 설명하기를 좋아하는 것 같다.

니라, 그 행동을 하는 사람으로 자신의 정체성을 변화시켜야 한다는 것이다. 반대로, 작은 성공의 누적이 나의 정체성을 조금씩 바꿔 나가고 있다고 볼 수도 있다. '달리기'라는 우리의 주제로 돌아오자면, 오늘 몇 시에 일어나 몇 *km*를 달리고 내일은 또 몇 *km*를 몇 분에 달리고… 하는 것보다는 '아침에 일어나 달리는 사람'으로 스스로의 정체성을 확립하는 것이 더 중요하다고 할까. '나는 매일 아침에 일어나 몇 *km* 이상 달리는 사람이야.'라고 규정할 수 있다면, 달리기라는 관성적 습관이 나를 '생각하지 않고 그냥' 밖으로 나가 달리게 할 수 있을 것이다. 나는 그렇게 달리고 있다.

Chapter 4

마일리지, 마일리지!
3개월 동안 500㎞를 달려 보자

"옛날에는 대단한 사람이 대단해 보였거든요? 근데 요즘은 오랫동안 꾸준한 사람이 너무너무 대단해 보이는 거예요."

— 나영석 PD, 〈유퀴즈!〉 인터뷰 중

"There is only one way to eat an elephant: one bite at a time."
"코끼리를 먹어 치우는 유일한 방법은, 한 번에 한 입씩 베어 무는 거다."
— 데스몬드 투투 주교, 남아프리카의 민권 운동가. 1984년 노벨 평화상 수상자

직장인이 3개월 동안
500㎞를 달릴 수 있을까?

달리기를 정체성으로 체화했다면, 그 매일의 달리기에 무엇을 채워 넣을지를 생각해 보자. 목적 없이 무작정 달리기만 해서는 어디에도 갈 수 없다.

Shut up and run your miles!

운동인들 사이에는 "닥치고 스쿼트!"라는 격언이 있다. 우리 몸에서 가장 큰 근육인 대퇴사두근과 둔근을 단련하는 스쿼트는 하체뿐 아니라 모든 근력 운동의 기본이자 기초 체력 증진의 가장 확실한 수단이지만, 지루하고 힘들기 때문에 많은 사람들이 즐겨 하는 운동은 아니다. 근력 운동에 관한 수많은 '썰'들이 난무할 때, 본질을 꿰뚫는 한마디가 바로 "닥치고 스쿼트!"다. 이러니저러니 떠들 시간에 스쿼트 한 번이라도 더 하는 게 낫다는 말이다.

마라톤도 마찬가지다. 마라톤을 완주하는 '길'은 다양하다. 이 책 이전에도, 수많은 책과 트레이닝 북과 코칭 방법론들이 존재해 왔다. 하지만 결국 마라톤을 완주하는 방법은, 허무할 정도로 단순하다. 레이스 전까지 최대한 많이 달려야 한다. 마일리지를 쌓아야 한다는 거다.

이건 어떻게 보면 밥을 먹으면 배부르고 잠을 자지 않으면 졸리다는 것과 마찬가지로 단순한 생리적 사실에 가까울 정도다.

앞장에서 9-6-3 프레임워크를 설명하면서 누구나 풀코스 도전에 성공할 수 있다는 듯이 얘기했고, 사실이다. 하지만 쉬운 목표라는 얘기는 아니었다. 아마추어 러너가 42.195km를 한 번에 달리기 위해서는, 직전 3개월 동안 그 10배인 최소 400~500km 정도를 누적으로 달려야 한다. 500km라니. 서울에서 부산까지를 훌쩍 뛰어넘는 그 어마어마한 거리를, 내가 정말 달릴 수 있을까? 이런 의구심은 도전을 시작하기도 전에 독자를 포기하게 만드는 큰 심리적 장애물이 될 수도 있고, 반대로 '아, 그 정도를 달리면 나도 42km를 한 번에 달릴 수 있단 말이지?' 하고 목표를 구체화하면서 오히려 동기 부여가 될 수도 있다.

풀코스 전 단계의 목표라 할 수 있는 하프, 10km도 마찬가지다. 20km를 한 번에 달리려면 직전 3개월간 총 누적 200~250km를 달리면 되고, 초보 러너가 10km 레이스에 자신 있게 도전할 수 있는 시점은 누적 100km를 달렸을 때다. 즉 레이스 거리 목표의 10배가량을 누적으로 달리고 나면 그 1/10 거리를 한 번에 달릴 수 있는 정도의 체력을 쌓았다고 얼추 말할 수 있다.

사실 완주를 위한 주간 달리기 프로그램은 예전부터 있어 왔고, GPS 기능이 장착된 스마트폰이 대중화되면서 등장하기 시작한

엔도몬도, 런타스틱 등 초기 러닝 앱들에서도 목표 날짜와 거리를 입력하면 주 단위/일 단위로 달려야 할 거리를 계산해서 제안해 주는 기능은 필수였다. 이런 프로그램들이 제시하는 달리기의 거리를 합산하면 대략 위에서 말한 정도의 누적 거리가 나온다. 그럼에도 불구하고 필자가 직장인 러너들에게 완주 목표 달성을 위해 굳이 누적 마일리지를 중심 지표로 삼는 것을 권하는 이유가 몇 가지 있다.

첫 번째는 우리가 이루고자 하는 것을 목표 중심에서 과정 중심으로 바꾸고자 하는 의도다. 레이스 당일에 $42km$를 달린다는 것은 결과다. 그 준비 과정에서 $500km$를 달렸다는 건 과정이다. 당신이 이 과정에서 $500km$를 달렸다면, 레이스 당일의 $42km$는 이미 크게 중요해지지 않았을 가능성이 크다. 그리고 당신이 이미 $500km$를 달렸다면, 당일에 $42km$를 달리지 못할 확률은 아주 낮을 것이다. 이건 필자가 보장할 수 있다.

두 번째는 우리가 달성하고자 하는 목표를 다른 각도에서 볼 때 새로운 동기 부여가 될 수 있기 때문이다. 마라톤 풀코스 $42km$를 달성했다는 성취감과, 풀코스 $42km$를 달리기 위해 총 $500km$가 넘는 거리를 달렸다는 성취감은 살짝 결이 다르다. 일종의 발상의 전환이다. '마라톤' 대회에서 $10km$를 달렸어요, 는 언뜻 대단해 보이지 않을 수도 있지만, $10km$를 완주하기 위해 지난 몇 달간 $100km$ 이상 달렸어요, 가 초보 러너에게 주는 성취감은 다르다.

세 번째는 심리적 보상 기제다. 직장인 러너가 매일의 훈련 목표를 완벽히 달성하기는 현실적으로 어렵고, 또 그럴 필요도 없다.

계획한 또는 제시된 운동을 거르더라도 러닝 앱이나 생성형 AI가 바로바로 수정된 목표를 제시해 주겠지만, 어쨌든 패배감은 남는다. 이런 죄책감이 다시금 신발 끈을 동여매는 각오를 다지게 해 준다면 다행이겠지만, 반복되면 위험하다. 마일리지 적립 프레임은 해야 할 일을 빼먹었다는 '실패의 감각'보다는 어쨌든 계속 쌓아 간다는 성공의 느낌에 더 주목하게 해 준다. 이는 장거리 레이스에서 매우 중요하다.

네 번째, 훈련 과정에서 완주 가능성 여부를 가늠하고 적절한 판단을 내리기 위해서다. 앞서 말한 것처럼 누적으로 500km를 달렸다면 레이스 당일에 완주를 못할 이유가 없다. 누적 400km도 조금 아쉽지만 충분히 해볼 만하다. 300km부터는 위험하다. 독자의 타고난 체력과 나이에 따라 다를 수 있는데, 특히 40대 이상이라면 좀 더 시간을 두고 다음 레이스를 준비하시는 것을 권한다. 레이스 직전 석 달간의 누적 마일리지가 200km에 못 미친다면 미련 없이 포기해야 한다. 죄책감을 느낄 필요는 없다. 아마 지난 석 달 동안, 당신의 인생에 마라톤보다 더 중요한 것들이 예상치 못한 시점에 많이 끼어들었을 것이다.

목표를 과정으로 바꾸고, 과정을 정체성으로 진화시켜 나가는 데에는 여러 방법이 있다. 독자 여러분이 마라톤 완주를 목표로 달려나가는 과정에서, 자신에게 가장 크게 동기부여가 되는 방법을 택하면 된다. 이제는 반대로, '누적 마일리지'라는 덩어리를 일상에서 실행 가능한 단위로 쪼개어 보자.

목표를 잘게 나누면 못 할 일이 없다

풀코스가 목표라면, 500km라는 숫자가 주는 위압감에 매몰되지 말자. 이 숫자를 잘게 쪼개어 보면 직장인의 일주일 안으로 충분히 들어오는 크기가 된다. 한 달에 약 170km, 일주일에 40km 남짓이다.

주당 40km. 이렇게 나누고 나면 조금은 해볼 만하다는 생각이 들기 시작한다. 이를 다시 우리가 출근하고 퇴근하는 주간 루틴에 대입해 보자.

1. **주중(월~금)**: 주 3~4일 정도, 출근 전이나 퇴근 후에 7~10km 씩 달린다.

2. **주말(토~일)**: 이틀 중 하루를 택해 조금 더 긴 10~15km 정도를 달려 준다.

3. **휴식**: 남은 2~3일은 철저하게 쉰다.

어떤가? 매일 뼈를 깎는 노력을 쏟아야 하는 것이 아니다. 주중에 3일 정도만 조금 부지런히 움직이고, 주말에 한 번만 운동화 끈을 조여 매면 충분히 도달할 수 있는 거리다. 당신이 9-6-3에서 처음 6을 거치고 마지막 3을 수행할 준비가 되었다면, 충분히 그런 자신감을 가질 수 있을 것이다. 휴식일을 넉넉히 배치하고도 우리는 매주 40km씩 마일리지를 적립할 수 있다. 이 방식은 당신의 일상을 파괴하지 않으면서도, 당신의 몸을 서서히 '마라토너'의 체질로 리모델링한다. 5km 이상 달리는 것이 아직 버거운 초보 러너라면, 100km 마일리지를 채우는 방법으로 아래와 같은 스케줄이 가능하다.

1. **주중(월~금)**: 주 3~4일 정도, 출근 전이나 퇴근 후에 1~3km씩 달린다.
2. **주말(토~일)**: 이틀 중 하루를 택해 조금 더 긴 3~5km 정도를 달려 준다.
3. **휴식**: 남은 2~3일은 철저하게 쉰다.

이 정도면 매주 10~15km 정도씩, 두 달 남짓이면 100km가 된다. 대회 당일에 10km를 여유 있게 달리기에 충분한 체력이 쌓일 것이다.

위의 예시는 이해를 돕기 위한 것이고, 실제로는 주간 또는 월간 단위로 누적 거리를 조금씩 늘려가는 것이 좋고, 기록 향상을 위해서는 거리와 속도에 변화를 주며 달리는 것이 권장된다[5]. 그리고 마지막 달에는 최소 $20km$ 이상, 가급적이면 $30km$ 이상을 달리는 LSD를 최소 1회 이상, 가급적이면 2회 정도 포함시켜 주는 것이 좋고, 주중의 달리기는 거리를 줄여가는 테이퍼링이 필요하기에 보다 정교한 프로그램이 필요해진다. 풀코스가 그렇다는 얘기이고, 이에 대해서는 책의 후반에 좀 더 자세히 짚기로 한다. 여기서는 먼저 $10km$와 하프를 목표로 하는 경우에 대해 구체적으로 계획을 짜 보자.

---

5 필자의 경우는 대회 준비 기간이 아닌 평시에는 보통 한 번에 10km 정도를 달리고 굳이 기록 향상을 목표로 하지도 않기 때문에 단계적으로 거리를 늘릴 필요를 느끼지는 않는다. 경기력 향상보다 루틴을 더 중요시하느라 특별한 목적이 없이는 훈련 프로그램 변화도 가급적 최소화하고 있다. 물론 대회를 앞둔 시점에서는 프로그램 구성에 신경을 쓸 필요가 있는데 이에 대해서는 10장을 참고하시기 바란다.

10km 완주를 위해
100km를 달려 보자

달리기 초보라면, 일단 1km부터 시작해 보자. 앞장에서 애기한 9-6-3 프레임의 '9'에 서 계시는 독자들이 되시겠다. 1km 거리라면 굳이 주로 확보도 필요 없다. 주거 환경에 따라 다르겠지만, 대개 1,000 세대 규모 정도의 아파트라면 단지 한 바퀴 도는 정도의 거리일 테고, 일반 주택 단지라면 두세 블록 정도를 묶어 한 바퀴 정도일까. 하여튼 가급적 차도와 인도가 분리되어 있고, 경로상에서 길을 건너야 하거나 신호 대기를 피할 수 있으면 충분하다. 집 근처에 운동장이 있다면 트랙을 돌아도 좋고, 수변 도로가 가깝다면 더할 나위 없다. 1km는 천천히 뛰어도 10분이면 충분하며, 준비 시간을 포함해도 30분 내외다. 출퇴근 전후 30분은 누구나 투자할 수 있는 시간이다. 매일도 필요 없고, 주중 3일 정도면 충분하다. 월/수/금도 좋고 화/수/목도 좋다. 참, 3개월 뒤 집 근처나 익숙한 동네에서 열리는 10km 대회에 신청해 두는 것도 잊지 말자.

주말에는 거리를 좀 늘려 보자. 처음에는 2km로 시작해서, 매주

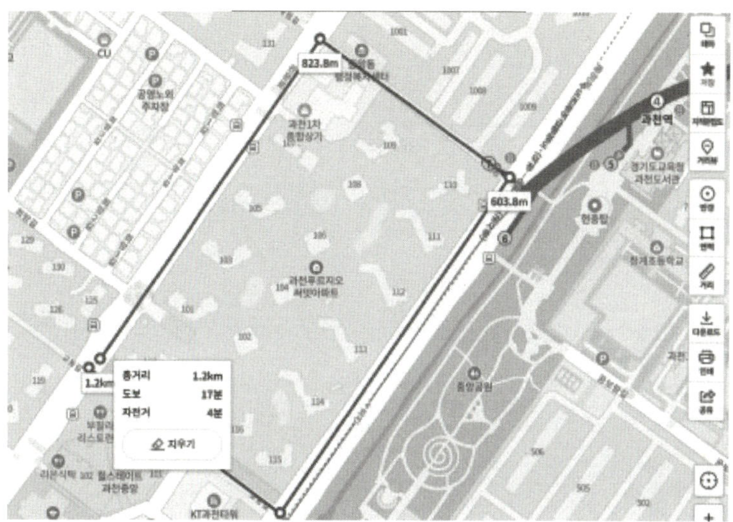

필자에게 익숙한 과천의 한 아파트 단지 둘레 한바퀴 거리를 네이버 지도에서 [거리] 도구로 측정해 보았다. 대략 1.2㎞ 정도로, 천천히 달리면 6~7분 정도면 한 바퀴를 돌 수 있을 것이다.

출처: 네이버 지도

거리를 조금씩 늘려 나간다. 주중에 달리던 주로를 두 바퀴 돌아도 좋지만, 가급적이면 근처의 수변 도로나 운동장 트랙을 찾아보자. 요즈음은 전국의 지자체마다 데크로 야산을 두른 곳들이 많은데, 표고차가 살짝 있더라도 달릴만 할 것이다. 둘레길 초입의 안내도나 지자체 홈페이지에 거리 정보가 있으니 대략 가늠이 된다. 주말 달리기에서는 좀 더 '숨이 찰 정도로' 달려 보자. 거리도 거리지만 속도도 관심 가져 본다. 앞장에서 얘기한 '세컨드 윈드'를 경험할 정도, 즉 숨이 차다가 어느덧 더 이상 호흡이 가쁘지 않고 편해지는 지점까지다. 토, 일 양일 중 하루는 반드시 쉰다.

이렇게 일주일을 달리면 5~7㎞를 달린 것이다. 이래서는 3개

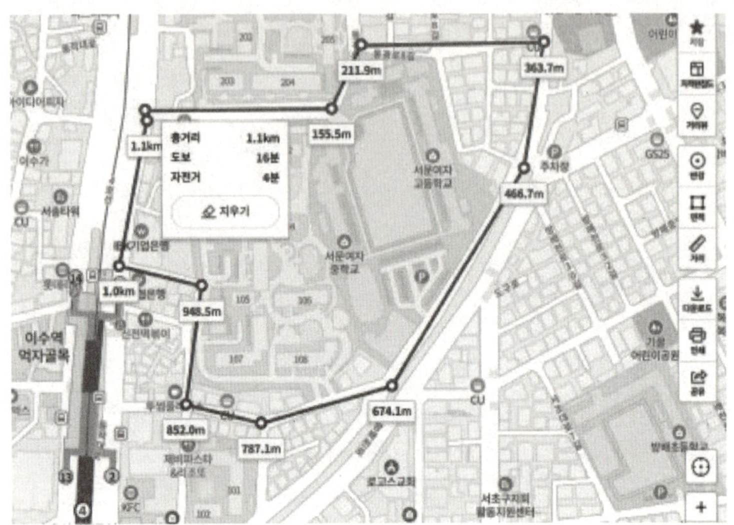

어떤 구획을 '한 바퀴 도는' 주로라는 것은 신호등이나 길 건너기를 최소화한다는 것이다.

출처: 네이버 지도

월을 달려도 $100km$를 못 채울 텐데? 걱정하지 마시라. 꾸준히 달리면 거리는 자연스레 늘어난다. 주중 거리는 고정하되 주말 거리를 점차 늘려 레이스 1~2주 전 $8km$ 주행을 목표로 삼자. $10km$를 채울 필요는 없다. 장거리 달리기의 특성상, 목표 거리의 75~80%만 달려 주면 된다. 나머지 20%는 당일의 응원과 약간의 흥분 상태에서 뿜어져 나오는 아드레날린으로 충분히 커버할 수 있다. 지금 $1km$도 힘들어 죽겠는데 $8km$를 어떻게 뛰냐고? 일단 $3km$를 한 번에 달리기 시작하면, '세컨드 윈드'에 익숙해질 테고, 더 이상 숨가쁨을 걱정할 필요는 없어질 것이다. 단 $5km$, $7km$를 넘기면서는 근골격계의 피로를 느끼기 시작하게 된다. 앞 장에서 설명한 원칙을 상기하자. 숨차면 계속 달리고, 근육이나 관절이 아프면 쉰다. 주말 거리가 늘어나면서 주중 거리도 한 번에 $1km$씩으로는 성에 차지 않게 될 것이다. 자연스럽게 주간 거리가 조금씩 늘어나면서 $10km$/주를 넘기는 시점이 올 것이고, 스스로 대견해지면서 이젠 멈출 수 없게 될 것이다. 주 $10km$면 월 $40km$다. 축하한다. 한 달 동안 조금씩 나눠서 풀코스 완주를 하신 거다. 주중 30분, 주말 1시간. 이 정도는 투자할 만하지 않을까? 누적 $100km$는 어쩌면, 약속한 3개월에 도달하기 훨씬 전에 도달해 있을 테고, $10km$ 완주보다 더 자랑스러운 성적일지도 모른다. 인스타에 꼭 올려서 자랑하시기 바란다. 농담이 아니다. 누적 $100km$를 달려서 SNS에서 인정을 받는 것은, 러너로서의 '정체성'을 주위 사람들에게 공표하는 첫걸음이다. 다음 걸음을 힘차게 딛기 위한 발판이 된다. 다음 걸음은 물론 하프 완주다.

하프나 풀코스를 준비하려면
주로 확보에 눈을 돌리자

고맙게도 이 책을 읽으며 달리기에 첫발을 디뎌 이제 막 $10km$ 완주를 하신 독자 즉 9 → 6으로 오신 분이건, 이미 $10km$ 달리기에 익숙한 상태 즉 6에서 출발하신 분이건, 이제 6 → 3 즉 하프에 도전해 보실 차례다. 앞 장에서 $21km$는 $10km$와는 달리 에너지 공급의 관점에서 새로운 전략이 필요하다고는 했지만, 준비 과정에서 거리를 늘려 나가는 원칙은 크게 다르지 않다. 3개월 간의 누적 마일리지 목표는 $200km$! 주중 3회 혹은 4회 3~5km를 달리고, 주말에 8~10km를 달리는 것으로 시작해서, 매주 조금씩 늘려 나간다. 이번에도 최장 거리 목표는 80%인 16~18km를 레이스 당일 1~2주 전 주말에 달리는 것이다. 욕심을 내어 $20km$를 달려 둔다면 레이스에서의 마지막 $1km$가 조금 더 편하겠지만 완주라는 결과 자체에는 크게 차이가 없을 것이다. 주간 누적 거리는 $20km$에서 시작해서 $30km$까지 조금씩 늘려 간다.

하프 준비 과정에서 확 달라지는 건, '주로 확보'의 중요성이다.

이제는 주중에 달릴 거리조차 '동네 한 바퀴'보다는 길다. 주말에는 최소 10~15*km*를 달려야 한다. 어디서 달려야 할까? 달리기를 루틴화하려면 결정 피로를 줄이고 준비 과정을 최소화하여 오직 주행에만 몰입할 환경을 조성해야 한다. 필자가 프랑스에서 러너로서의 정체성을 세워 가던 시기에, 주거 근처의 '주로'가 큰 역할을 했다는 사실을 기억하실 거다. 주로 확보에서 주의할 점은 세 가지다.

첫째, 어디를 달릴지 미리 정해야 한다. 출근 전에 달리려고 일찍 일어났는데 어디를 달려서 오늘 계획한 마일리지를 채울지 고민한다면 이미 절반은 실패다. 잠이 덜 깬 아침 시간에 인간의 의지는 뒤가 비쳐 보일 정도로 얇다. 어영부영하는 사이에 출근 시간은 다가온다. 저녁에 달리려 해도 마찬가지다. 종일 일에 치여 녹초가 된 상태로 퇴근하여 어디를 달릴지 고민하는 것이, 때로는 즐거운 기대로 벅차오를 수도 있겠으나, 그렇지 못할 때도 있을 것이다. 위험하다. 미리 정해 둔다면 이런 위험을 방지할 수 있다.

둘째, 발길 닿는 대로 달리지 말고, 정해진 루트를 따라 달려라. 9 → 6 단계에서는 우리 몸을 달리기에 익숙하게 만드는 것이었기에, 일단 '달린다'는 사실 자체가 중요했다. 6 → 3 단계에서는 이제 몸과 함께 생활 루틴도 최적화하는 과정이다. 갈림길에서 왼쪽으로 갈지 오른쪽으로 갈지 망설이다 보면 호흡도 흐트러지고, '결정 피로'는 뇌의 에너지 소모를 부추기고, 같은 시간과 거리를 달려도 몸이 더 힘들게 만든다. 소요 시간도 마찬가지다. 최소한 내가 지금 달리러 나가면 언제쯤 집에 돌아올 수 있을지는 예상 가능해야 한다. 10km 이상을 달리다 보면 이게 생각보다 어려울 수도 있다. 30분만 달리고 온다고 나간 사람이 1시간이 넘어도 소식이 없으면 가족들도 걱정할 수 있다. 혼자 사는 경우라도, 생활의 리듬이 흐트러진다. 물론 억지로 숙제하듯 달려야 하는 것은 아니므로, 가끔은 발길 닿는 대로 루트를 바꿔 보는 것도 좋다. 경기력 향상에도 오히려 도움이 될 수도 있다. 하지만 기준이 있고 거기에서 조금씩 벗어나 보는 것과, 기준 자체가 아예 없는 것은 차이가 크다.

셋째, 주로의 '질'도 살펴야 한다. 러너에게 좋은 주로란 어떤 것일까? 차량이나 보행자에 방해를 받거나 방해가 되지 않아야하고 신호등에 흐름이 끊기는 것은 최소화해야 하고, 가급적이면 고저차가 적은 평지가 좋고, 노면이 고르고 장애물이 적어야 한다. 쉽게 말해 안전하게 달리기에만 집중할 수 있는 길이다. 밀집된 도시 환경에서 이러한 조건을 갖춘 5~10km 이상의 최적화된 코스를 확보[6]하는 것은 생각보다 쉬운 일이 아니다.

---

6   흔히 러닝을 비용이 들지 않는 경제적인 스포츠라고 생각하지만, 일각에서는 러닝이야말로 가장 '고급 스포츠'라고 말하기도 한다. 주거 환경과 직결되기 때문이다. 대한민국에서 가장 쾌적한 러닝 코스인 한강변에 바로 접근할 수 있는 집에 살기 위해서는 막대한 부동산 비용을 지불해야 한다. 꼭 한강변이 아니라도, 집 근처에 신호등 없는 평지 수변 코스가 있다면 러너 입장에서는 엄청난 주거 복지다. 만약 집 근처에 언덕과 신호등이 많아 제대로 달릴 수 없다면, 차를 타고 5~10분이라도 이동해서 평지 코스로 가라고 권하고 싶다. 새벽 시간의 아침 러닝은 이 점에서 유리하다. 이 시간에는 주차 걱정이 거의 없으므로, 차를 이용해 최적의 코스로 빠르게 이동하는 것이 훨씬 효율적이다. 언덕 훈련이 목적이 아니라면, 경사진 주거지에서 무릎에 무리를 주기보다 평지로 내려와 달리는 것이 이득이다.

나만의 코스 목록을
만들어 간다

근처에서 이런 최적의 주로를 찾기 전에, 주로의 타입을 먼저 생각해 보자.

첫 번째 타입은 정해진 구간을 반복해서 도는 것이다. 대표적으로 트랙을 도는 코스가 있다. 보통 한 바퀴에 400m니까 열 바퀴를 돌면 4*km*, 스무 바퀴를 돌면 8*km*다. 벤치에 옷가지나 소지품을 두고 달릴 수도 있고 돌발 상황이 발생할 확률이 적다. 즉 달리기에만 집중할 수 있다. 집 근처에 트랙이 있는 운동장이 없고 차로 가기에도 여의치 않다면, 9 → 6 단계에서 달리던 '동네 한 바퀴'를 여러 번 반복해도 좋다. 풀코스 전의 LSD를 이런 방식으로 소화하지 말라는 법도 없다. 필자도 집 근처 운동장 트랙을 50바퀴 돌아 20*km* LSD를 채운 경험이 있다. 이런 코스의 장점은 유연함에 있다. 필요하면 바퀴 수를 늘이거나 줄여 거리를 조절할 수 있다. 단점 또한 유연함에 있다. 힘들면 중간에 얼마든지 그만둘 수 있다. 앞에서 인간은 결승점이 보이면 어떻게든 힘을 내어 달릴 수 있게 마련이라고 했다. 언제든 그만둘 수 있으면 오히려 더 힘들게 느껴지는 게 또한 사람의 의지다. 트레드밀의 단점과 같다. 또 다른 단점은 같은 구간을 돌다 보니 지루해진다는 것이다. 역시 트레드밀과 유사하다. 지루해지면 더 힘들게 느껴지는 것도 같다.

두 번째 타입은 반환점을 돌아, 간 거리를 되돌아 오는 코스다. 가장 현실적인 방안이다. 쉽게 말해서 오늘 달려야 할 거리가 $7km$면 출발점에서부터 $3.5km$를 달린 뒤, 그 지점에서 간 길을 그대로 돌아 출발점까지 돌아오는 것이다. 특히 집 근처 가까운 곳에 수변도로가 있다면 최적이다. 필자는 집에서 가깝기도 하고 코스도 잘 정비되어 있어 양재천을 달리는 코스를 가장 선호하는데, 과천 중앙공원에서 서초동의 선암 IC 인근까지 달리면 대략 $5km$ 정도다. 거기서 돌아오면 $10km$, 출근 전 달리기 코스가 나온다. 주말에는 양재천 근린공원들을 따라 도곡동 타워팰리스 근처까지 달리면 $10km$ 남짓이고, 거기서 돌아오면 $20km$ LSD 거리가 된다. 단점은 아무래도 돌아오는 길이 한번 달렸던 길이라 살짝 지루할 수 있다는 것. 특히 $5km$ 이상을 달릴 때, 후반부는 아무래도 전반보다는 피로가 누적되어 힘이 빠지는데 지루하기까지 하면 더 괴로울 수도 있다. 특히 그날의 컨디션에 따라 무리해서 멀리 갔다가 돌아오는 길에 지쳐서 퍼져 버릴 수도 있으니 주의해야 한다.

세 번째 타입은 반환점 없이 계속 다른 길을 달려 출발점으로 돌아오는 코스다. 필자가 가장 좋아하는 타입이긴 한데, 각자 필요로 하는 거리와 특성에 맞는 루트를 짤 수 있어야 한다. 직접 나가서 달려 보고 시행착오를 거쳐 나에게 맞는 최적의 경로를 찾아낼 수도 있지만, 이 과정이 달리기에 온전히 집중할 수 없도록 만드는 방해 요소가 되기도 한다. 나의 경우 지도 앱을 이용하여 경로를 미리 설계해 둠으로써 이 과정을 간소화하고 있다.

네이버 지도 등 국내의 지도 서비스들은 우리 동네의 샛길과 수변도로, 둘레길 등등을 속속들이 자세히 제공한다. 출발점을 설정하고 '거리' 도구를 활용하면 원하는 경로로 점을 찍어 가며 총 거리를 가늠해 볼 수 있다. 해외에서는 현지 지도 서비스나 범용성 있는 구글 지도 등을 활용한다. 구글 지도의 경우 '도보'를 선택하여 출발점과 도착점을 찍으면 점선 형태로 경로를 제시하는데, 점들을 옮겨 가며 경로를 디자인하면 총거리를 계산해 주는 기능을 활용한다. 구글 지도는 북미 지역이나 서유럽 등에서는 상당히 세세하고 정확한데 그 외의 지역은 100% 믿으면 안 된다. 필자는 중국 중경에 출장 갔을 때 구글 지도를 믿고 호텔 주변을 달리다가 길을 잃어 낭패를 겪은 적이 있다.

이런 코스의 장점은 중간에 힘들다고 포기할 수가 없어 끝까지 달리게 된다는 거다. 물론 단점도 마찬가지. 중간에 지치거나 삐졌다고 멈출 수가 없다. 택시를 잡아 타고 돌아 오는 방법이 있지만, 땀에 젖은 몸으로 택시에 타기가 좀 미안하다. 첫 번째와 세 번째의 혼합으로, 호수나 공원의 둘레길을 한 바퀴 또는 여러 바퀴 도는 코스가 있다. 필자가 애용하는 의왕 백운호수 둘레길과 서울대공원 근처의 과천저수지는 각각 한 바퀴에 $3km$, $2km$ 정도다. 백운호수는 2바퀴를 돌면 $6km$, 3바퀴를 돌면 $9km$다. 길이 잘 닦여 있고 풍광이 훌륭해서 몇 바퀴를 돌아도 지루하지 않다. 단 오후 시간이나 주말에는 조금 북적일 수 있지만, 필자는 주로 새벽이나 아침에 달리기에 불편함이 없다. 서울대공원 코스는 짧지만 고저차가 제법 있어, 페이스를 조절하며 업힐 훈련을 겸할 수 있다. 각자 집 근처 호수나 저수지, 공원 근처 둘레길을 탐색해 보시기 바란다.

네 번째 타입은 출발점과 도착점이 다른 코스다. $20\,km$ 이상의 LSD를 반환점 없이 구성하려면 어쩔 수 없이 출발점이 아닌 곳에서 마쳐야 할 경우가 많다. 출발점과 도착점 둘 중 적어도 한 곳은 대중교통이나 차량으로 접근이 가능해야 한다. 이런 문제들이 해결되면 한강공원들을 연결하는 수변 주로는 수도권 거주민들에게는 최적의 LSD 코스다. 필자가 주말에 달릴 때 애용하는 4, 9호선 동작역, 7호선 자양역, 5호선 여의나루역 등은 한강공원에 인접해 있어 바로 달려 나가기 좋다. 한강변을 달릴 때는 다리를 가로질러 달리는 코스도 편성할 수 있다. 반포대교 아래 잠수교는 항상 수많은 러너가 즐겨 달리는 러닝의 성지다. 중간 부분이 솟아 있어 업힐 훈련에 도움이 된다. 노들섬 한 바퀴($1\,km$)를 추가할 수 있는 한강대교 통과 코스도 추천할 만하다. 단 한강다리 중에는 도보 접근이 용이한 다리와 그렇지 않은 다리가 있으니 미리 확인해 둘 필요는 있다. 이런건 자전거 타시는 분들이 더 잘 아니 사이클 커뮤니티나 블로그 등을 참고하면 정확한 정보를 알 수 있다.

좋은 달리기 코스들은 러너를 설레게 한다. 주로의 타입들을 적는 동안 필자도 기억에 남는 코스들이 생생하게 기억나며 마음이 싱숭생숭하다. 당장 박차고 나가 달려야 할 시간에 달리기에 대한 글이나 적고 앉았다닛!

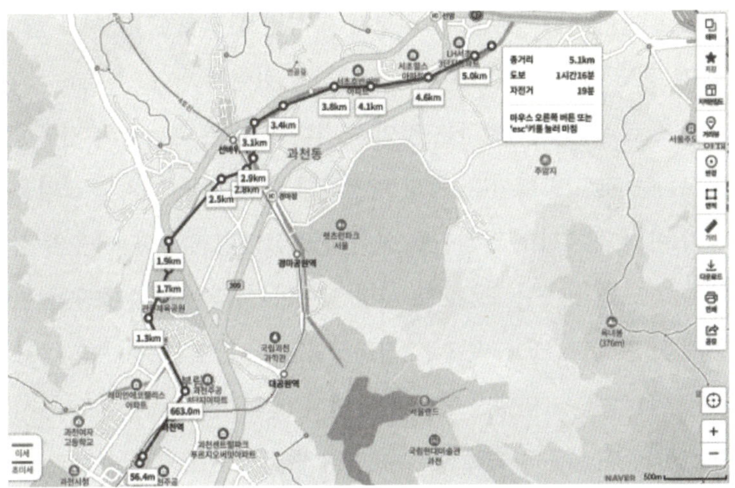

필자의 출근 전 10km run 코스. 과천중앙공원에서 출발하여 양재천을 따라 5km를 달려 선암 IC인근까지 달린 뒤 온 길을 되돌아온다. 수변도로라 고저차가 없고 시야가 트여 있으며, 자동차를 피해 길을 건너거나 신호등을 기다려야 할 일이 없어 온전히 달리는 데에만 집중할 수 있다. 필자에게는 일종의 '홈구장'인 셈이다. 평소에는 마라톤 레이스에서 필자의 목표 페이스인 5'40"/km 를 일정하게 유지하며 달리지만, 10장에서 소개할 '네거티브 스플릿' 등 다양한 훈련법을 시도해 보기에도 적합하다.　　　　출처: 네이버 지도

첫 번째 경우를 제외하고는 모두 나름의 주로 확보 전략이 필요하다. 정해진 주로 없이 달려 보는 것도 가능하지만, 매일의 루틴을 고정해야 결정 피로 없이 꾸준히 달릴 수 있다. 러너의 정체성을 세워 나가는 과정은 그날의 달리기의 목적에 따라, 내 몸의 상태에 따라, 일정이나 상황이 허락하는 정도에 따라 선택할 수 있는 주로를 가급적 많이 확보해 나가는 과정이기도 하다. 시간 여유가 있다면 좋아하는 주로까지 차를 몰거나 대중교통으로 이동하여 달릴 수도 있지만, 그렇지 않을 경우가 더 많으니 집에서 출발하여

집으로 돌아오는 루트를 거리별로 특성별로(업힐 포함 여부 등) 몇 개 정도 나만의 코스 목록에 확보하고 있어야 한다.

스스로 루트를 개발하는 것이 버겁다면, 다른 러너들의 기록을 참고하는 것도 방법이다. 특히 여행지나 출장지 등, 나의 홈그라운드가 아닌 곳에서도 달리기를 계획하고 있다면 필수다. 서울의 경우 여의도를 한바퀴 도는 8km 일명 고구마런, 잠실 석촌 호수를 한바퀴 도는 2.5km 코스 아령런, 경복궁을 돌아 광화문, 청계천, 종묘 쪽을 달리는 8km 댕댕런 등이 유명하다. 맵마이런, 코무트 같은 사이트들과 앱들은 익숙하지 않은 지역의 러닝 루트를 찾아보기 위해 필자가 오랫동안 애용해 왔다. 도시나 지역을 검색한 뒤 내가 달릴 거리의 범위를 입력하면, 다른 러너들이 달린 기록들이 검색되어 그중 적합한 루트를 참고할 수 있다. 처음에는 숙소와 인접한 루트를 우선으로 보지만, 러너로서의 정체성이 굳어지면 마음에 드는 루트를 먼저 고르고 그 동선에 맞춰 숙소를 잡게 된다. 물론 가족이나 동료에게는 다른 핑계를 댄다. 조식이 풍성할 것 같다느니 라운지 인테리어가 마음에 든다느니… 요새는 스트라바나 가민 커넥트 등도 커뮤니티 기능이 강화되어 루트 찾기에 유용하고, 나의 루트 만들기 기능도 점점 다양하게 제공하고 있다. 내가 선택한 또는 직접 만든 루트를 러닝 워치에 전송하여, 달리는 동안 길 안내를 맡길 수도 있다. 세상은 점점 좋아지고 있다!

나만의 루트를 설계하는 과정은 러너에게 또다른 즐거움이다. 이번 주말에 혹은 여행지나 출장지에서의 러닝 루트를 짜느라 지도 앱이나 사이트를 뒤지며 설레고 있다면, 러너로서의 정체성은 이미 자리를 잡았다고 봐야 할 것이다.

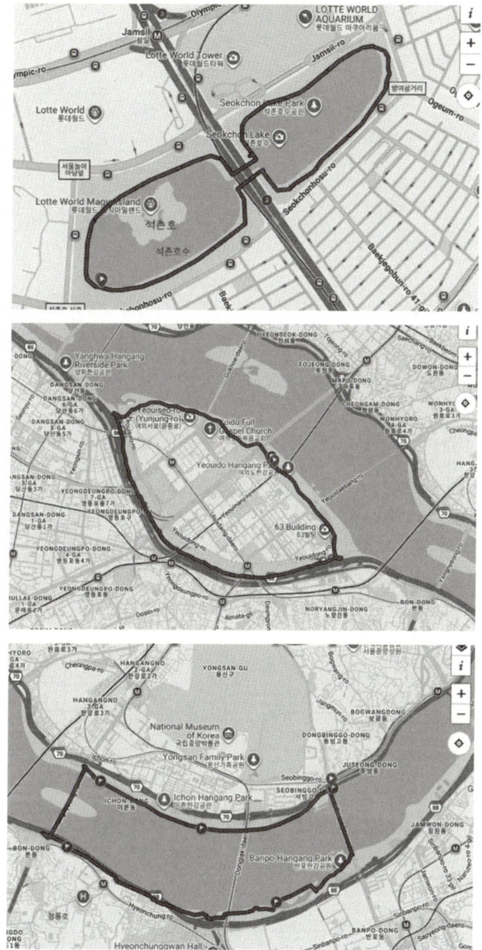

스트라바, 가민 커넥트, 맵마이런, 코무트 등의 앱이나 온라인 서비스를 통해 내 주변이
나 특정 지역에서 다른 러너들이 달린 궤적을 참고하여 루트를 계획할 수 있다. 수도권
의 러너들에게는 여의도를 한바퀴 도는 8㎞ 고구마런, 잠수교와 한강교를 건너는 10㎞
(노들섬 한 바퀴 1㎞ 추가 가능), 석촌 호수를 도는 2.5㎞ 코스가 유명하다. 달리는 궤적
으로 재미있는 궤적을 그려 보는 러너들도 많은데 광화문과 종로 일대를 달리는 8㎞ 댕
댕런, 용인/수지의 14㎞ 코끼리런 등 다양하다.

출처: 가민 커넥트

많이 달려야 편히
달릴 수 있다

온라인을 뒤지다가 10여년 전에 국내에 번역 출간된 달리기 관련 책의 서평을 접했다. 영국의 패션지 에디터가 마음의 상처를 극복하기 위해 달리기에 입문하여 더 나은 삶을 살아가는 과정을 적었다고 하는데, 출판사에서 다음과 같은 문구로 마케팅을 하는게 눈에 걸렸다.

"6년 동안 12켤레의 운동화, 1500킬로미터의 러닝, 마라톤 5번 완주…"

운동화야 원한다면 얼마든 갈아 치울 수 있는 거지만, 마라톤을 5번 완주하는 동안 1,500km밖에 달리지 않았다고? 연 1~2회 정도 꾸준히 마라톤을 완주하는 보통의 러너라면 한 해에 이 정도는 달린다. 1회 완주당 300km 꼴인데, 풀코스 준비를 위해 턱없이 부족한 수준까지는 아니지만, 좀 애매한 거리다. 300km 달리고 풀코스 완주를 했다면 레이스 직전 2~3개월 정도 동안 압축해서 달려야 했을 텐데, 그럼 나머지 9개월은 전혀 달려지 않았다는 걸까?

이 정도밖에 달리지 않았다면, 매번의 풀코스 완주가 그토록 힘든 성취였다는 작가의 말만큼은 사실일 테다. 준비 과정에서의 마일리지가 부족해서 레이스가 너무 힘들다 보니 그 고통의 깊이만큼 좋은 글이 나온 걸까나. 궁금해서 확인해 보려니 한참 전에 절판되었고 우리 동네 도서관에 비치되어 있지도 않다. 영어권의 온라인 커뮤니티에서 이 책에 대한 서평과 후기들을 뒤져 보았는데, 어디에도 1,500km 또는 930miles에 대한 언급은 찾을 수 없다. 그러면 그렇지. 6년 동안 5번을 완주했다면 나름 꾸준히 달리는 러너일 텐데, 이 정도밖에 달리지 않았을 리가 없다. 책에 써 가며 자랑할 일은 더더군다나 아닐 것이다. 짐작건대 6년 1500km라는 숫자는, 러너가 아닌 국내 출판사 담당자가 임의로 넣은 것이 아니었을지? 러너가 아닌 이들에게는 서울-부산 거리의 3배가 넘는 거리로 대단하게 느껴질지 모르지만, 러너들 입장에서는 뭐야 이것밖에? 라고 생각할 수밖에 없는 거리인 것이다.

레이스 전에 많이 달릴수록, 당일의 완주는 결승점까지 편안할 것이다. '마일리지가 너희를 자유케 하리니.' 같은 문구는 오글거리지만, 사실이다. 평소의 달리기를 편하고 즐거운 것으로 만들어 충분히 달리고, 대회 날 오전에 무리 없이 끝까지 42km를 완주하고 나서 오후 반나절 푹 쉰 뒤에, 다음날 아침 활기차게 일터로 나가 아무 일도 없었다는 듯 근무하는 것. 그것이 이 책의 목적이다.

Chapter 5

스마트 러닝의 기술

매일의 달리기를 측정하고, 기록하고, 해석하고, 적용하여, 더 나아지는 사이클

"측정할 수 없는 것은 경영할 수 없다."
"If you can't measure it, you can't manage it."

— 피터 드러커

"측정 가능한 것은 측정하고, 측정 불가능한 것은 측정 가능하게 만들어라."
"Measure what is measurable, and make measurable what is not so."

— 갈릴레오 갈릴레이

'더 잘 달린다'는 것
– Start with Why

이 장에서는 스마트 기기와 생성형 AI를 활용해 '측정-기록-해석-적용'의 사이클을 일상에 안착시키고 더 나은 달리기를 만드는 법을 다룬다.

이 책을 읽는 독자가 생각하는 '더 나은' 달리기란 무엇일까? 책까지 봐 가며 러닝을 공부한다는 것은 분명, '더 잘 달리고 싶다'는 의지가 있기 때문일 것이다. 필자가 묻는 것은 다시 말하면 '더 잘 달린다'는 것이 당신에게 어떤 의미인 것인지다. 누군가에게는 더 멀리 달리는 것이 잘 달리는 것일 수도 있다. 42.195km라는 목표가 있지만, 독자는 지금껏 가장 멀리 달려 본 거리가 10km 정도라고 하자. 시간이 얼마가 걸려도 좋으니, 더 멀리 달려서 결승점을 통과하고 싶다는 것이 달리기의 목표인 경우다. 누군가에게는 더 오래 달리는 것이 잘 달리는 것일 수 있다. 체중 감량이 달리기의 목적이라면, 같은 거리를 달리더라도 천천히 오래 달리는 것이 더 효과적이다. 누군가에게는 더 빨리 달리는 것이 잘 달리는 것일 수도

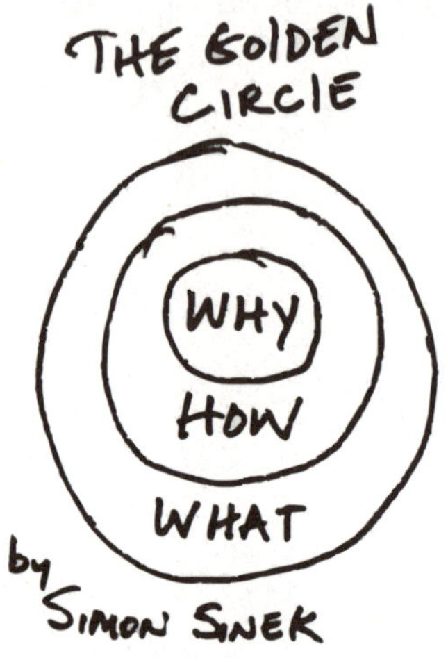

Simon Sinek의 'The Golden Circle': Why에서 시작하라고 강조한다.

있다. 이도저도 아니고 그냥 '마라톤 풀코스 완주'라는 인생의 버킷 리스트를 어떻게든 채우고, 다음 목표로 나아가고자 하는 것일 수도 있다.

도구를 사용하는 방법을 이야기하기 전에, 그 도구를 왜 써야 하는지 생각하는 것이, 보다 멀리 갈 수 있는 방법이다. 필자가 생각하는 '잘 달리는 것'은, 부상 없이, 일상을 해치지 않으며, 나이 들어서도 꾸준히 달릴 수 있는 것이다. 즉 1)신체의 안전, 2)일상과의 조화, 3)신체적/심리적 지속성의 세 가지 축이다.

사이먼 시넥은 『Start with Why』에서 성취를 위해선 '왜(Why)'에서 시작해야 한다고 강조한다. 내면의 동기가 행동을 지속하는 힘이 되기 때문이다. '무엇(what)'을 '어떻게(how)' 얻을까에 매몰되지 말고, '왜(why)'에서 시작해야 끝까지 해내는 힘, 사람을 움직이고 행동하게 하는 힘을 만들어 낼 수 있다. 즉 내면의 동기에서 시작하여 Why → How → What으로 전개해 나가라는 것이다.

여기서 Why는 우리가 흔히 사용하는 '왜'의 의미보다는, 신념 체계, 나아가 정체성에 가까운 의미이다. '달리는 사람'으로서의 정체성, '어떤 것이 좋은 달리기인가'에 대한 신념 체계와 같은 것들이 'Why'에 해당한다. 즉 '부상 없이 안전하게, 일상을 풍요롭게, 꾸준히 건강하게 달리는 것이 좋은 달리기라고 믿는 러너'로서의 정체성이 필자의 Why라는 코어를 형성하는 것이다. 이 책을 펴 든 독자분들은 어떠신지?

꾸준히 달리기 위해,
스마트 기기와 AI를 활용한다

"측정하고 기록할 수 없는 것은 이해할 수 없다. 이해할 수 없다면 관리할 수 없다. 관리할 수 없으면 더 나아질 수도 없다."

"If you can't measure something, you can't understand it. If you can't understand it, you can't control it. If you can't control it, you can't improve it."

— 제임스 해링턴

'스마트 러닝'에 대한 챕터를 '잘' 달리는 것에 대한 얘기로 시작한 것은, 기기를 활용하는 목적이 결국 '잘' 달리기 위한 것이기 때문이다. 필자가 중요시하는 '잘' 달리기는 '꾸준히' 달리기임을 기억하자. 속도라든지, 거리라든지, 건강이라든지 하는 것들은 꾸준히 달리다 보면 싫어도 따라오게 되어 있다.

21세기 대한민국을 살아가는 성인으로서 스마트폰을 상시 휴대하지 않는 분은 많지 않을 것이다. 어떤 이유에서든 스마트폰을 사용하지 않거나 나아가 적극적으로 거부하는 분이 계시다면, 부

Chapter 5

럽고 존경스러울 따름이다. 마라톤 풀코스 완주보다 더 훌륭한 일들을 많이 하실 거라고 믿는다. 그러나 이 책은, 스마트폰을 단순히 전화와 문자를 포함한 통신 기능을 넘어 휴대용/모바일 컴퓨팅 기기로서 적극적으로 활용하시는 분들을 독자층으로 상정하고 있다. 달리는 동안 위치 정보와 신체 활동 지수 측정이 가능한 스마트 기기를 휴대하고, 이를 통해 시간과 거리 등 기본적인 정보뿐 아니라 러닝 다이내믹스라고 불리우는 다양한 지표들을 측정하고, 매일의 달리기를 기록하여 누적된 수치와 변화량을 트래킹하며, 추세를 해석하고 이를 통해 얻어지는 인사이트를 다음 훈련에 적용하여, 가족, 직장 등 일상을 온전히 영위하면서도 최소한의 시간과 노력으로 더 나은 달리기를 하고자 하는 목적을 가진 분들이다.

의도적으로 휴대폰을 멀리하시는 분들이 아니더라도, 달리는 동안만이라도 휴대폰으로부터 자유로워지면 안 되는 거냐고 생각하시는 분들이 있을 것이다. 어쩌면 달리는 목적 자체가 그런 속박으로부터 잠시라도 벗어나는 것일 수도 있다. 마음대로 되는 거라고는 아무것도 없는 와중에 달리기를 통해서라도 자기통제권을 되찾고 나아가 자유로운 해방감을 얻고자 하는 건데, 굳이 측정하고 기록하고 거기다 해석에 적용까지 해 가면서 구속을 받고 싶지 않다고 생각하실 수도 있다. 하지만 여러 가지 현실적인 이유로, 트레드밀이나 트랙 러닝이 아닌 로드 러닝에서는 스마트폰을 휴대하지 않기가 어렵다. 앞 장에서 설명했듯 $5km$ 이상을 달리려면 주로 확보가 필수적인데, 달리다 보면 매번 익숙한 같은 주로만을 달리기보다는 가끔씩 낯선 길도 시도를 해 보게 된다. 지도 앱으로 계획했던 주로가 생각했던 것과 다르거나, 길을 놓치는 경우도 비일비재하다. 행여라도 길을 잃었을 때 GPS와 지도 앱이 설치된 스마트폰은 크게 도움이 된다. 또한 달리던 중에 부상 등 돌발 상황으로 인해 더 이상 달릴 수 없을 때가 있다. 그날의 컨디션을 제대로 읽지 못하고 무리하게 거리를 잡는 바람에 중간에 퍼져 버리는 경우도 있다. 집까지 수km를 걸어야 하는 상황인 것인데, 땀에 젖은 지친 몸으로 한참을 걷다 보면 체온이 갑자기 떨어지면서 감기나 심하면 폐렴에 걸릴 수도 있다. 대중교통을 이용해야 하는데 자유로운 달리기를 만끽하느라 주머니에 아무것도 없으면 곤란해진다. 대한민국은 휴대폰 하나로 버스와 전철, 택시 등 거의 모든 대중교통을 이용할 수 있는 나라다. 모바일 페이 기능을 이용하여 편의점에서 갈증을 해소할 음료수나 비상약을 살 수도 있다. 달리는 동안 전화를 받아야 하는 상황이 닥치는 게 싫다면 설정에서 수신을 차단할 수 있다. 즉 스마트폰을 휴대하면 익숙한 주로라는 제약에서 벗어나 코스 선택의 자유를 얻을 수 있다.

기왕 스마트폰을 갖고 달리기로 했다면[7] 달리기 시작 전에 러닝 앱을 켜두시기 바란다. 런키퍼, 런타스틱, 나이키 런 클럽, 런데이 등이 당신의 러닝을 측정하고 기록해 줄 것이다. 스마트폰 OS의 기본 앱 중에도 충분히 훌륭한 수준의 러닝 앱이 있다. 아이폰 사용자라면 애플 피트니스의 '운동' 앱, 갤럭시 사용자라면 삼성헬스 등이다. 달리고 난 뒤에 확인해 보면 기본적으로 속도(페이스)

---

7   절대 손에 들고 뛰지는 마시라. 주머니에 넣고 뛰는 것도 좋지 않다. 러닝 중에 스마트폰을 휴대하는 방법에 대해서는 7장에서 설명하겠다.

와 거리, 소모된 열량 등을 보여 준다. 애플워치나 가민 등의 워치를 차고 달렸다면 심박수 외에 케이던스, 수직 진폭, 지면 접촉 시간 등의 지표들도 보여줄 텐데 이에 대해서는 6장의 '러닝 이코노미'에서 배우게 될 것이다. 일단은 달리기를 측정하고 기록했다는 것이 중요하고, 오늘의 달리기는 이번 시즌의 마일리지에 착실하게 누적될 것이다.

당신이 달리기를 매일의 바쁜 삶 속에서 떼려야 뗄 수 없는 습관으로 정착시키고 싶다면, 그래서 러너로서의 정체성을 확립하고 싶다면, 매일의 달리기를 측정하고 기록하고 이를 해석하고 적용하는 과정이 필요하다. 더 빨리, 더 멀리 달리려고 하는 것이 아니라, 건강하게 꾸준히, '잘' 달리기 위해서다. 그런 번거로운 과정 없이도 매일 떨치고 일어나 꾸준히 달리는 것이 가능하다면, 축하드린다. 의지와 절제력도 어떤 타고난 분량이 있을 것이라고 생각한다. 하지만 당신이 남들보다 더 많은 분량의 의지와 절제력의 소유자라 하더라도, 사소한 결단들에 남발하다 보면 순식간에 고갈될 수 있다. 희소한 자원을 좀더 의미 있고 가치 있는 곳에 쓰시라고 권하고 싶다. 앞서 '주로의 해방'을 설명한 것과 마찬가지로, 달리는 동안 스마트 기기를 통해 측정되고 기록되는 우리 몸의 데이터는, 우리를 속박하기보다 오히려 우리를 속박으로부터 자유롭게 한다. 필자에게 '잘 달리기'의 정의란 신체의 안전/보전, 일상과의 조화, 신체적/정신적 지속성임을 기억하자. 러너에게 가장 큰 속박은 부상에서 온다. 아마추어 러너에게 '부상'이란 건 뭐 대단한 게 아니다. 어제 살짝 무리해서 달리는 바람에, 또는 컨디션 관리에 실패해서 오늘 종아리가 당겨 달리기가 망설여지는 그런 것이다. 매일의 달리기에서 우리 몸이 뱉어내는 데이터를 활용해 부상을 방지할 수 있다면, 이는 데이터에의 속박이 아니라 부상으로부터의 해방이다. 일상과의 조화도 마찬가지다. 달리기를 위해 너무 많은 시간과 체력과 정신력을 투입해야 한다면, 일상과의 균형을 맞추기도 점점 어려워진다. 몇 번이고 강조하지만 인생에는 달리기보다 중요한 게 많다. 가족이 첫 번째, 일터가 두 번째, 달리기는 아무리 순위를 높여 봐야 그 다음이다. 데이터의 해석과 적용으로 적은 시간과 노력을 투입하여 더 나은 달리기를 할 수 있다면, 충분히 만족스럽게 달리면서도 조화로운 일상이 가능하다.

마지막으로 필자가 가장 중요시하는 지속성. 산업공학에서는 흔히 PDCA 사이클, 즉 계획 - 실행 - 검토 - 조치의 4단계를 반복하여 업무 프로세스와 품질을 지속적으로 개선하는 관리 기법을 이야기한다. 핵심은 끊임없이 이어지는 우상향의 사이클이라는 것이다. PDCA가 관리와 계획 중심의 하향식 모델이라면, 측정 - 기록 - 해석 - 적용의 모델은 데이터와 현장 중심의 상향식 피드백 모델에 가깝다. 어느 쪽이든 이 사이클은 나선형으로 상승하며 러너의 능력을 끌어올린다. 어제의 '적용'이 오늘의 '측정'값이 되면서 러너로서 우리의 능력과 일상의 시스템은 점점 강건해진다. 데이터를 측정하고 기록하고 해석하고 적용하는 사이클에 올라타는 것이 지속성을 보장한다.

스마트 러닝 기기의 역사

GPS 기능을 갖춘 스마트폰과 소위 '웨어러블' 기기들이 대중화되기 이전의 아마추어 러너들은, 목표에 따른 훈련 계획표를 작성하여 달성 여부를 체크해 가면서 훈련을 이어가야 했다. 스톱워치와 손목시계에 의존해서 자신의 달리기를 측정하고 그것이 발전 또는 퇴보해 가는 과정을 기록해야 하는 것이다. 1장에서 언급한, 20여 년 전 필자의 첫 풀코스 완주가 그랬다. 문제는 이런 경우들이 대체로 지속 가능하지 않았다는 것이다. 그냥 가벼운 건강 달리기로 만족하는 이들은 의지와 상황의 부침에 따라 달리다가 말다가 하는 요요를 반복했고, 젊음을 무기로 달리거나 뛰어난 체력을 바탕으로 경쟁 부문을 달리던 러너들은 대체로 나이가 들면서 달리기에서 멀어지게 됐다.

러너들이 허리춤이나 암밴드에 휴대용 음향 기기를 장착하고 달리는 모습은 70-80년대 '워크맨' 시절부터도 드문 것이 아니었다. 2000년대를 지나 디지털 혁명을 거치면서 아이팟을 비롯한

MP3 플레이어가 보급되기 시작하자 음악을 들으면서 달리는 것은 자연스럽고 흔한 풍경이 되었다. '지루한' 달리기를 야외에서 신나는 음악과 함께 할 수 있다는 것이 상당한 장점이 되었던 것이다. 달리기가 비로소 대단한 의지나 심오한 철학이 없이도, 어쩌면 심지어 즐거울 수도 있는 신체 활동이 된 것은 포터블 음향 기기 특히 디지털 플레이어들의 등장과 함께 아니었을지.

2010년 전후로 GPS가 탑재된 스마트폰이 대중화되면서, 아마추어 러너들은 혁명적인 전기를 맞게 된다. 로드 러닝에서는 정확한 거리 측정이 어려워 대략의 감에만 의존하거나, 정교한 훈련은 트랙에서만 가능했었는데, 이제는 트랙 밖으로 뛰쳐나가면서도 퍼포먼스를 정확히 측정할 수 있는 자유를 얻게 된 것이다. 필자가 암밴드에 아이폰을 차고, 엔도몬도, 런타스틱과 같은 초기 러닝 앱을 켜고 달리기 시작한 것도 그 즈음이었다. 정교한 러닝 다이내믹스를 측정해 주는 것은 아니지만 매번 달린 거리와 시간을 기록해 줌으로써 대략의 페이스를 알 수 있고, 누적된 마일리지를 따져 보며 두 달 뒤의 레이스 준비 상황을 점검해 볼 수 있다는 것은 엄청난 편의였다.

2010년대 중후반부터 다양한 웨어러블 기기들이 출시되면서 스마트 러닝은 또 다른 도약을 맞는다. 필자의 경우 현재는 구글에 인수된 핏빗의 초기 버전으로 웨어러블 기기에 입문했다. 당시에는 스마트 러닝 워치라기보다는 만보계에 가까운 정도 수준과 개념이었지만, 손목에서 실시간으로 심박수를 기록할 수 있고, 스마트폰의 GPS를 연동하여 달리는 동안 폰을 꺼내 보지 않고도 손목을 힐끔 보는 것으로 대략 달린 거리와 페이스를 알 수 있는 기능 등은 아마추어 러너들에게 다음 단계로의 도약을 허락할 만큼 유용했다. 지금 돌이켜보면 핏빗이 없었다면 2010년대에 파리 마라톤과 리옹 마라톤에서 완주할 수 있었을까 싶을 정도인데, 장비 의존증이 한편으로는 고비 때마다 러닝을 지속하고 다시 시작할 수 있게 해 준 동력이 되었던 것 같기도 하다. 기껏 돈 들여 장만한 장비가 아까워서라도 연습과 훈련을 지속하고 레이스에 출전해야 했다고 할까.

프랑스에서의 직장생활을 정리하고 한국에 돌아온 2020년대 초부터는 애플워치와 에어팟을 착용하기 시작했다. 애플워치는 달리기를 위해서라기보다는 상사의 전화를 놓치면 안 되는 한국의 직장 문화에 적응하기 위해서 구매한 것이었는데, 어쨌든 달리기 향상에도 크게 도움이 됐다.

다시 되짚어 보니 제법 먼 길을 달려온 듯한 느낌이다. 1장에서 언급했던, 끊길 듯 말 듯 이어져 온 나의 러닝은 각 시대마다 다른 테크놀로지에 의존해 왔구나 싶다.

스마트워치가
꼭 필요할까?

스마트폰과 달리 스마트워치(러닝 워치)를 포함한 웨어러블 기기는 여전히 선택의 영역에 속하는 것 같다. 스마트워치를 사용하지 않는 독자들 중에는 수십만 원에 달하는 가격이 부담스러우신 분들도 있을 테고, 반대로 시계라기보다는 귀금속에 가까운 고가의 명품 시계를 차고 다니시느라 흔하고 투박한 스마트워치에 나의 소중한 손목을 내주고 싶지 않으신 분들도 계실 테다. 사실 스마트폰만으로도 러닝 로그 작성은 충분히 가능하기는 하다. 스마트폰의 GPS 기능과 가속감지계를 이용한 동작 감지 기능만으로도 거리와 시간뿐 아니라 기본적인 러닝 데이터는 기록할 수 있다. 10㎞가 목표라면 이 정도로도 충분하다고 본다. 즉 당신이 9에서 6으로 가는 과정에 있다면, 앞에서 말한 '동네 한 바퀴' 정도의 달리기를 꾸준히 기록함으로써 멈추지 않고 계속해 나갈 수 있는 동력을 얻을 수 있다. 굳이 10㎞를 달리지 않아도 된다. 5㎞를 꾸준히 달릴 수 있다면 10㎞는 언제든 충분히 도전할 수 있다.

하지만 10km보다 먼 거리, 즉 하프나 풀코스에 도전하고자 한다면, 단지 멀리 달린다는 개념을 넘어, 우리 몸의 에너지 순환 시스템을 업그레이드하고 이를 잘 활용하는 방법에 대한 생각에까지 이르러야 한다. 우리 몸의 에너지는 결국 심장에 의해 운용되는데, 심장이 움직이는 패턴 즉 '심박수'를 모니터하는 것이 핵심이다. 달리는 동안 심박수를 기록하는 방법으로 과거에는 체스트벨트 등을 활용하는 방법도 있었지만, 러닝 워치도 충분히 유효하게 심박수를 모니터링해 준다. 스마트폰만으로는 달리는 동안의 심박수를 모니터링할 수 없다. 스마트워치나 체스트벨트 외에도 심박수를 측정할 수 있는 간단한 기기들이 있으나, 스마트워치는 심박수 측정 외에도 다양한 기능을 수행할 수 있다. 10km 이상의 장거리에 도전하고자 한다면, 또는 일상에서 5km 이상, 매일은 아니더라도 일주일에 2~3회라도 꾸준히 달리는 동력을 얻고 싶다면, 써 보시기를 권한다.

과거에는 그런 것 없이도 충분히 잘 달렸다고 생각할 수도 있다. 맞는 얘기다. 하지만 바쁜 시간과 부족한 체력을 할애해 달리는데 이왕이면 더 '잘' 달릴 수 있으면 좋지 않은가. 그리고 내가 생각하는 '잘' 달리기에는 속도, 거리 등의 퍼포먼스보다는 지속성이 더 우선한다는 사실을 기억해 주시기 바란다. 무엇보다 중요한 것은 심박수 모니터링을 통해 현재 나의 체력에 맞는 수준의 달리기를 할 수 있고, 체력이 향상되어 감에 따라 수준을 높여 나가는 과정을 통해 자극을 받고 동기부여가 된다는 것이다. 더 '잘' 달리도록 돕는 도구들을 놔두고 굳이 희소 자원인 '의지'에 의존하실 필요는 없다. 스마트 기기는 퍼포먼스 향상에도 기여하지만, 무엇보다 달리기를 꾸준히 이어갈 수 있도록 돕는 도구이다.

어떤 기기를 선택할까?

막상 스마트폰과 러닝 워치를 활용하기로 마음먹었다 해도, 다양한 옵션 중에 무엇을 선택해야 할지 고민되실 수 있다. 이 책은 제품 리뷰 목적이 아니고, 기술과 제품이 수시로 바뀌기 때문에, 대략의 원칙만 말씀드리고, 실제 구매 단계에서는 유튜브나 블로그 등에서 리뷰 정보를 검색해 보시면 되겠다. 일단 스마트폰은 현재 사용하고 계시는 그 모델로 충분할 것이다! 크게 애플의 iOS와 갤럭시를 비롯한 안드로이드로 양분화되어 있는 현재의 시장 구도 하에서, 대부분의 주요 러닝 앱들은 양쪽 플랫폼에 거의 동일한 기능을 제공한다. 스마트폰의 기능이나 모델에 발목이 잡혀 스마트 러닝을 못 할 가능성은 거의 없으니 그걸로 가족을 설득하여 최신 모델로 기변할 생각은 접으시는 게 좋겠다.

다음으로 고민이 되는 것은 러닝 앱과 스마트워치의 선택이다. 러닝 앱과 관련해서 필자는 초창기의 것들부터 여러 가지 앱들을 때로는 무료로, 때로는 내돈내산으로 구독료를 지불해 가며 사용해 왔지만, 딱히 어느 것이 낫다고 말하기는 어렵다. 기능적으로 서로서로 벤치마킹해 가면서 보완해 가고 있기 때문이다. 최근까지 필자는 아이폰과 애플워치가 제공하는 기본 앱을 사용해 왔는데, 측정 - 기록 단계에서는 기능적으로 충분하고 무엇보다 뒷부분에 나오는 생성형 AI의 활용이 해석-적용 단계를 보완해 주기

Chapter 5

때문에 아쉬움 없이 사용하고 있다. 런키퍼, 런타스틱 등 전통의 러닝 앱들은 여러 번의 업데이트를 거쳐 현재는 아식스, 아디다스 등 스포츠 브랜드로 흡수되었고, 원래 사이클링의 절대 강자였으나 강력한 커뮤니티 기능을 기반으로 러닝 쪽으로 급격히 확장 중인 스트라바, 국산 앱으로 초보자를 대상으로 한 동기 부여 기능이 매력적인 런데이 등이 러너들의 선택을 기다리고 있다. 최근의 러닝 앱들은 AI 코칭 기능들도 제공한다고 하니 각자의 취향에 맞춰 선택하시면 될 일이다.

스마트워치는 크게 범용 워치와 러닝 전용 워치의 선택이 갈린다. 애플워치나 갤럭시워치 등 범용 스마트워치를 사용하고 계신다면, 그리고 이들이 최소한 심박수와 그 외에 케이던스, 지면 접촉 시간 등 기본적인 러닝 다이내믹스를 측정해 주는 기능을 가지고 있다면, 마찬가지로 그냥 사용하셔도 무방하다. 전용 워치의 세계로 넘어가면 항공 및 항해용 GPS로 출발하여 웨어러블 기기의 보급과 함께 스포츠&아웃도어 영역으로 성공적으로 전환한 가민이 절대 강자로 군림하고 있다. 여기서 더 나아가면 코로스, 순토 등 아웃도어 스포츠 트래커에 몰빵한 워치들도 있다. 한국의 골프 거리 측정기 기업인 보이스캐디가 출시한 '뉴런'도 최초의 국내산 러닝 워치로서 훌륭하다고 들었는데 선택지로 고려해 주시면 좋겠다. 러닝 워치의 세계로 입문하려면 가격대도 천차만별이고 기능들도 다양해서, 스마트워치를 꾸준히 활용해 온 러너가 아니라면 어떻게 사용해야 할지 헷갈리기만 할 것이다. 고인물이 초심자에게 해 줄 수 있는 말은 뻔하다. 일단 예산 범위 내에서 적절한 모델, 어려우면 세일 중인 모델을 골라서 입문용으로 한동안 사용해보고, 두 번째 기기부터 자신의 취향에 따라 오래도록 함께할 기기를 신중하게 선택해보자.

한 가지 고려해야 할 점은 배터리 수명이다. 사실상 범용 스마트워치와 전용 러닝 워치를 가르는 가장 큰 차이라고 할 수 있다. 일상생활에서 스마트워치를 사용하면서 배터리를 걱정해야 할 일은 많지 않다. 하루종일 착용하고 있다가 자기 전에 충전하는 것으로 충분하다. 하지만 러닝 워치로 활용한다면 얘기가 달라진다. 범용 스마트워치는 배터리 수명을 최적화하기 위해 하루 대부분의 시간 동안 대부분의 기능을 비활성화해 두고 사실상 반수면 상태로 대기하고 있다. 하지만 달리기 중에는, 끊임없이 GPS 신호를 수신해야 하고, 러너의 심박수를 측정하고, 손목의 움직임으로부터 러닝 다이내믹스를 추출하는 중노동을 달리는 내내 수행해야 한다. 이걸 몇 시간을 계속하는데 범용 스마트워치는 버티지 못한다. 오늘은 3시간 정도 넉넉히 잡고 LSD를 수행해야지, 마음먹고 스마트 기기를 세팅했는데 도중에 배터리가 소진되어 기록이 끊겨 버리면 그렇게 난감할 수가 없다. 레이스 당일에 이런 일이 발생하면 최악이다. 오죽하면 로드 바이크를 타다가 교통 사고로 의식을 잃은 사람을 살려냈더니, 눈 뜨자마자 워치를 들여다보며 스트라바 기록부터 확인하더라는 우스갯소리가 있을 정도다.

필자의 경우 현재는 가민의 포러너 165 모델과 가민 커넥트 앱을 사용하고 있는데, 전용 워치를 선택한 가장 큰 이유는 역시 배터리 수명 때문이었다. 그 외에 전용 러닝 워치들의 특징이라고 할

애플워치가 기록하고 iOS의 피트니스 앱이 저장하고 있는 필자의 러닝 로그. 2025년 4월 초의 풀코스를 준비하던 기간이다. 3/17(월)부터 3/20(목)까지 매일 아침 출근 전에 10km를 달리고, 금요일 하루 쉬어 준 뒤 토요일에 20km를 달리는 전형적인 패턴을 보여 준다.

스마트폰은 내가 달린 거리의 궤적을 기록하여 지도상에 보여 준다. 3월 29일에 실시한 30km LSD에서, 과천 자택 근처의 양재천에서 출발하여 한강변 주로를 거쳐 반포천까지 달렸다. 이 정도 거리를 달리려면 도중에 수분 및 에너지를 보충할 준비가 되어 있어야 한다. 한강변 주로에는 간간히 편의점도 있지만 달리기를 멈추면 맥이 끊기고 몸이 식고 무엇보다 다시 뛰기가 싫어진다! 7장에서 소개할 러닝 벨트를 적극 활용하라. 훈련 과정에서 10km, 20km, 30km 거리를 달리려면 미리 주로를 계획해 두어야 한다. 이 정도 거리를 방해받지 않고 달릴 수 있는 주로를 집 근처에서 확보하기가 쉽지 않지만, 잘 찾아보면 없는 것은 아니다.

수 있는 물리적 조작 버튼이나 야외 활동에 적합한 디스플레이 등
은 사실 배터리에 비하면 부수적인 것이라고 할 수 있다. 다만 이
건 최소한 몇 시간을 한 번에 달릴 수 있게 되기 시작하면서부터
발생하는 문제이니, 아직 그 정도에 이르지 못한 러너분들은 차근
차근 생각하셔도 좋다.

생성형 AI의 활용
– 나의 달리기를 해석하고, 적용한다

2022년 말에 출시된 챗GPT는 기계와 인간 간의 유의미한 대화가 가능하다는 충격을 전 세계에 안겼다. 가히 AI 대중화의 원년이라 할 만한데, 이후 보여 준 확장과 발전의 속도는 놀라움을 넘어 두려울 정도다. 챗GPT는 단 2개월만에 1억 명의 사용자를 확보했는데, 비슷한 규모의 사용자 베이스에 도달하는 데 인터넷이 7년, 전기가 46년, 자동차가 62년이 걸렸다고 하니 인류에게 영향을 끼친 혁신적인 기술 중에서도 압도적인 파괴력을 지녔다고 할 만하다. 챗GPT뿐 아니라 이후 제미나이, 클로드 등이 놀라운 성과를 보여 주며 앞서거니 뒤서거니, 천문학적인 투자와 함께 소위 'AI 군비 경쟁'을 이어가고 있다. 발전의 속도가 워낙에 빠르다 보니 수 년 내에 사람이 할 수 있는 대부분의 일자리가 사라질 거라느니, 머지않은 미래에 인간보다 뛰어난 인공지능이 등장하여 인간의 통제를 벗어날 거라느니 하는 흉흉한 이야기들이 떠돈다. 뭐 그런 문명사적 전환에 관한 논의들이야 전문가들에게 맡기기로 하고 우리는 러너의 정체성으로 돌아가서, 달리기에 생성형 AI 또는 LLM을 활용하는 방법을 생각해 보자.

필자가 말하는 측정-기록-해석-적용의 사이클은 크게 2개의 층위로 나뉜다. 첫 번째로 측정-기록은 물리적 층위이다. 스마트폰과 러닝 워치가 달리는 동안의 나의 신체 변화를 수치화한다. 구간별 페이스와 경로 외에 심박수, 페이스, 지면 접촉 시간(GCT), 수직 진폭 등을 핵심 지표로 한다. 주관적인 느낌("오늘 좀 힘든데?")을 객관적인 데이터("어제와 같은 페이스였는데 평균 심박수가 높았네")로 치환하여 모호함을 제거해 준다. 해석-적용의 단계는 수집된 데이터를 바탕으로 '의사 결정'을 내리는 단계이다. '나의 주법에 이런 비효율이 있으니, 내일은 이런 훈련을 해 보자.' 라든지, '피로가 누적된 것 같으니 내일 훈련은 강도를 낮추자.' 같은 것들이다. AI 서비스를 활용해볼 수 있는 것은 바로 이 부분이다. AI에게 러닝 코치의 역할을 맡겨 데이터화 하고, 이를 적용할 수 있는 훈련법을 제안하도록 하는 거다.

필자가 러닝 훈련에 생성형 AI를 활용하기 시작한 것은 24년 하반기, 남원마라톤을 준비하면서부터였다. 생성형 AI 활용 경험이 으레 그러하듯, 처음에 반신반의하면서 러닝 데이터를 챗GPT에 던지고 해석을 요청했는데, 생각했던 것 이상으로 구체적이면서도 도움이 되는 답변을 줘서 놀랐다. 흔히들 말하는 '이게 되네?' 모먼트다. 2026년 초 현재 시점에서, 필자는 업무와 일상에서 챗GPT와 제미나이, 클로드를 번갈아 사용하고 있는데, LLM 서비스들 간의 차이는 분명히 있지만 스마트 러닝에 활용한다는 차원

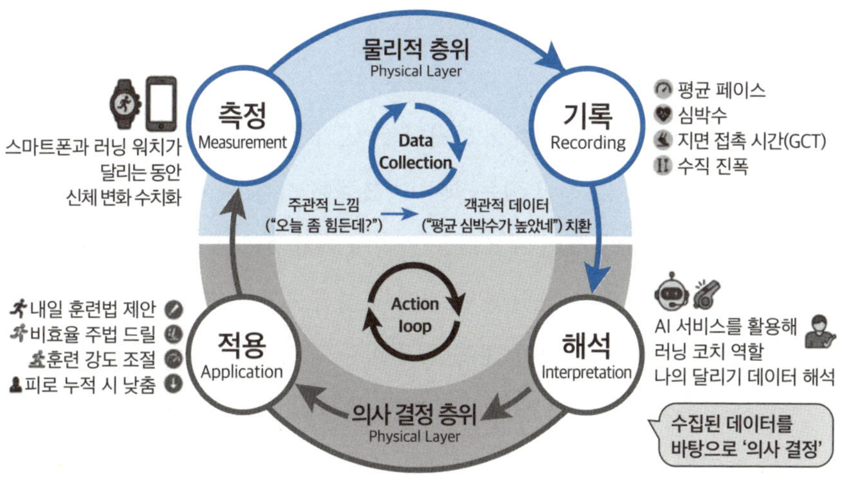

에서는 크게 유의미하지 않다. 그냥 각자 편하게 여기시는 상대와 '대화'를 나누며 코칭을 받으시면 된다.

일단 시작은 생성형 AI에 러닝 데이터를 넘기는 단계인데, 이건 좀 설명을 드려야 할 것 같다. 최근에 핫한 AI 활용 러닝 앱들을 사용하시는 경우가 아니라면, 러닝 직후에 데이터를 내가 사용하는 AI에 전달해야 한다. 필자는 공대 출신답게 이런저런 상황에서 다양한 옵션을 시도해 보고 그중 나에게 맞는 방법을 추리는 것을 즐기는 편이다. 러닝 워치에서 측정되고 기록되어 스마트폰에 전송된 데이터를 다시 나의 AI 코치에게 전달하는 방법은 세 가지 정도다.

① 핵심 지표들을 골라서 프롬프트에 바로 전달한다.

② 범용 파일로 추출하여 AI에 전달한다.

③ 스크린 캡처를 해서 통으로 AI에 넘긴다.

①번의 경우 번거롭기도 하거니와, 내가 생각하는 핵심 지표들과 정작 분석에 도움이 되는 핵심 지표들이 다를 수 있다. 러닝 이코노미의 원리와 러닝 지표들을 완벽히 이해하는 경험 많은 러너들이야 자신의 몸 상태와 훈련 결과에 따라 필요한 핵심 지표들을 골라내어 AI와 생산적인 대화를 하실 수도 있겠지만, 초중급자들로서는 유의미한 지표를 골라 내기가 쉽지 않을 것이다. ②번의 러닝 데이터 표준 포맷으로는 가민의 초기 XML 형식인 .tcx, 여기에서 발전하여 모든 센서 데이터를 담는 .fit, 지도 표준으로 주로 경로에 집중하는 .gpx 등등이 있다. iOS의 경우 헬스핏, 런갭 등의 앱으로 이들 데이터를 추출할 수 있다. 표준 데이터를 추출하는 방식의 가장 큰 장점은 호환성으로, 같은 운동 기록을 어떤 운동 앱이나 기기에서도 읽고 분석할 수 있다는 것이다. 여러 방법들을 다양하게 시도해 보았는데, 결국 ③번으로 안착했다.

이 방식은 러닝 앱이 제공하는 운동 기록을 화면 캡처해서 바로 AI 프롬프트에 던지는 거다. 충분히 간단하고 의외로 정확하다. 최근의 생성형 AI들은 그림 화면의 자료와 데이터를 읽고 해석하고 분석하는 데 탁월해서 아무 문제가 없다. '운동 세부 사항'에 들어가 인터벌별 심박수 추이와 케이던스 등 러닝 다이내믹스 수치들을 보여 주는 화면을 그대로 캡처한다. 한 가지 주의할 점은 한 화면에 다 들어가지 않다 보니 스크롤한 화면을 이어 붙여서 AI에 전달하는 게 좋다는 건데, 이걸 간단하게 해결해 주는 앱들도 많으니 찾아 보시기 바란다. 필자는 픽소(Picsew)라는 간단한 앱을 사용하고 있다. 독자 분들이 이 책을 접하실 시점에서는 아마 더 좋은 방법들이 많을 거라 생각한다. 다양하게 시도해 보시고, 각자에게 가장 잘 맞는 방법을 찾아 보시기를 권한다.

AI에게 어떻게 질문해야 할까?

이 책을 읽으시는 독자분들 중 적지 않은 분들이 아마 각자의 방법으로 AI를 활용하여 업무와 일상에 도움을 받고 계시리라 생각하지만, 러너의 입장에서 활용할 수 있는 방법에 대해 몇 가지 조언 또는 제안을 드리면 힌트가 되실 것 같다. 먼저 어떤 질문을 어떻게 던질 것인가에 대한 거다. AI가 러너의 달리기 데이터를 정교하게 '해석'하고 이를 '적용'한 실질적인 훈련법을 제언하게 하려면 R-C-S 정도는 상기하며 다음과 같은 구조로 대화를 이끌어 갈 것을 권한다.

역할 정의(Role): "당신은 누구입니까?" 또는 "나는 어떤 사람인가?"

AI에게 구체적인 페르소나를 부여하면 이후의 답변이 훨씬 일관성이 있다. 단순히 '지능형 비서'가 아니라, 전문성을 가진 조력자로 설정하라는 것이다. 개인 정보에 크게 민감하지 않다면, 내가 어떤 사람인지도 어느 정도까지는 얘기해 주면 보다 구체적인 답변을 기대할 수 있다. 나이, 성별, 직업의 성격, 라이프 스타일 등을, 어디까지나 AI가 기억해도 상관없다고 판단하는 선에서 공유해 준다. 예를 들어 다음과 같은 내용을 설정에 적어 주거나 프롬프트 창에 입력해 두는 거다.

"당신은 수천 명의 아마추어 러너를 풀코스 완주로 이끈 스포츠 데이터 분석 전문가이자 마라톤 전문 코치입니다. 제프 갤러웨이의 런-워크-런 주법과 80/20 법칙에 정통하며, 부상 방지를 최우선으로 생각합니다."

"나는 41세의 직장인이고, 5살, 8살 두 아이의 엄마야. 부상 없이 안전하게, 일상과의 조화를 이루며, 꾸준히 이어 갈 수 있는 달리기를 하고 싶어. 90일 뒤인 4월 29일에 마라톤 풀코스에 도전할 계획이야."

맥락 제공(Context): "나는 지금 어떤 상태입니까?"

오늘의 러닝 데이터와 훈련 배경을 전달하여 AI가 '나만을 위한' 조언을 하게 만든다. "이 데이터가 무엇을 의미하는가?"라는 '해석'을 의뢰하는 것이다. 러닝 워치가 측정하고 기록한 데이터를 전달하며 "이 수치에서 발견되는 주법의 비효율성을 찾아줘."라고 묻는 것이 한 예이다. 목표가 명확히 제시된 상태에서(예: 90일 뒤 풀코스 완주) 최근 데이터를 연속적으로 공급하되, 데이터에 드러나지 않는 주관적인 측면들 가령 "어제 훈련 후 왼쪽 종아리에 미세한 긴장이 느껴졌어."라든가 "최근 3일간 업무 과중으로 수면이 부족한 상태야." 같은 정보도 프롬프트로 제시할 수 있다.

구체적 요청(Specific): "무엇을 어떻게 해 줄까요?"

R-C-S의 마지막은 AI가 내놓을 결과물의 형태와 제약 조건을 명확히 하라는 것이다. 가령 "나의 수직 진폭 데이터와 종아리 긴장 상태를 분석해서, 내일 수행할 수 있는 저강도 보강 운동 3가지를 알려 주세요. 각 운동의 방법, 기대 효과, 주의사항을 포함하고, 직장인이 사무실에서도 할 수 있는 동작 위주로 제안해 주세요."와 같은 것이다. 즉 '적용' 단계, "그래서 내일 무엇을 해야 하는가?"를 묻는 것이다. 해석된 결과를 바탕으로 "이 문제를 해결하기 위해 내일 훈련의 페이스를 얼마나 조정해야 할까?" 혹은 "어떤 드릴을 5분간 추가하면 좋을까?"라고 구체적인 훈련 처방을 요구해 본다.

R-C-S는 어디까지나 AI를 활용하는 다양한 방법 중 하나일 뿐이다. 독자 여러분의 성격에 맞는 대화 스타일을 찾아 보시기 바란다. 가령 필자는 프롬프트는 구체적으로 해야 한다는 원칙에 대해서 70% 정도만 동의한다. 가끔씩은 AI의 '창발성'을 기대하며 답변의 제약을 풀어 줬을 때 질문자가 생각지 못했던 아이디어를 세시해 줄 때가 있기 때문이다.

AI를 코치로 활용함으로써 얻는 장점은 다양하지만, 중요한 것 중 하나는 유연성이다. 직장인 러너가 정해진 프로그램을 따라 훈련 프로그램을 소화하기는 쉽지 않다. 계획된 프로그램을 건너뛰거나 다른 훈련으로 대체해야 하는 상황에서, AI는 즉시 대안을 제시해 줄 수 있다. 주의할 점은, AI는 '아첨 잘하는 비서'와 같다는 거다. 당신의 평계 또는 변명을 확대 해석하여 우쭈쭈만 할 가능성이 있으니 지나친 의존은 금물이다. 다만 계획한 대로 풀리지 않았을 때 스스로의 의지를 탓하며 자책하지 않도록 하는 심리적 효과는 분명 러닝을 꾸준히 이어 가게 하는 동력이 될 것이다.

AI의 답변이 어느 정도의 믿을 만한가에 대해서는, 즉 소위 '할루시네이션(hallucination)'에 대해서는 크게 걱정하지 않아도 된다고 생각한다. 우리가 사용하는 LLM들은 말 그대로 거대 언어 모델이기 때문에, 지식 체계가 언어 형태로 공고히 잡혀 있는 분야에서는 비교적 신뢰할 만한 정보를 곧잘 내놓는 편이다. 스포츠 과학과 운동생리학은 지금도 활발히 연구되고 끊임없이 새로운 지식이 쏟아져 나오고 있지만, 밤새 새로운 기술들이 쏟아져 나와 어제의 지식이 하루아침에 무용지물이 되는 정도의 속도는 아니다. 무엇보다 이러한 정보는 러너 자신의 몸이라는 극히 주관적이고 예외적일 수밖에 없는 수단을 통해 검증되는 것이다.

AI를 유용한 코치로 활용하는 비결은 역설적으로 '완전히 신뢰하지 않는 것'이다. 제시된 정보를 스스로 판단하고 취사선택해야 한다. 즉 이 책을 통해 얻을 수 있는 정보들만 알고 계셔도, AI가 뻘소리를 할 때 즉시 야단치고 바로잡아 주실 수 있을 것이다. 이 책에 나오는 내용 중 일부를 AI에게 던져 주고 의견을 물어보는 것도 좋은 활용법이다.

SMART한 목표를 설정하자

이 챕터의 마지막은 SMART한 목표를 설정하는 방법에 대한 이야기로 마무리하려 한다. SMART 원칙은 목표를 구체적

(Specific)·측정 가능(Measurable)·달성 가능(Achievable)·관련성 (Relevant) 있게 설정하고 기한(Time-bound)을 정해 실행력을 높이는 방법이다. 가령 "언젠가 마라톤 풀코스를 뛰어서 건강한 사람이 되고 싶다."는 목표는 전혀 SMART하지 않다. "나는 2027년 4월 서울마라톤 대회에서, 풀코스를 4시간 이내에 완주할 것이다."와 같은 목표는 매우 구체적이고(S), '3시간 59분 59초 이내'라는 명확한 기준이 존재하여(M) 달성 여부가 명확하다. 현재 $10km$를 몇 분에 달릴 수 있는지에 대한 기록이 있으면 90일 프로그램으로 달성 가능할지를 판단해 볼 수 있다(A). 나의 삶과의 관련성은 여러분이 스스로 명확한 동기를(R) 찾을 수 있을 것이고, 무엇보다 대회 일자가 정해져 있으니 기한(T)은 명확히 특정된다. 여러분 각자 달리기를 통해 도달하고자 하는 목표를 SMART하게 정하면, 스마트 기기와 AI는, 그리고 부족하지만 이 책을 통해 필자가 조언하는 내용들은 그 목표를 달성하도록 이끄는 충실한 조력자가 될 것이다.

Chapter 6

러닝 이코노미

힘 덜 들이고 편하게
달리는 방법이 있다고?

엘리트 러너들은 리드미컬하고 힘 있게 지면을 박차며 마치 '달리는 기계'와 같은 완벽한 폼을 보여 준다. 일반인 러너들이 타고난 체력이나 훈련량에서 그들을 따라갈 수 없지만, 몸을 일종의 달리는 '기계'로 보고 그 성능을 어느 정도 향상시킬 수는 있다. 크게는 첫 번째로 하드웨어 즉 엔진을 강화하는 방법이 있고, 두 번째로 소프트웨어 또는 운영 체계를 개선하는 방법이 있다. 전자는 꾸준한 훈련을 통해 장기적으로 체력과 심폐 기능을 향상시키는 것이고, 후자는 달리는 '기술'을 향상시켜 적은 힘과 에너지로 더 빨리, 더 멀리 달리는 것이다.

'러닝 이코노미'란 무엇인가? 차근차근 생각해 보자. 여기서 '경제적'이란 인풋 대비 아웃풋, 즉 투입 자원 대비 성과를 의미한다. 쉽게 말해 '힘 안들이고 편하게 달린다'는 뜻이다. 러닝 이코노미라는 것은, 우리 몸의 생리적/기계적 특성과, 그러한 특성들이 훈련에 따라 변화하는 과정과, 그런 변화를 가능케 하는 다양한 요소들의 총합이다. 달리기의 경우 보통은 10km든, 하프든, 42km 풀코스든 간에 '거리'라는 아웃풋이 정해져 있으니 인풋의 요소들을 줄이는 일이 관건이 되겠다. 이 요소들은 상호작용을 하긴 하지만 훈련 방식에 따라 한 가지를 고정시켜 놓고 다른 요소를 변화시키는 등의 방법으로 전체적인 효율성을 높일 수 있다. 그렇기에 '힘 안 들이고 편히 달린다'는 왠지 얌체스러운 목적을 달성하기 위해서는, 각각의 요소들에 대한 이해가 어느 정도는 필요하다.

독자분들이 가지실 수 있는 첫 번째 의문. 아니 우리가 엘리트 러너, 코치, 운동생리학자도 아니고 그저 틈틈이 달리면 10km, 하프, 어쩌면 풀코스까지도 달릴 수 있지 않을까 기대하는 것뿐인데, 이런 것까지 알아야 할까? 나의 답은 이렇다. 엘리트 러너가 아니기 때문에, 최소한의 것들은 알고 있는 것이 우리의 달리기를 오래도록 유지하는 데 필요하다. 많은 이들이 달리기를 지루하게 느끼는 이유는 타 스포츠에 비해 단순 반복적인 동작을 통해 결실을 맺는 과정이기 때문이다. 확실히 '보는' 운동으로서의 마라톤은 지루한 면이 있다. 러닝 자세에 대해 어느 정도 지식을 갖춘 러너라면, 엘리우드 킵초게 같은 세계적인 선수가 달리는 완벽한 자세에 감탄하게 되지만, 경기 결과에 이해가 걸려 있는 관계자가 아니라면 마라톤 중계를 처음부터 끝까지 재미있게 봤다는 사람은 많지 않을 것이다. 그런데 '하는' 경기로서의 달리기에는, 확실히 '달리는 기술'이라는 것이 있다. 주어진 체력으로 같은 거리를, 같은 속도로 달린다고 해서 똑같이 힘든 것이 결코 아니라는 것이다. 하지만 또 한편으로 달리기는 다른 운동들과 마찬가지로 타고난 신체적 조건에 좌우되는 면이 큰지라, 결국 이러한 '기술'이라는 게 사람마다 적용되는 방식이 다르다. 엘리트 러너라면 전문적인 코치의 지도를 통해 원리에 대한 이해 없이도 반복적인 훈련을 통해 좋은 성적을 거둘 수 있을지도 모르지만, 그럴 처지가 못 되는 우리 아마추어 러너들은, 러닝 이코노미의 기본적인 요소들과 그 원리를 체계적으로 이해하고 있다면, 달리는 동안 이런저런 시도를 해 보면서 자신의 달리기가 조금씩 나아지는 것을 확인할 수 있다.

결국 달리기라는 스포츠에서 내가 이겨야 하는 것은 지금 내 앞에서 공을 다투는 상대 선수가 아니라 어제 달리던 나 자신이다. 어제보다 나아졌다는 것을 몸으로 느끼는 '재미'가, 꾸준히 달리게 하는 원동력이 된다. 행위자 스스로 재미를 느끼고 즐기지 못하면, 뭐든 오래도록 지속하기는 어렵다. 달리기는 특히 그렇다.

두 번째 의문. '힘 안 들이고 편하게 달린다'는 것이, 과연 우리의 목적에 맞기는 한 건가? 우리 아마추어 러너들이 달리는 목적은, 체력 증진 또는 체중 감량 같은, 생활밀착형의 목표 아니었던가? 10km건 하프건 풀코스건 '완주'는 그 과정에서 얻어지는 부산물 혹은 마일스톤, 같은 거라고 저자 자신이 얘기했던 것 같은데…? 글쎄 나름 존재론적인 질문이다 싶기도 하고, '수영장의 역설'을 떠올리게도 한다. '수영장의 역설'은 중급자 레인에서 수영하는 사람들은 모두 날씬한데 상급자 레인에는 오히려 배 나온 사람들이 있더라는 목격담이다. 상급자들은 물의 저항을 최소화하여 매끄럽게 미끄러지듯 물을 가르는 법이 몸에 익다 보니 너무 편해서 운동이 안 되는 데 반해, 중급자들은 아등바등 물을 헤치고 나가야 하다 보니 에너지 소모가 커서 살이 더 잘 빠진다는 얘기를 들어본 적이 있다. 사실인지는 모르겠으나 이 책의 주제와 상관없으니 이 정도로 하고, 달리기는 힘이 덜 들어도 살이 확실히 빠진다는 점만 기억해 두시기 바란다. 이에 대해서는 9장에서 자세히 다룬다.

RE는, 고속도로에서 기어를 최상단에 넣고 정속 주행을 하는 상태와 같은 것이다. 길은 잘 포장되고 쭉 뻗어 있으며 엔진과 바람, 타이어가 만들어 내는 소음은 차분하고 일정하다. 전방 주시와 돌발 상황 대비를 위해 긴장감을 유지하면서도, 차는 평화로이 목적지를 향해 달려 나간다. 연료 소모는 엔진의 움직임에 최적의 상태로 동기화되어 있다. 말하자면 RE는, 달리기에 있어 불필요한 요소들을 최소화하여, 우리 몸이 일상적으로 달리지 않는 거리를 달릴 수 있는 상태로 변화해 가는 동안, 안정적인 상태를 유지할 수 있도록 해 주는 틀인 것이다. 여기에 이르게 되면 체력 증진 또는 체중 감량 같은 목표는 이러한 평안한 상태를 즐기는 가운데 덤으로 따라오는 부록 같은 것이 된다.

Divide & Conquer
– RE를 분해해 보자

RE의 기본 원리를 이해하면 달리기를 기록하고 누적하면서 접하게 되는 많은 데이터들 중 우리가 더 먼 거리를 편하게 달릴 수 있도록 해 주는 또는 훈련을 통해 향상시킬 수 있는 지표들과 그렇지 않은 것들을 구별할 수 있게 된다. 말하자면 신호와 소음을 구분할 수 있다는 것이다. 그냥 3개월 동안 $500km$ 달리면 되는 것 아냐? 하실 수도 있는데, 틀린 말은 아니다. 3개월 동안 $500km$를 달려 낸다면, 상당히 높은 확률로, 레이스 당일에 $42km$를 문제 없이 완주하실 수 있을 것이다. 실제로 RE를 몰라도 어떻게든 훈련량을 채워 $42km$를 완주해 내는 러너들도 많다. 돌이켜 보면 나 자신도, 수년 전까지는 그랬다. 원리에 대한 이해 따위 없이도 매주 $40 \sim 50km$를 달리는 그 우직함은 칭찬할만 하지만, 이왕 달리는 거 좀 알고 달려서 나쁠 것은 없지 않은가. 동기부여의 메커니즘은 사람마다 다르겠지만, 내가 하는 일의 의미를 이해하면 더 잘할 수 있는 사람들이 있다. 잭 다니엘스 박사가 강조한 것도, 모든 훈련은 러너가 왜 하는지를 이해하고 있어야 하며, 그렇지 못한 훈련과 연습은 시간 낭비 체력 낭비에 불과하다는 것이었다. 나야 동네 아 저씨에 불과하지만 이분이 하신 말씀은 믿어도 된다.

앞에서 RE를 그냥 '힘 덜 들이고 쉽게 달리는 법'이라고 얘기했 었는데, 이걸 살짝 학술적인 방법으로 설명해 보자. RE의 의미는 '특정 속도로 달릴 때 소모되는 에너지의 효율성'이라고 하며, '항 속 주행 상태의 하위 최대 속도에서 단위 체중당, 단위 거리당 필 요한 산소 섭취량($ml/kg/km$)'으로 정의된다. 간단히, 달릴 때 단위 거리당 필요한 산소의 양, 정도로 이해하시면 된다. '산소의 양'에 주목하시기 바란다. 산소는 자동차로 따지면[8] 연료와 같은 거다. 단위 거리를 달리는 데 필요한 연료의 양을 자동차에서는 '연비'라 고 한다. 그렇다! RE는 자동차의 '연비'와 거의 동일한 개념이라고 보면 된다. RE는 단위 거리당 소비되는 산소의 양이므로 수치로 표시된 RE는 낮을수록 좋은(효율적인) 것이다.

인체가 에너지를 전환할 때 호흡기는 산소를 흡입해 혈액에 공 급한다. 심장은 이 산소를 담은 혈액을 몸 전체, 특히 근육으로 뿜 어낸다. 혈액에 담긴 산소는 근육 속의 글리코겐 또는 몸에 저장된 지방과 결합하여 에너지를 생성하고, 이 에너지는 근육을 움직이 는 데 사용된다. 이 과정에서 발생한 이산화탄소는 산소 대신 혈액

---

8 RE를 얘기하다 보면 자연스럽게 자동차에 대한 비유를 많이 들게 된다. 실제로 작동하는 원리도 상당히 유사한 면이 있어, 자동차와 엔진(내연기관)의 원리를 간단하게라도 이해하고 있으면 RE를 이해하는 데 도움이 된다. 특히 1종 면허 보유자라면 더 유리하다!

에 녹아, 폐를 거쳐 몸 밖으로 배출된다. 여기까지가 한 사이클. 필자와 같이 $42km$를 4시간 정도에 완주하는 아마추어 러너는 대략 4만 보 정도를 딛게 되는데, 뒤에 설명할 2-2 호흡을 유지할 경우 1만 번 반복되는 사이클이다. 이 과정을 효율화하는 방법은 1) 폐가 흡입할 수 있는 산소의 양을 늘리거나 2) 심장이 많은 양의 혈액(산소)을 근육으로 보내거나 3) 근육으로 운반된 산소가 에너지를 효율적으로 연소하거나 4) 근육이 움직이는 기계적 메커니즘 자체가 효율적이거나 등등이다. Endurance sports인 장거리 달리기 특히 체력의 극한에 근접하는 마라톤은, 같은 동작을 수만 번 반복해서 쌓아 올린 끝에 결승점에 다다르게 된다. 러닝을 지루하다고 오해해도 어쩔 수 없는 노릇이다. 다만 같은 동작을 수만 번 반복한다는 바로 그 이유 때문에, 작은 부분을 개선했을 때의 효과도 수만 번 누적되어 쌓인다. 반대로 별것 아니라 생각한 작은 비효율 역시, 결승점까지 수만 번 우리의 발목을 붙잡는다. 작은 변화가 만 배 이상의 큰 차이를 만드는 스포츠라는 말이다.

난데 없이 공식과 이론을 꺼내들어서 당황하신 독자분들이 있으실까 걱정되는데, 잠시 눈을 돌려 삶의 지혜를 돌아보자. 첫째, 동서고금을 막론하고 전해지는 지혜는, 세상 모든 일을 내가 제어할 수 있는 것과 할 수 없는 것으로 나누고 할 수 있는 것에 집중하라고 가르친다. 둘째, 비즈니스 영어에서 흔히 쓰이는 말로 '낮게 열린 열매(low hanging fruit)'이라는 표현이 있다. 일단 쉬운 문제들을 해결하고 그 성과를 발판으로 보다 어려운 문제들에 도전하라는 말이다. 셋째, 산업공학에서 이야기하는 '제약 이론'이다. 이는 가장 약한 고리가 전체의 강도를 결정하므로 약한 고리를 강화하는 데 집중하라는 것이다. 약한 고리가 아닌 부분을 강화해 봐야 시스템의 개선에 도움이 되지 않는다는 것으로, 고속도로에서 병목 구간은 따로 있는데 소통이 원활한 곳의 차선을 늘려 봐야 소용 없다는 것과 같다.

이 세 가지 삶의 원칙을 RE에 적용해 보면, 굳이 어려운 이론과 공식을 들먹여 가며 RE를 분해하고 있는 의도를 이해하시리라 믿는다. 이제부터 VO2max를 중심으로 아마추어 러너로서 풀코스 완주 또는 '더 잘 달리기'를 꿈꾸는 우리가, 집중해야 할 핵심 지표들을 구별해 나가는 방법을 차근차근 따져 보자.

VO2max – 최대산소섭취량이 뭐야? 폐활량이 아니다!

앞에서 '산소의 양'에 주목해 달라고 말씀드렸다. RE를 달성하는 여러 길 중 하나는 '산소를 써서' 달리는 것이다. '유산소 운동'이라는 말에서 알 수 있듯이, 달리기는 기본적으로 산소를 사용하는 운동이다. 자신의 한계를 넘어 달리다 보면 '무산소 운동'이 될 수도 있는데 그럼 망하는 거다. 최대한 빨리 '유산소'의 영역으로 복귀해야 끝까지 달릴 수 있다. 기업이나 가계나 오래 가려면 현금 흐름이 가장 중요하다는 건 경제 관념을 갖춘 성인이라면 누구나 아실 것이다. 러닝에서 산소는 현금이다. 외부 공기 흡입을 통해 꾸준히 흘려 줘야 계속 달릴 수 있다. 외부에서 공급되어 근육에 전달되는 산소가 신체 활동에 필요한 에너지를 채우지 못하면, 우리 몸의 대사는 무산소 운동으로 전환되면서 말 그대로 몸을 깎아 내며 에너지를 만들어 낸다. 그러면 살도 빠지고 좋은 것 아냐? 하고 생각하시겠지만 아쉽게도 이 깎아 내는 순서를 우리가 제어할 수 없다는 게 문제다. 가장 먼저 근육부터 빠지고, 다음으로 지방이 빠지는데 빠지기를 원하는 부위의 지방은 가장 마지막까지 끈질기게 몸에 눌어붙어 있는다는 건 다이어트를 시도해 보신 분들은 다 알 것이다. 남자는 볼살부터 홀쭉해지고, 여자는 가슴부터 작아진다. 날씬하기보다는 아프거나 불쌍해 보이는데 아랫배와 옆구리는 그대로다. 러닝을 비롯한 운동에서는 유산소 구간과 무산소 구간이 교차하게 되는데 러너로서 우리의 목표는 유산소 구간을 최대화하는 것이다. 그리고 여기에서 핵심 역할을 하는 지표가 VO2max라는 것이다.

필자가 사용하는 애플워치/헬스/피트니스뿐 아니라 안드로이드 계열의 갤럭시 워치/삼성헬스, 가민 등은 모두 VO2max라는 수치를 유산소 운동 능력의 핵심 지표로 제시한다. 이 수치는, RE를 '머리로' 이해하는 데 있어 핵심 지표라고 할 수 있다.

VO2max는 체중 1kg당 1분간 우리 몸이 에너지를 만들기 위해 사용할 수 있는 산소의 최대량, 즉 ㎖/kg/min으로 표시된다. 자동차의 비유를 다시 빌리자면 RE는 연비, VO2max는 엔진의 배기량과 유사한 것으로 생각하면 된다. 즉 단위 시간당 태울 수 있는 연료의 최대량이다. 앞서 RE에서는 정해진 거리를 가는 데 '필요한'이었고 VO2max에서는 정해진 시간에 '사용할(태울) 수 있는' 산소의 양이라고 설명하고 있다. RE에서는 거리가 분모에, VO2max에서는 시간이 분모에 있다. 같은 조건에서 더 멀리 달리면 좋고 시간이 짧으면 좋다. 즉 RE 수치는 낮을 수록 좋고 VO2max는 높을수록 좋다.

흔히 심폐 기능의 지표라고 생각하기 쉬운 폐활량과 혼동하면 안 된다. 폐활량은 산소를 포함한 공기를 한 번에 흡입할 수 있는 그릇의 크기를 알려 줄 뿐, 산소가 근육으로 전달되어 소비되는 효율에 대해서는 말하지 않는다. 공장으로 비유하자면, 폐활량은 공장으로 배달되는 재료의 수량 정도를 말하는 것이고, 이 재료가 라인에 투입되어 얼마만큼의 제품을 생산해 낼 수 있는지는 말하지 않는다. 재료의 투입량(폐로 흡입된 산소의 양)이 생산 라인의 용량(운동 에너지로 전환될 수 있는 양)을 넘어서면 재고만 쌓일 뿐이다. VO2max는 흡기(들이마신 공기)와 배기(내쉬는 공기)에 들어 있는 산소량의 차이를 측정하여 결정한다. 내쉬는 공기에 포함된 산소는 근육에서 사용되지 못하고 배출되는 것이니, 애초에 우리 몸속에 들어올 필요가 없는 잉여 자원이었다고 할 수 있다.

초보 러너들이 조금씩 마일리지를 쌓고 달리기에 자신감이 붙다 보면, 같은 거리를 달리는데도 몸이 더 가벼워지고 숨도 덜 차는 느낌, 세컨드 윈드가 좀 더 일찍 오는 느낌을 받게 된다. 그러면서 '달리기를 통해 폐활량이 늘었다'고 생각하기 쉬운데, 미리 말하자면 운동을 통해 체력이 좋아졌다고 폐활량이 늘어나는 것은 아니다. 폐활량은 키, 성별, 나이, 흉곽의 크기 등 주로 해부학적인 요소들과 내가 어찌할 수 없는 요소들로 결정된다. 폐 자체는 운동을 한다고 해서 더 강화되지는 않고, 지속적인 운동을 통해 호흡근 즉 횡경막이나 늑간근 등이 강화됨에 따라 공기가 들고 나는 메커니즘이 더 안정될 수는 있다. 타고난 차이에 대해, 나이가 들어감에 대해 불평하는 것은 인생의 낭비다. 반가운 소식은, 보통 사람의 폐활량은 이미 우리가 장거리 달리기에 필요한 용량을 훨씬 뛰어넘는다는 것이다. 달리기 능력 향상의 병목은 폐활량이 아니라 VO2max다. 폐활량은 훈련으로 키울 수 없지만 VO2max는 키울 수 있다. 앞서 말씀드린 '삶의 지혜' 중 첫 번째와 세 번째에 해당하는데, 아쉽게도 두 번째 '낮게 열린 열매'라고 하기는 좀 어렵다. 지속적이고 때로는 살짝 고통스러운 훈련이 필요할 수 있기 때문이다. 이제 목표가 좀 더 분명해진다.

나의 최대산소섭취량(VO2max)을 확인해 보자

앞에서 ㎖/kg/min으로 표시되는 VO2max를 실측도 가능하다고 했는데, 이는 스포츠 과학 센터나 대학 병원 등에서 '가스 분석 검사(CPET)'를 통해 수행된다. 일정 간격으로 속도와 경사도를 높여 한계 지점까지 몰아붙이는 동안, 들이마시는 공기의 산소량과 내뱉는 공기의 산소량을 실시간으로 계산하여, 산소 소비량이 정점에 도달해 더 이상 늘지 않는 지점을 포착한다. 비용이 상당한 것으로 알고 있는데, 우리 같은 아마추어 러너들이 그렇게까지 할 필요는 없을 것이다.

아마추어 러너들이 측정할 수 있는 방법으로는 쿠퍼 테스트(12분 테스트)라는 것이 있는데, 평지에서 12분 동안 갈 수 있는 최대 거리(d12)를 meter로 측정한 뒤에 이를 공식에 대입하는 것이다.

$$\text{VO2max} = (d12 - 504.9)/44.73$$

미 공군에서 체력이 우수한 병사들을 선별하기 위해 고안해 냈다고 하는데, 역시나 한계점까지 달려야 해서 왠지 힘들 것 같다. 대한민국의 군필자라면 군대와 달리기를 연결 짓는 순간 아침 구보가 생각나서 정나미가 확 떨어진다. 하물며 미군이라니!

마지막으로 락포트 테스트라는 것이 있는데, 편안한 신발을 만드는 그 락포트 맞다. 심폐 기능이 약한 사람들을 대상으로 고안되어 1mile을 가급적 빠른 걸음으로 걸은 뒤에 어쩌고… 하는데 과연 락포트답게 편할 것 같지만 이게 얼마나 효용이 있을까 싶기는 하다.

이 책을 읽는 독자분들은 이미 스마트워치 등 웨어러블 기기를 착용하기로 하신 바 있으니, 그냥 기기 또는 러닝 앱이 제시해 주는 VO2max를 사용하기로 하자. 이 값은 어디까지나 추정치이기는 한데 누적된 기간이 길수록 더 정확해진다. 지금 애플헬스를 열어 살펴보니 필자의 VO2max는 애플워치를 차기 시작한 2020년 말부터 꾸준히 추정치가 누적되어 왔다. 5년 이상의 운동 기록이 누적된 결과라면 충분히 신뢰할 만하다고 할 수 있다. 측정치가 적다고 실망할 필요는 없다. 독자 여러분도 500km 마일리지를 쌓아 가시는 동안 충분히 많은 데이터가 쌓여서 신뢰할 수 있는 VO2max 수치를 얻을 수 있을 것이다. 러닝 데이터를 누적하기 시작한 뒤로 한 달 내지 두 달, 또는 누적 50~100km 정도쯤부터 VO2max 수치에 관심 주기 시작하시면 된다.

VO2max가 ㎖/㎏/min이라고 했는데, 좀더 구체적인, 즉 훈련에 반영할 수 있는 공식으로 바꿔 보자. 픽의 방정식(Fick's equation)이라는 것이 있는데 이름은 기억하지 않으셔도 될 것 같다. 단, 구성 요소는 알아둘 필요가 있다.

VO2max = (최대심박수 × 1회 박출량) × 동정맥 산소차

최대심박수(MHR, Max Heart Rate)는 말하자면 펌프가 1분당 몇 번 회전하는가, 즉 자동차 엔진으로 치면 최대 RPM에 해당한다고 할 수 있다. 높을수록 VO2max가 클 것 같지만 아쉽게도 MHR은 높일 수 있는 게 아니고, 높다고 무조건 좋은 것도 아니다. 1회 박출량(SV, Stroke Volume)은 심장이 한 번 펌프질할 때 혈액을 얼마나 많이 밀어내는가, 즉 실린더의 용적에 해당하고, 동정맥 산소차는 근육이 배달된 혈액에서 산소를 얼마나 뽑아 썼는가, 즉 연소 효율을 말한다. 이 두 지표는 꾸준한 훈련을 통해서 높일 수 있고, 유산소 운동 능력뿐 아니라 전반적인 체력과 건강에도 직결된다!

먼저 최대심박수를 살펴보자. 최대심박수는 아래와 같은 공식으로 계산할 수 있다.

220 - 나이 = 본인의 최대 심박수

으잉? 뭐가 이리 간단하고 허무해? 그럼 나랑 나이가 같은 사람
은 최대심박수도 같은 거야?라고 생각하실 수 있는데 거의 그렇
다고 봐도 무방하다. 사람마다 차이가 있을 수는 있어도 크게 유
의미하지는 않다. 공평한 것은 이게 나이가 들어서도 활동을 유지
하는 운동선수나 주로 책상머리에서 인생의 대부분을 보낸 사람
이나 거의 비슷하게, 나이가 들면서 감소한다[9]는 점이다. 따라서
VO2max는 최대심박수가 낮아짐에 따라 나이가 들면서 감소한
다. 어쩔 수 없다! 타고난 신체 조건과 나이 들어감을 한탄하는 건
인생의 낭비라니까. 반면 VO2max는 사람마다 분명히 차이가 있
다. 필자가 최근 업힐 테스트로 자가 측정해 본 최대심박수는 대
략 166 정도로 나이 공식에 맞아 떨어지지만, VO2max는 44~45
정도로 50대 중반의 일반인으로서는 높은 편이다. 꾸준한 달리기를
통해 1회 박출량(SV)과 동정맥 산소차를 동년배들에 비해 높게 유
지하고 있다는 의미이다. 최대심박수는 운동 선수라고 해서 높은
것도 아니다. 오히려 엘리트 선수들 중에는 VO2max는 압도적으
로 높으면서도[10] 최대심박수는 오히려 낮은 사람들도 드물지 않다.

　심폐기능의 척도로서 보다 유용한 것은 최대심박수보다 안정
시 심박수(RHR, Resting Heart Rate)이다. 잠에서 깨어난 직후나
편안히 쉴 때의 심박수를 말한다. 심박수 측정 기능이 있는 스마

9　운동선수는 209 - (0.7 × 나이) = 최대심박수 등 좀 더 정교한 공식을 쓰기도 하
　고 남성 운동선수, 여성 운동선수별로 각각 다른 계수를 적용하기도 한다.

10　현역 마라톤 선수들은 65~80 정도의 VO2max를 유지하는 사람들이 많다. 엄청
　난 훈련의 결과이기도 하지만, 어느 정도 타고난 면도 있는 것 같다.

Males	Percentile	20-29	30-39	40-49	50-59	60-69	70-79
Superior	95	55.4	54	52.5	48.9	45.7	42.1
Excellent	80	51.1	48.3	46.4	43.4	39.5	36.7
Good	60	45.4	44	42.4	39.2	35.5	32.3
Fair	40	41.7	40.5	38.5	35.6	32.3	29.4
Poor	0-40	〈41.7	〈40.5	〈38.5	〈35.6	〈32.3	〈29.4

Females	Percentile	20-29	30-39	40-49	50-59	60-69	70-79
Superior	95	49.6	42.4	45.3	41.1	37.8	36.7
Excellent	80	43.9	37.8	39.7	36.7	33	30.9
Good	60	39.5	34.4	36.3	33	30	28.1
Fair	40	36.1	34.4	33	30.1	27.5	25.9
Poor	0-40	〈36.1	〈34.4	〈33	〈30.1	〈27.5	〈25.9

VO2max는 나이가 들면서 계속 감소하고, 성별 차이도 있다. 필자의 VO2max는 45 정도로 20대에 견줘도 나쁘지 않은 수준을 유지하고 있다.

출처: Cooper Institute

트워치를 1~2주 정도 차고 자면 안정시 심박수를 상당히 정확하게 측정해 준다. 안정시 심박수는 나이가 들면서 낮아지기도 높아지기도 하는데, 낮을수록 심혈관 기능이 좋은 거다. 일반인은 보통 60~80회/분, 운동선수는 분당 40~50회 내외이며, 마라톤과 같은 지구력 종목 선수는 30~40회 수준으로 매우 낮다. 안정시 심박수가 낮다는 것은 두 가지 의미가 있다.

첫 번째는 심장의 근육이 강화되어 한 번의 박동으로 더 많은 혈액을 효율적으로 공급한다는 의미이다. 즉 RHR은 위의 공식에서 1회 박출량에 직결된다. 적은 수의 박동으로도 충분하니 운동 중 심장에 가해지는 부담이 적고 피로가 늦게 오며, 더 장시간 고강도 운동을 가능하게 한다. 더 높은 운동 지구력을 의미하는 것이다.

두 번째는 최대심박수와의 차이에서 나온다. 여유심박수(HRR, Heart Rate Reserve)라는 것인데, MHR에서 RHR을 뺀 값으로 계산한다. 이 거리에 '여유'가 있으면 같은 운동 강도에서도 최대심박수에 도달하는 시간이 길어져, 심장에 가해지는 스트레스가 줄어든다. 심혈관 부하가 감소된다는 것이다. 회복 속도도 빨라진다. 최대심박수 도달까지 여유가 있으니 피로물질 누적도 적고, 운동 후에 빠르게 정상으로 돌아오니 제거도 빠르다. 이렇게 좋을 수가 없는데, RHR을 낮추는 방법은 뭘까?

심박수는 운동생리학에서 가장 중요한 지표다. 하물며 장기간의 누적된 훈련으로 축적된 체력을 레이스에서 풀어내는 장거리 달리기에서는 말할 것도 없다. 앞에서 RE를 '힘 덜 들이고 편하게 달리는 법'이라고 말씀드렸는데, 잠깐 생각해 보자. '힘들다'는 것의 정의는 뭘까? 객관적이고 측정 가능한 지표로서의 '힘들다[11]'가 무슨 의미인지 생각해 보시라는 거다. 빙고! 심박수가 객관적인 '힘들다'의 지표다. '힘 덜 들이고 달린다'는 말은, 같은 거리를 같은 속도로 달리는데 심박수가 더 낮았다는 의미이다. 최고심박수에 가까워지면서 우리 몸은 시스템은 붕괴 위험을 느끼고 '고통'이라는 신호를 보낸다. 이 고통이 주관적인 느낌으로서의 달리는 중

---

11   러닝 워치를 차고 달리고 나면 주관적인 힘듦 정도를 입력하라고 묻는 경우가 있는데, RPE(Rating of Perceived Exertion)라고 해서 운동 강도 보정에 주요한 지표라고 한다. 필자는 솔직히 주관적으로 얼마나 힘들었는지를 일관되게 평가하기가 어려워서 그냥 무시하는 편이다.

의 '힘들다'로 치환된다고 할 수 있다.

이제 '심박수 영역'을 활용한 러닝 훈련법에 대해 말씀드릴 때가 온 것 같다. 5장까지는 이것저것 따지지 말고 일단 달려서 마일리지를 쌓는 데 주력하라고 말씀드렸다. $500km$의 마일리지를 쌓을 수 있다면 일단 $42km$를 완주하는 데 큰 무리는 없을 것이다. 하지만 RE를 말하면서 VO2max와 심박수에 대해 이토록 장황하게 설명드린 이유는, 심박수 영역을 컨트롤하면서 달리면 심폐지구력의 특정 영역을 강화함으로써 약점을 보완하거나, 또는 목표에 따라 다른 러닝 프로그램을 수행하여 훨씬 효율적으로 목적을 달성할 수 있기 때문이다. 러닝 워치에 달린 심박계를 활용하여 달리는 동안 실시간으로 심박 영역을 모니터하며 페이스를 조절하면 그날의 목적에 따른 심박 구간에 머물면서 달릴 수 있다.

카르보넨 공식이라는 것이 있는데, 운동 중 목표 심박수를 계산하는 방법이다. 안정시 심박수를 고려하여 더 정확한 운동 강도를 설정할 수 있는데, 필자의 최대 심박수와 안정시 심박수를 감안하여 70% 강도의 운동을 한다고 했을 때의 심박수를 계산해 볼 수 있다.

목표 심박수 = (최대 심박수 − 안정시 심박수) × 운동 강도 + 안정시 심박수

= 여유 심박수 HRR × 운동 강도 + 안정시 심박수 RHR
= $(167 − 55) × 0.7 + 55 = 133.4$

필자가 70% 강도 정도 수준으로 운동을 하고자 한다면 심박수가 133 정도를 유지하면 된다는 것이다. 핀란드의 생리학자 마르티 카르보넨의 연구에서 기원한 심박수 트레이닝은 심박수를 5개의 구간으로 나누어 적용하는 것이 일반적이다.

Zone 1은 HRR의 50% 정도 구간으로, 가벼운 산책이나 아주 느린 조깅 시의 심박수다. 회복 구간이라고 불리는데, 고강도 훈련 후 쌓인 노폐물을 혈액 순환을 통해 제거하는 '세척 공정'에 적합한 운동 정도이기 때문이다. 러닝 세션을 마친 후 러닝 앱이나 워치가 '쿨다운'을 지시할 때 가급적 빨리 심박수를 이 구간으로 낮추면 회복 기간이 단축된다. 운동 후 바로 앉거나 누워서 완전한 휴식을 취하는 것보다 가볍게 몸을 움직이며 정리해야 하는 이유다.

Zone 2는 HRR의 60~70% 구간으로 유산소 베이스라고 할 수 있는데, 러너들에게 가장 중요한 심박수 영역이다. '달리면서 옆 사람과 긴 문장으로 대화가 가능한 수준'이라고 하는데, 이 영역에서 가급적 오래, 최소 30분 이상 달리는 것이 지방 연소 효율을 극대화한다. 단지 지방만 태우는 것이 아니라, 세포 내 미토콘드리아의 수가 늘어 픽의 방정식에서 봤던 '동정맥 산소차'를 늘릴 수 있다.

Zone 3는 HRR의 70~80% 구간이다. '대화가 가능하지만 숨이 조금씩 가빠지는 단계'라고 한다. 필자의 아침 루틴인 '출근 전 10 km run'이 거의 Zone 3 러닝이다. 이 구간의 달리기가 '템포 런'이라고 불리는 이유는 풀코스 완주 시 적절한 페이스와 거의 일치하기 때문이다. 템포 런은 유산소와 무산소의 경계에서 '지속 가능한 속도'를 높이는 훈련이다. 이 구간은 '편안한 고통'이라 불리며 필자뿐 아니라 러너들이 가장 오래 머무는 영역이라고 할 수 있다. 이 구간부터는 러닝에 지방보다 근육에 저장된 탄수화물이 사용되기 시작한다.

Zone 4는 역치다. HRR의 80~90%인데 이 정도가 되면 대화는 불가능하다. 보통 RE에서 실천적인 지표로는 VO2max 이상으로 중요하다고 하는 젖산 역치(LT, Lactate Threshold)와 밀접한 관련이 있다. 젖산 역치는 운동 중 근육 내 피로 물질인 혈중 젖산 농도가 급격히 상승하기 시작하는 시점으로, 무산소성 역치라고도 불린다. 지구력 운동 능력을 결정하는 핵심 지표인데 젖산 역치를 높이면 더 높은 운동 강도를 더 오래 유지할 수 있다. 즉 지치지 않고 더 높은 페이스로 오래 달릴 수 있는 것이다.

Zone 5는 HRR의 90% 이상 최대 출력을 내는 구간을 말하며, 숨이 턱 끝까지 차오르고 1~2분 이상 유지하기 힘든 수준이다. 완전 무산소 구간이며 지방 연소는 전혀 하지 않고 탄수화물만을 소비한다. 지속하기 어려운 수준이라 인터벌 훈련을 통해 활용하는데, VO2max를 높이는 데 가장 좋은 구간이다.

루틴의 일관성과 러닝의 항상성을 중시하는 필자로서는 그저 매일 아침 10㎞를 5'40"/㎞ 정도의 일정한 페이스로 달리는 Zone 3 템포런을 할 때가 가장 즐겁지만, 레이스가 다가오면 아무래도 다양한 타입의 러닝을 섞어 주는 것이 좋다. 이에 관해서는 10장에서 좀 더 자세히 다루기로 하고, 여기서는 Zone 2 러닝과 LT 훈련(Zone 4)에 대해서만 언급하겠다.

구간	명칭	주요 에너지원	훈련 효과
Zone 1	회복	지방	혈액 순환 촉진, 피로 물질 제거
Zone 2	유산소	지방(최대)	미토콘드리아 강화, 기초 지구력 빌드업
Zone 3	템포	지방 + 탄수화물	주력 향상, 편안한 고통에 적응
Zone 4	역치	탄수화물(주력)	젖산 내성 강화, 고속 주행 지속력
Zone 5	최대	탄수화물	VO_2max 향상, 순간 폭발력

Zone 2 러닝의 중요성은 사실 아마추어 러너들이 많이 간과하는 부분이다. 러닝이 어느 정도 익숙해지면 자신에게 가장 편한 페이스가 생기는데, 이보다 천천히 일정한 속도로 뛰는 게 생각보다 어렵다. Zone 2 러닝은 짧게 하면 효과가 없기 때문에 길고 지루한 러닝을 감당하고 나서도, 평상시 러닝 후에 느끼는 '기분 좋은 피로감'을 느낄 수 없다. '슬로우 러닝'이라고 하는 Zone 2 러닝은 지방 연소를 통한 체중 감량과 체형 보정이 목표이신 분들에게 필수이지만, 풀코스 완주를 목표로 하는 러너들에게도 반드시 플랜에 넣어야 하는 운동이다. Zone 2 러닝은 단순히 지방만 연소하는 것이 아니라, 앞서 얘기한 것처럼 '동정맥 산소차'를 늘림으로서 VO2max를 높일 뿐더러 '크로스오버 포인트'를 이동할 수 있기 때문이다. 운동 강도가 높아질수록 지방 사용 비중은 줄고 탄수화물 사용 비중이 급격히 늘어나는 교차점이 있다. 이를 크로스오버 포인트라고 하는데, Zone 2 훈련을 반복하면 이 교차점이 오

른쪽(높은 강도 쪽)으로 점점 밀려난다. 즉 지방 연소 구간이 점점 넓어진다는 것인데 다이어터에게만 희소식이 아니다. 낮은 강도에서 탄수화물을 많이 쓰면 에너지 고갈의 위험이 커지는데 이것이 후반부에 30㎞의 '벽'을 넘어 완주할 수 있을지 여부를 결정하는 승부처가 될 수 있기 때문이다. 전체 훈련의 70~80%를 Zone 2에서 하는 것이 부상 예방과 기록 향상에 최적이라고 하는데, 천천히 달리면 같은 시간을 달려도 마일리지가 덜 쌓이다 보니 레이스 전 500㎞를 목표로 차곡차곡 누적해 가던 러너들은 쉬이 초조해질 수 있다. Zone 2 러닝을 최대한 늘리는 것이 완주의 가능성을 높일 수 있다는 점을 상기하면서, 튀어 나가려는 다리를 누르도록 하자.

Zone 4 러닝은 젖산 역치를 높이는 운동이라고 했다. VO2max는 젖산 역치의 천장 역할을 하는데, 초보 러너는 VO2max의 50~60% 수준에서 젖산 역치가 온다. 중요한 점은 지방-탄수화물 크로스오버 포인트와 마찬가지로, LT도 훈련이 누적되면서 점점 오른쪽으로 이동한다는 것이다. 보통 80%까지 높일 수 있다고 하는데, VO2max가 올라가면 LT도 따라 올라가고, LT 훈련이 쌓여감에 따라 LT가 VO2max를 밀어 올리기도 한다. 젖산 역치는 정확한 측정이 VO2max 이상으로 어렵긴 한데, 다양한 방법으로 추정할 수 있다. LT를 높이는 것은 VO2max를 높이는 것보다 훨씬 단순하다. 즉 훈련의 성과가 단기간에 나타나는 편이기 때문에 레이스를 앞둔 러너들에게는 필수다. Zone 5를 건드리는 인터벌 훈련으로 천장인 VO2max를 높이고, Zone 3~Zone 4에서 템포런과

LT 훈련을 통해 천장 바로 아래 높이에서 오래 달릴 수 있는 능력을 키우는 것이다.

　마지막으로 잭 다니엘스 박사의 연구에 따르면, VO2max는 러너가 레이스 당일에 낼 수 있는 성과의 상한선을 알려 준다. 필자의 VO2max가 45 정도라고 했는데, $42km$를 3시간 안에 달리는 sub-3에는 턱도 없지만, 4시간 안에 달리는 sub-4는 충분히 달성

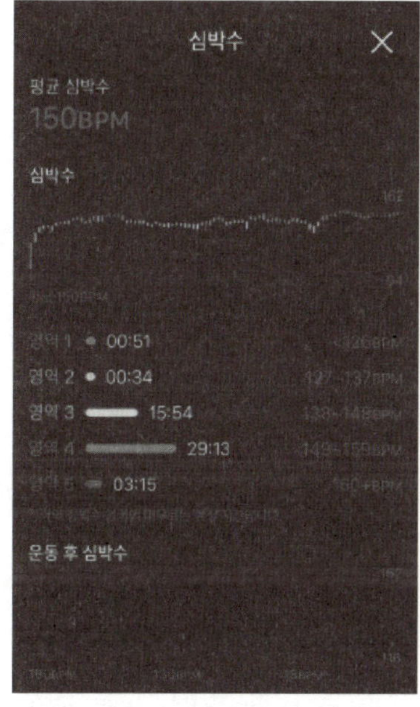

필자의 아침 러닝 샘플. 애초 의도는 템포런이었을 것 같은데 Zone 3보다 Zone 4에 더 오래 머물러 결과적으로는 젖산역치 훈련에 더 가깝게 되었다. 심박수가 불규칙하지 않고 처음부터 끝까지 거의 일정한 수준을 유지하며 완만하게 올라간 것은 칭찬할 만하다.

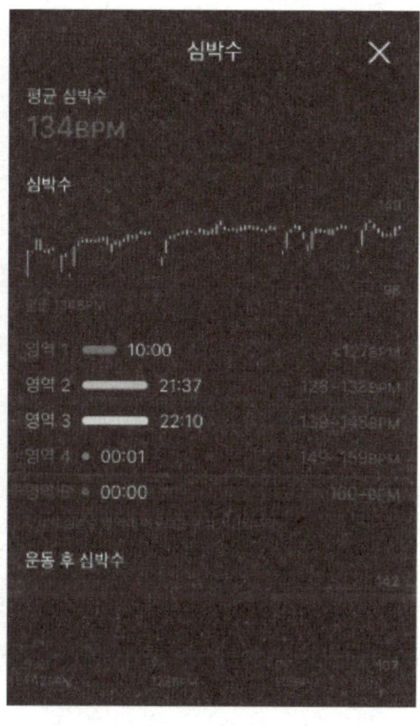

또다른 아침 러닝 사례. Zone 2 러닝을 시도했는데 이게 생각보다 쉽지 않다. 심박수가 Zone 3로 넘어갈 때마다 Zone 2로 복귀하려고 페이스를 떨어뜨리다 보니 왼쪽 샘플처럼 심박수가 일정한 수준에 머물지 않고 중간에 뚝뚝 끊어짐을 알 수 있다.

가능함을 알 수 있다. 연습 기간에 $42km$를 달려 볼 수는 없지만, 마
일리지를 쌓아가는 동안 향상되는 VO2max를 통해 레이스 목표
를 설정하고 적절한 페이스를 설정할 수 있을 것이다.

목표 기록	필요한 VO2max 추정치	비고
Sub-4(4:00:00)	약 38.0~42.0	아마추어 상급자의 문턱
Sub-3:30(3:30:00)	약 48.00~52.0	본격적인 '러너'의 영역
Sub-3(3:00:00)	약 60.0~64.0	아마추어의 꿈, '싱글'의 영역
Sub-2:10(엘리트)	약 75.0~85.0	초인의 영역

VO2max와 심박수를 통해 달리기 능력을 향상시키는 것은 단
기간에 성과를 볼 수 있는 일이 아니다. 꾸준히 달려 마일리지를
쌓아야 하는 것은 물론이고, 훈련 내용에 변화를 주되 가끔은 숨
이 턱에 찰 정도로 힘든 활동도 포함시켜야 한다. 변화는 더디고
결과는 불안정하다. 하지만 $20km$, $30km$를 넘어 $42km$, 또는 그 이
상의 거리를 달리기 위해서는 반드시 필요한 과정이다. 무엇보다,
VO2max가 높아지고 심박수가 낮아졌다는 것은 우리가 일상생활
에서 흔히 말하는 '체력 향상'의 확실하고 객관적인 지표다. 20대
의 정점을 지났을 당신의 VO2max가 조금이라도 우상향의 모습
을 보이고 있다면, 그것까지는 아니더라도 노화에 따라 떨어지는
패턴을 거부하고 현상 유지라도 하고 있다면, 당신의 체력은 확실
하게 좋아지고 있는 것이다. VO2max 같은 수치를 확인하지 않더

라도 이미 일상에서 활력을 느끼고 계시겠지만, 기분 좋은 일에 객
관적인 증거가 추가된다고 나쁠 일은 아니지 않을까.

달리는 '기술'을 익혀
에너지를 적게 쓰고 달린다

VO2max를 통해 우리 몸의 대사적 효율성을 시간에 걸쳐 차근차근 강화해 나가는 과정을 설명드렸다. 말씀드렸던 것처럼, 당장의 효과를 맛볼 수 있는 손쉬운 영역은 아니다. 하지만 $42km$에 달하는 장거리를 한 번에 달릴 수 있는 몸을 만들기 위해 반드시 필요한 부분이고, 어쨌든 훈련에 의해 바꿀 수 있는 영역이었다. 이제부터는 좀 더 쉽게 RE를 향상시킬 수 있는 방법들을 하나하나 뽀개 나가 보자.

케이던스, 케이던스, 케이던스! - 가장 낮게 열린 열매

앞에서 달리기의 효율을 높이는 방법으로 다음의 네 가지를 생각해 볼 수 있다고 말씀드렸다.

① 폐가 흡입할 수 있는 산소의 양을 늘리거나

② 심장이 많은 양의 혈액을(산소를) 근육으로 보내거나

③ 근육으로 운반된 산소가 에너지를 효율적으로 연소하거나

④ 근육이 움직이는 기계적 메커니즘 자체가 효율적이거나

그리고 우리가 인생을 효율적으로 살아 가기 위해서는 다음의 원칙들을 염두에 두시라고 제안드렸다.

1) 관리할 수 있는 것과 그렇지 않은 것을 구분하여 전자에 집중하라.
2) 낮게 열린 열매를 먼저 따 먹어라.
3) TOC: 약한 고리를 강화하는 데 집중하라.

이런 틀에서 생각해 보자면, VO2max가 높아졌다는 것은 ② 심장이 많은 양의 혈액(산소)을 근육으로 보내고 있고, ③ 운반된 산소가 더 효율적으로 연소되고 있다는 것의 지표라고 할 수 있으며, 1) 훈련을 통해 향상될 수 있으므로 꾸준히 노력할 가치가 있다고 할 수 있다.

힘들지만 확실한 것을 배웠으니, 이제 쉽고도 확실한 것, 즉 2) 낮게 열린 열매를 알아볼 차례다. VO2max와 심박수가 엔진 튜닝이라면, 제대로 된 달리기 자세를 익히는 것은 운전 기술을 다듬는 것과 같다. 익숙할 때까지 시간이 걸릴 수는 있지만, 엔진 즉 몸 자체를 개조하는 것보다는 훨씬 수월하다. 즉 ④ 근육이 움직이는 기계적 메커니즘을 개선하는 것이다. 이 중에서도 가장 손쉽게, 즉각적인 효과를 얻을 수 있는 것은 바로 케이던스다. 케이던스는 1분

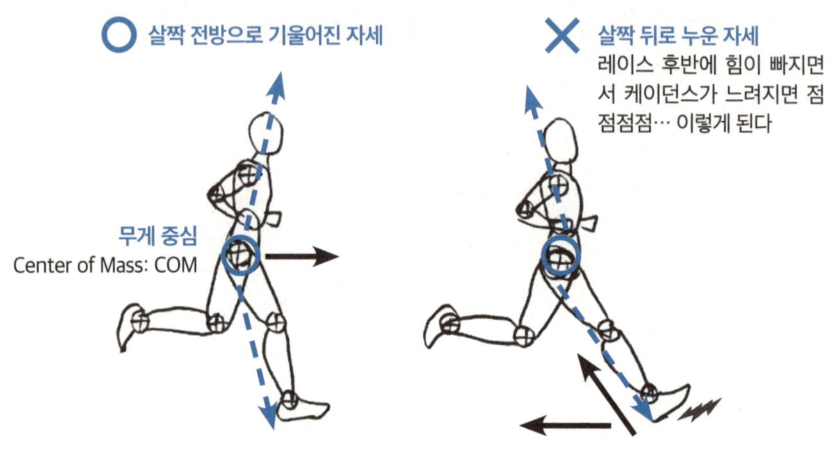

무게 중심 바로 아래 또는 살짝 뒤쪽을 딛는다(발을 내려 놓는다). 실제로는 살짝 앞을 딛게 되지만 몸이 앞으로 나가면서 무게 중심 뒤로 신속하게 빠지고, 지면 반력은 전방 추진력으로 전환이 된다.

다리를 너무 앞으로 뻗어 오버 스트라이드가 되면 딛는 순간 지면 반력이 뒤쪽으로 작용하면서 후방 저항이 된다. 발을 딛을 때마다 브레이크가 걸린다.

당 발걸음 수(spm 또는 bpm)를 나타내는 지표다. 초보 러너라면 많은 경우 160에서 165 전후의 bpm으로 달리고 있을 가능성이 높은데, 이를 10% 이상 끌어올려 180 bpm으로 달리면 부상의 위험이 줄어들고, 달리는 동안 힘이 확실히 덜 들기 때문에 더 오래 달릴 수 있고, 피로 누적이 적어 다음날도 편하게 달릴 수 있다. 단, 속도 즉 페이스는 빨라지지 않는다는 조건이다. 케이던스를 높이는 것 이상으로, 달리는 내내 최대한 일정하게 케이던스를 유지하는 것이 중요하다.

케이던스를 강조하는 필자의 주장에 달리기 고수들은 선뜻 동의하기 어려우실 수도 있다. 인간이 장거리를 달리기에 가장 효율적인 케이던스라고 할 수 있는 180bpm이 그들에게는 '목표'가 아니라 '현상'이기 때문이지 않을까. 타고난 신체 조건과 엄청난 훈련량으로 강력한 하체 근력과 유연성을 갖춘 그들의 페이스에 맞춰 케이던스가 자연스럽게 180bpm으로 수렴해 가는 것이다. 180bpm이 이상적인 케이던스로 인식된 과정도, 어떤 이론에 의해 180이 정답, 이라고 연역적으로 도출된 것이 아니라, 80-90년대 잭 다니엘스를 필두로 많은 코치들과 운동생리학자들이 우수한 러너들을 관찰한 결과 단거리를 제외하고는 종목에 상관없이 대부분 180bpm으로 달리더라는 귀납적인 결론에 이르게 되면서였다. 이후 실험실에서의 연구 등을 통해 엘리트가 아닌 일반인 러너들도 180bpm으로 달릴 때 부상의 위험이 줄고 효율이 높아진다는 것이 증명되어 왔다. 즉 고수들이나 선수들은 굳이 케이던스에 신경을 쓰지 않아도 훈련 과정에서 180bpm에 맞춰가게 되어 있지만, 그들만큼의 신체 조건이나 훈련량을 따라갈 수 없는 우리들은 거꾸로 케이던스를 180bpm에 맞춤으로써 자연히 경기력을 향상시켜갈 수 있다는 얘기다.

도대체 케이던스가 뭐라고 이렇게 강조하는 것일까? 네 가지 축으로 나누어 설명드리겠다.

첫 번째, 오버 스트라이드를 막아 준다.

오버 스트라이드는 다리를 너무 앞으로 뻗는 것, 또는 보폭이 지나치게 넓은 것을 말한다. 초보자들은 속도를 내거나 후반부에 지칠 때 보폭을 넓히려는 경향이 있다. 아주 매우 너무나도 잘못된

주법이다! 몸이 앞으로 전진하는 속도가 느려 보폭을 따라가지 못
하면 내딛는 발이 무게 중심의 앞쪽에서 착지를 하게 된다. 이렇게
되면 지면의 반발력이 진행 방향의 반대로 작용하기 때문에, 결과
적으로 같은 거리를 같은 속도로 달려도 훨씬 더 힘이 든다. 관절
에 가해지는 충격도 강하기 때문에 누적이 되면서 부상의 위험도
높아진다.

초보 러너에게 있어 오버 스트라이드는 만악의 근원이라고 봐
도 과언이 아닐 정도인데, 문제는 대부분 자신이 오버 스트라이드
라고 생각하지 않는다는 점이다. 의식적으로 다리를 멀리 앞으로
뻗으려고 노력한 적이 없더라도, 당신의 하체 근력과 유연성 수준
에 비해 보폭이 지나치게 넓을 가능성이 높다. 즉 의식적으로 보
폭을 줄이려는 노력이 필요하다. 같은 페이스를 유지하면서 마치
종종걸음을 하듯, 보폭을 현재의 80% 정도로 줄이고 케이던스를
10% 정도 올려서 달려 보자. 의식적으로 보폭을 줄이지 않더라도,
같은 페이스에서 케이던스가 올라가면 보폭은 자연히 줄어든다.
이 상태로 평소 달리는 시간과 같은 시간을 달려 보자. 최소 30분
이상 달려야 한다. 페이스가 같으니 거리도 같겠지만, 마치고 난
뒤 훨씬 피로가 덜한 것을 느낄 수 있을 것이다. 같은 거리를 같은
시간에 달렸는데 힘이 덜 드는 마법이다!

두 번째, GCT, 수직 진폭 등 러닝 다이내믹스를 전반적으로 개
선해 준다.

애플워치든 갤럭시워치든 가민이든, 스마트워치 또는 러닝 워
치를 손목에 차고 달렸다면, 거리와 페이스, 심박수 외에 수직 진

폭, 지면 접촉 시간, 보폭 길이 등 다양한 수치들이 측정 또는 추정되고 기록되어 있을 것이다. 이러한 지표들은 달리는 자세와 관련된 것들로, 통칭해서 '러닝 다이내믹스'라고 부른다. 모두가 쉽고 편하게 달리는 것과 밀접한 관련이 있는 항목들인데, 뭐 어쩌라고 이런 암호같은 숫자들을 나에게 보여 주는 것인지, 초보 러너들은 감이 오지 않을 것이다. 케이던스가 가장 낮게 열린 열매라고 한 이유는, 케이던스를 높이는 것만으로도 이런 러닝 다이내믹스 수치들이 자연히 개선되기 때문이다!

먼저 지면 접촉 시간(GCT, Ground Contact Time)은 말 그대로 발이 지면에 얼마나 머물러 있는지를 나타낸다. 발이 지면에 오래 머물러 있을 때의 문제는 속도가 느려지는 것이 아니다. 지면을 짧고 경쾌하게 치면서 탄력을 받는 것이 아니라, 아래쪽으로 체중이 쏠리면서 에너지 소모가 커지고, 역시 누적되면 부상의 위험이 커지게 된다. 바닥에 탱탱볼을 던져 튀어오르는 것과 진흙 덩어리를 던져 철퍼덕! 퍼지는 경우를 상상해 보자. 아마추어 러너들의 GCT는 280~300ms 수준이고, 엘리트 마라토너들은 155ms 정도라고 한다[12]. 아마추어라도 GCT가 200ms 이하라면 sub-3에 도전

---

[12] 180bpm으로 달리면 1분에 180번 즉 180/60=3번 발을 딛는 것이다. 330ms 당 한 발짝씩 딛는 것이니, GCT가 300ms 이상이라면 두 발이 동시에 땅에서 떨어지는 시간이 거의 없는 것이다. 실질적으로 달리기보다는 걷고 있는 상태라고 보면 된다. 반면 GCT가 150ms인 엘리트 러너는 150×3=450ms만 발이 지면에 닿아 있는 것이다. 즉 발이 땅에 닿아 있는 시간보다 공중에 떠 있는 시간이 더 길다! 리어카와 비행기의 차이라고 할까. 공중에 떠서 달리는 것과 바닥을 질질 끌며 달리는 것의 에너지 효율 차이를 생각해 보자.

할 수 있는 수준이다. 필자의 경우 250ms 정도를 유지하고 있어서 중급 러너로서 괜찮은 정도 수준인데, 70% 정도는 단지 케이던스를 180bpm에 맞춰 달리기 때문이라고 생각한다.

다음으로 수직 진폭. 우리가 달리는 동안 아래위로 얼마나 흔들렸느냐이다. 앞으로 가기 위해 달리는 거지 위로 솟구치려고 달리는 것이 아니다. 아래위로 많이 흔들렸다면 그만큼 중력을 거슬러 불필요한 곳에 에너지를 소모했다는 얘기다. 문제는 왜 진폭이 커지느냐인데, 머리를 고정하고 달리려고 의식적으로 노력해 봐야 진폭이 작아지지 않는다. 수직 진폭이 커지는 주범은 역시 만악의 근원 오버 스트라이드 되시겠다. 보폭을 줄이고 케이던스를 높이면, 진폭이 작아지면서 중력을 거스르지 않고 흘리면서 달릴 수 있게 된다. 보통 숙련된 러너는 6㎝ 초반 정도를 유지한다고 하는데, 키와 보폭에 크게 영향을 받으므로 절대적인 값보다는 추이를 보는 것이 좋겠다. GCT와 수직 진폭은 모두 작을수록 좋은데, 또다른 러닝 다이내믹스인 보폭은 복합적이다. 같은 신체 조건에서 케이던스가 높아지면 보폭은 자연히 좁아지게 된다. 케이던스를 유지한 상태로 보폭이 넓어진다면 이는 하체 근력과 유연성이 좋아졌거나 오버 스트라이드로 불필요한 에너지 소모가 일어나고 있거나 둘 중 하나이다. 일단은 보폭을 줄이고 케이던스를 높이는 걸 우선으로 하는 게 좋겠다. 초중급 러너라면 케이던스를 독립변수로, 그 외의 러닝 다이내믹스 요소들을 종속변수로 두고, 일단 케이던스를 180bpm 또는 170bpm에 맞춰 목표한 거리를 끝까지 달리는 데 중점을 두시라는 말씀이다.

세 번째, 초보자도 약간의 노력으로 쉽게 교정할 수 있다.

케이던스를 높이면 이것도 좋고 저것도 나아지고 하는 것은 알겠는데, 어떻게 높이라는 것인지? 아주 간단하다. 메트로놈을 활용해서 그 박자에 맞춰서 달리면 된다. 케이던스를 의식하지 않는 아마추어 러너들의 spm은 보통 160에서 165 전후인 경우가 많다고 앞에서 말씀드렸다. 갑자기 180spm으로 올리라고 하면 당혹스러울 정도로 빠르게 느껴진다. 단계적으로 익숙해질 필요가 있다. 힘든 훈련으로 능력치를 끌어올리라는 것이 아니라, 그저 익숙해지면 된다.

일단은 밖에서 달리지 말고 집에서 연습하면서 높아진 케이던스에 적응해 보자. 가볍게 제자리 뛰기를 해 보는데, 층간 소음이 걱정된다면 다리를 떼지 않고 팔만 앞뒤로 흔들어도 된다. 팔치기라는 것인데, 케이던스는 다리 이상으로 팔의 영향을 받는다. 휴대폰의 메트로놈 앱을 160 정도에 맞춰 놓고, 이에 맞춰 제자리뛰기 또는 팔치기를 해 본다. 편하다면 조금씩 올려 본다. 165, 170, 175… 이 이상 빨리는 어렵겠다 싶은 정도까지 올려서 1분 가량 팔치기를 해 본다. 팔이 엉키지 않는 정도의 박자가 현재 당신이 가져갈 수 있는 최대 케이던스다. 연습해 보면 180이 그리 어렵지는 않을 것이다. 메트로놈에 맞추는 것이 어색하거나 불편하다면, bpm 180의 음악을 틀어 두고[13] 이에 맞춰 봐도 된다. 처음부터

---

[13] 음악 앱이나 유튜브에서 '180 bpm running music'으로 검색해 보면 주르륵 뜰 것이다. 단 플레이리스트에 따라서는 180bpm이 아닌데 대충 껴 넣은 곡들도 있어 주의할 필요가 있다. 달리는 중에 갑자기 빨라지거나 느려지면

180에 맞출 필요는 없다. 보통 자신이 기존에 편하게 달리던 케이던스의 10% 정도는 높여도 팔다리가 꼬이지는 않을 것이다. 케이던스에 한 번도 신경 써 본 적이 없다면 170 정도에서 시작해도 좋다. 케이던스를 높이는 것 이상으로 중요한 것은 일정한 케이던스를 달리는 내내 유지하는 것이다. 메트로놈의 도움을 받으면 그리 어렵지 않다.

실내 제자리 달리기 또는 팔치기로 특정 케이던스에 익숙해졌다면, 이제 밖에서 달려 볼 차례다. 앞 장에서 설명한 바와 같이 스마트폰과 이어폰을 착용한 상태로, 집에서 시도해 본 최대 케이던스로 달려 보자. 이때 페이스에는 신경 쓰지 않는다. 거의 제자리 종종걸음으로 느껴질 정도로 천천히 달리되 케이던스는 가능한 높게, 일정하게 가져간다. 집 근처에 헬스 클럽이 있다면 트레드밀에서 연습하면 더 좋다. 편하게 달릴 수 있는 속도에 기계를 맞추고, 이어폰으로 메트로놈의 박자를 들으면서 일정한 케이던스로

케이던스의 항상성이 끊겨 곤란하기 때문이다. 해외 사이트 중에는 jog.fm 같이 원하는 페이스나 bpm에 맞춰 장르별로 곡을 추천해 주는 사이트도 있다. 나도 몇 번 사용해 봤는데 장르가 지나치게 세분화되어 있어서, 새로운 곡을 발견하는 재미를 즐기는 사람이 아니라면 크게 효용이 있을지는 모르겠다. 그래도 한 번쯤은 시도해 보시길. 필자는 나름 음악 취향이 까다로워서, 운동할 때 듣는 음악을 신중히 고르는 편이다. 지금 나의 플레이리스트에는 Red Hot Chilli Peppers의 〈Can't Stop〉, Toto의 〈Africa〉, Disturbed의 〈Indestructible〉, 일본 록밴드 히게단의 〈Pretender〉, QWER의 〈고민중독〉 등이 난잡하게 수록되어 있다. 케이던스에 신경 쓰기 전에는 Judas Priest의 〈Breaking the Law〉가 달리기 최애 곡이었는데 아쉽게도 이 곡의 bpm은 165 정도로 현재의 내 케이던스에 맞지 않아 더 이상 듣지 않는다. 돌이켜보면 당시에는 케이던스가 165bpm이었기 때문에 이 곡이 달리기에 잘 맞았던 것 같다.

달린다. 익숙해지면 기계의 속도를 올리거나, 더 내리거나, 경사를 주는 등으로 다양하게 변화를 주되 케이던스는 계속 일정하게 가져간다. 페이스와 환경에 상관없이 케이던스를 일정하게 가져갈 수 있게 자신감이 붙으면 이제 자신이 마일리지 누적을 위해 매일 달리는 거리를 이 케이던스에 맞춰 끝까지 달려 보자. 확실히 효과를 느낄 수 있을 것이다.

네 번째, 항상성을 유지해 준다.

장거리 달리기에서 에너지를 절약하기 위해서는 항상성이 중요하다. 고속도로를 정속 주행할 때와 복잡한 시내에서 가다 서다, 좌회전, 우회전을 반복할 때의 연비는 크게 차이가 난다. 최소한의 에너지를 쓰며 목표한 거리를 달려 내려면, 달리는 동안의 돌발 변수를 최대한 회피하고, 일정한 리듬에 맞춰 일정하게 움직여야 한다. 항속 상태에서는 관성을 활용해 자연스럽게 전진하는 느낌을 얻을 수 있다.

문제는 몇 시간을 달리는 동안 항상성을 유지하기가 쉽지 않다는 것이다. 엘리트 러너들이야 극한의 체력으로 2시간을 기계처럼 일정하게 달려 나가지만, 우리 아마추어 러너들은 달리다가 힘들면 자연히 페이스가 떨어지고, 자세도 무너지기 마련이다. 항속 상태를 벗어나면 관성은 우리의 친구에서 발목 잡는 적으로 돌변한다. 원위치로 돌아오는 데 불필요한 에너지를 소모하게 하여 안 그래도 부족한 에너지를 더 빨리 고갈시킨다. 아마추어 러너가 수 시간을 내리 달리는 동안 일정한 페이스를 유지하기는 아주 어렵다. 페이스 메이커를 따라 달리거나 러닝 워치의 페이스 유지 기능을 활용한다고 해도, 힘이 떨어지면 페이스는 점점 느려지게 된다. 힘이 빠져 자연스럽게 속도가 느려지는데 이걸 따라잡으려 하면 에너지 소모를 재촉할 뿐이다. 보폭을 넓혀 페이스를 따라가려 하면 오버 스트라이드가 되기 십상이고, 한 발 한 발이 앞으로 나아 가는 것이 아닌 브레이크가 되어 체력 소모가 더 빨라지는 악순환에 빠지게 된다. 하지만 케이던스에 중점을 둔다면, 메트로놈의 박자를 들으면서 뛰는 동안 일정한 리듬을 유지할 수 있게 해 준다. 두 시간이든 세 시간이든 네 시간이든, 같은 페이스로 달리는 건 어렵지만 같은 케이던스로 달릴 수는 있다.

아마추어 러너에게 케이던스가 가장 쉽게 향상되는 기술인 이유의 상당 부분은, 메트로놈의 도움을 받을 수 있기 때문이다. GCT나 수직 진폭들도 달리기의 효율에 영향을 미치는 중요한 지표들이긴 하지만, 몇 시간을 달리는 동안 내가 GCT를 짧게 수직 진폭을 좁게 유지하고 있는지 계속 모니터링을 하는 것은 불가능하다. 인간의 신체와 동작은 짧고 즉각적인 피드백에 반응하여 계속 적응을 하는데, 케이던스는 아주 간단한 방법으로 끊임없이 신호를 보내 교정할 수 있는 러닝 다이내믹스인 것이다.

케이던스를 유지하면서 달리면, 집중하기도 수월하다. 사람에 따라서는 장거리 달리기를 하는 동안 '몰입'의 상태에 빠져들기도 한다는데, 흔히들 말하는 '러너스 하이'와는 뭔가 다른 차원이다. 하지만 '러너스 하이'와 마찬가지로 부른다고 오는 것이 아니고, 무엇보다 상당한 집중을 필요로 한다. 다른 어떤 곳에도 신경 쓰지 않고 오로지 달리는 데에만 집중할 때 그러한 흐름의 상태에 빠져들게 되는데, 오히려 많은 사람들과 함께 달리고 주변의 주자와 대로변의 응원객들을 의식하게 되는 대회 당일보다는 연습 과정에서 경험하게 되는 경우가 더 많다. 특히 메트로놈의 일정한 박자에 의지하여 달릴 때 이런 집중 상태를 유지하기가 더 용이해지는 듯하다. 산사의 목탁 소리에 깊은 명상의 세계로 유도되는 것처럼.

네 방향의 힘의
흐름을 느낀다

이제 가장 낮은 곳에 열린 열매인 케이던스를 따 먹었으니, 조금만 높은 곳에 손을 뻗어 보도록 하자. 주법 혹은 달리는 자세에 대해 이야기해 볼 차례다.

골프를 예로 들자면, 클럽의 가운데로 공을 스퀘어로 맞히면 공은 휘지 않고 똑바로, 머얼리 나아가게 되어 있다. 그 간단한 게 잘 안 되다 보니 그토록 많은 연습 방법과 교습 방법이 지치지도 않고 쏟아져 나오는 것이다. 달리기의 주법은 골프만큼은 아니지만, 어쨌든 여러 가지 방법들과 다양한 가르침이 존재하는데, 사실 목적은 하나다. 우리 몸을 앞으로 나아가게 하는 힘이 자연스럽게 흘러가도록 하는 것이다.

필자가 생각하는 바른 자세는, 달리는 동안 네 방향의 힘을 느끼고 이들이 옳은 방향으로 잘 흘러가게 하는 것이다. 네 가지 힘을 살펴보자.

가장 먼저, 당연히 전방 추진력이 있다. 우리 몸을 앞으로 가게 하는 힘이다. 달리는 것은 결국 이 힘을 만들어 내는 과정이다. 하지만 이 힘을 얻어내는 데에만 집중하기보다, 나머지 세 방향의 힘을 잘 흘려 보내면 추진력은 그 결과로 자연스럽게 얻어진다. 발이 지면을 차고 밀어낼 때 발생하는 반작용으로 앞으로 나아가는 힘을 얻는 것은 당연한 물리적 법칙이나, 지면을 차고 밀어내는 데 집중하면 불필요한 힘이 지면으로 새어 나가 에너지가 빠르게 고갈되고 피로가 누적된다. 다른 힘들을 어떻게 컨트롤해야 전방 추진력이 자연스럽게 우리 몸으로 흘러들어와 지면을 박차고 앞으로 밀어내는지 살펴보자.

강조하고 싶은 것은 상방 해방감이다. '힘'을 의미하는 '력'이 아니라 '느낌'을 말하는 '감'이라고 표현한 것은, 실제로 이 방향으로 작용하는 힘은 존재하지 않기 때문이다. 지구상의 모든 존재는 하방 중력의 영향을 벗어날 수 없지만, 수직으로 작용하는 힘을 '상상하는' 것만으로도 달리기가 훨씬 편안해진다. 서구의 코치들은 'stay tall'이라는 말을 자주 사용하는데, 상체를 쭉 펴고 머리 꼭대기가 최대한 높은 상태로 달리라는 말이다. 나아가 머리 위에 풍선이 매달려서 몸 전체를 띄우고 있다고 상상하며 달리라고도 한다. 나는 이 표현을 훨씬 좋아하는데, 상체를 또는 척추를 쭉 펴라고 하면 불필요하게 힘이 들어가면서 오히려 경직될 수 있기 때문이다. 정수리가 하늘에 매달려 있다는 상상만으로도 상체가 펴지며 불필요한 힘이 빠진다. 상방 해방감으로 하방 중력을 극복하는 것은 상체로 끝나는 것이 아니다. 중력을 극복하며 전방으로 나아가는 추진력을 얻기 위해 발을 땅에 딛고 뒤로 밀어내야 한다고

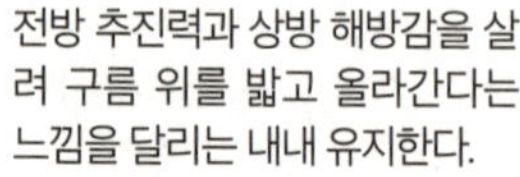

생각하기 쉬운데, 그보다는 발을 땅에 '내려놓는다'고 생각해야 한 다. 상체가 풍선의 부력으로 허공에 떠서 앞으로 나아가는 동안, 발은 땅을 살짝 터치하면서 나아가는 방향만 잡는 것이다. 상체가 둥둥 떠 다니는다는 느낌을 계속 유지하면서 달린다.

앞에서 케이던스에 대해 설명하면서 지면접촉시간, 수직 진폭 등은 케이던스를 높이고 일정하게 유지하면 자동으로 개선된다고 했는데, 실은 그게 다는 아니다. 초보 러너가 하기 쉬운 실수는, 달 리기 위해 땅을 딛고 솟구치는 힘을 내려고 하는 거다. 이렇게 하면 수직 진폭이 커지면서 한 발짝 디딜 때마다 에너지가 줄줄 샌다. 상체는 허공에 떠서 일정한 높이를 유지하고, 발은 지면을 스치기만 한다는 느낌을 달리는 내내 유지해야 한다. GCT도 마찬가지다. 앞서 엘리트 러너들은 GCT가 150ms에 불과하여 발이 땅에 닿아 있는 시간보다 공중에 떠 있는 시간이 더 길다는 말씀을 드렸다. 몸이 떠 있는 상태에서 발을 살짝 살짝만 디디면 GCT가 확연히 줄어든다. 어떤 코치들은 뜨거운 바닥을 맨발로 뛰고 있다고 상상하라고 하기도 하고, 트레드밀의 팔걸이에 손을 대고 발은 바닥을 살짝 살짝 스치는 연습을 하라고 하기도 한다. 다르게 말하자면 발을 딛는 것보다, 땅에서 떼는 것에 집중해야 한다. 케이던스는 이렇게 상방 해방감을 유지하여 GCT와 수직 진폭을 제어하는 리듬을 통제하는 역할이라고 할 수 있다. 머리 끝부터 몸이 위쪽으로 당겨지고 있다는 이미지를 달리는 내내 유지하면, 케이던스와 GCT, 수직 진폭 등의 러닝 다이내믹스가 함께 어우러지면서 자연스럽게 전방 추진력을 만들어 내게 된다.

마지막으로 후방 저항이 있다. 지면 반력은 우리에게 앞으로 뛰어나갈 힘을 주지만 그 힘을 방해하는 저항력이 되기도 한다. 대표적인 것이 오버 스트라이드이다. 오버스트라이드는 매 발걸음마다 브레이크를 밟는 것과 같다. 운전을 해 보셨다면 액셀과 브레이크를 동시에 밟는 것이 주행 성능과 차체에 어떤 영향을 주는지 잘 아실 것이다. 또다른 후방 저항력은 발바닥과 지면에서 만들어 내는 마찰력이다. 발이 무게 중심 아래쪽으로 떨어지더라도 GCT가 너무 길면 마찰력이 발생하여 몸이 앞으로 나아가는 것을 막는

다. 달리는 동안, 매 걸음마다 내가 앞으로 힘을 받고 있는지 뒤로 힘을 받고 있는지를 느낄 수 있어야 한다.

RE와 자세, 주법에 신경 쓰지 않고 마일리지를 쌓는 것에만 주력하던 시절, 잘못된 주법으로 한동안 고생한 적이 있다. 많은 초보 러너들이 그렇듯 너무 많이 달려서 무릎을 상하게 할까 봐 걱정이 된 나머지, 다리가 지면에서 떠오르는 높이를 가급적 낮게 유지하면 착지 시의 충격을 줄일 수 있을 거라고 착각했던 것이다. 지금 돌이켜보면 너무나도 잘못된 주법이었다. 다리를 낮게 끌어 달리면 지면 접촉 시간이 길어지면서 질질 끄는 형태가 되어 마찰력이 커진다. 이건 달릴 때의 발자국 소리를 들으면 알 수 있는데, 톡, 톡, 하는 가볍고 경쾌한 소리가 나는지, 무겁게 툭, 툭, 떨어지는 소리 혹은 심지어 지익 지익 발을 끄는 소리가 나는지를 잘 살펴야 한다. 다리가 낮으면 몸이 전체적으로 가라앉으면서, 발목과 무릎에 오히려 더 무리가 가게 된다. 몸이 낮아지면 상체가 경직되면서 힘이 더 들어간다. 달리는 동안에는 다리뿐 아니라 몸 전체가 에너지를 소비하는데, 상체에 힘이 들어 가면 불필요한 곳에 에너지가 낭비되고 있는 것이다.

즉 무릎은 가급적 높이 들고 뒤꿈치는 엉덩이 쪽으로 끌어당겨야 한다. 막상 해 보면 달리는 동안 무릎이 그렇게 쉽게 올라가지 않기 때문에, 높이 든다는 생각으로 달리면 무릎을 앞으로 가져가게 된다. 그리고 땅에 내려놓은 발은 다시 회수해야 하는데, 이때 엉덩이 쪽으로 끌어당긴다는 느낌을 가진다. 엘리트 러너들의 자세를 보면 정말로 뒤꿈치로 엉덩이를 찰 듯한데, 그런 느낌으로

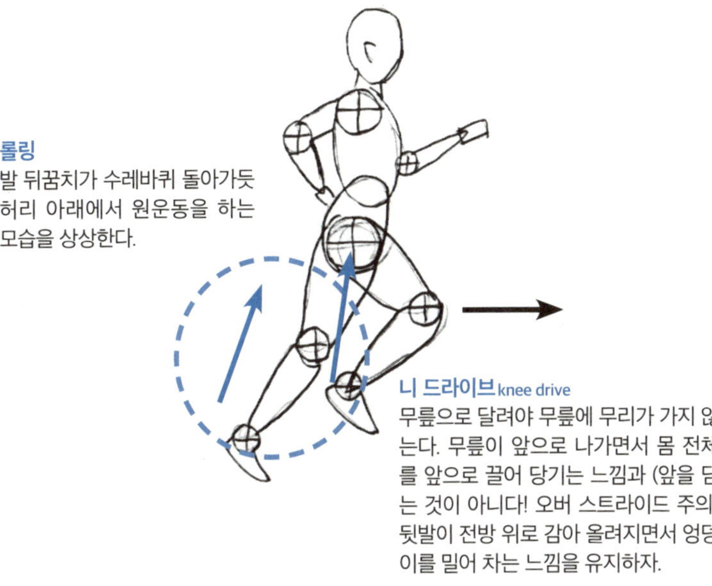

달리면 뒤꿈치가 위쪽으로 올라가게 된다. 무릎은 앞쪽으로 동시에 뒤꿈치는 위쪽으로, 라는 이상적인 다리 움직임을 유지하기 위해, 무릎은 가능한 높이 들어올리고 뒤꿈치는 엉덩이를 차듯이 회수해야 한다. 이게 연속되면 소위 '롤링'이라는 움직임이 만들어지게 된다. 발뒤꿈치가 몸 뒤쪽에서 수레바퀴처럼 원을 그리는 '롤링'은 장거리 달리기의 궁극적인 주법이다. 앞 장에서 엘리트 선수들의 달리기 자세를 보며 감탄하게 된다고 했는데, 킵초게나 킵텀 같은 위대한 마라토너들의 달리는 옆모습을 보면 허리 아래쪽에 바퀴가 달린 듯이 발이 원을 그리며 규칙적으로 돌아가는 것을 알 수 있다. 롤링이 몸의 앞부분이 아닌 뒷부분에서 일어나야 한다는 점을 명심하자. 전방 추진력은 앞으로 발을 뻗어 가져오는 것이 아니라, 뒤에서 만들어 앞으로 밀려 나가는 힘이다. 발뒤꿈치가 엉덩이를 차면서 앞으로 계속 밀려 나간다는 상상을 하는 것도 도움이 된다.

달리는 자세를 이야기하면서 계속 상상력을 동원하게 되는데, 마라톤에서 이미지 트레이닝은 굉장히 중요하다. 마라톤은 같은 동작을 수만 번 반복하는 운동이다. 아마추어 러너가 수만 번의 스텝을 모두 완벽하게 디딜 수는 없다. 달리는 동안 오만 가지 잡생각이 떠오른다. 심지어 풀코스 레이싱 후반에는 졸리기까지[14] 한다! 물론 평상시의 훈련 즉 마일리지를 쌓아 가는 과정에서 자연스럽게 이상적인 폼이 익어 가도록 해야겠지만, 일단 바른 자세의 원리를 이해해야 하고, 그 원리를 달리는 동안 자세가 흐트러지거나 힘이 들 때마다 떠올리며 다시 원위치로 돌려야 한다. 말하자면 4만 번의 스텝 중 몇 %를 제대로 밟느냐가 내가 이 레이스를 얼마나 편안하게, 효율적으로 달려낼 수 있는지를 결정한다. 여러 가지 상상의 이미지를 제시해 드렸는데, 이제 네 방향의 힘의 흐름을 어떻게 제어해야 할지 아셨으니 각자 본인에게 맞는 이미지를 떠올려 보셔도 좋을 듯하다. 자세가 흐트러지거나 예상보다 달리기가 힘들 때 꺼내어 볼 수 있는 '이미지 보따리'를 비밀병기로 두툼하게 장착하고 계시라는 말이다.

---

14 아직 풀코스에 도전해 보신 적이 없다면 달리는 동안 졸린다는 게 이해가 안 가실 텐데 실제로 30㎞ 이후에는 다리가 아프기보다 졸음을 더 견디기 어려운 경우가 많다. 물론 전반적인 체력 소모와 에너지 부족으로 발생하는 현상이다.

상체의 균형과 팔치기
– 달리기는 다리로(만) 하는 게 아니다

초보 러너뿐 아니라 어느 정도 마일리지와 레이스 경력이 쌓인 중급 러너 중에도, 마라톤에 있어 상체의 중요성을 간과하시는 분들이 없지 않다. 물론 지면을 딛고 몸을 앞으로 보내는 것은 다리다. 하지만 상체는 다리만큼 강한 힘은 없지만 그만큼 정교하게 뇌의 명령을 수행하는 만큼, 일종의 제어부로서 다리가 흔들림 없이 나아가기 위한 방향타 역할을 해 준다.

풀코스를 달리려면 4만 번의 스텝을 딛는다고 말씀드렸다. 그 동안 팔도 4시간 동안 쉬지 않고 4만 번을 흔들어야 한다. 준비가 되어 있지 않다면 레이스 후반부 그러니까 $20km$를 넘어가는 시점부터, 팔이 아파짐을 느낄 수 있으실 거다. 물론 하체와는 달리 당장 달리지 못할 정도의 통증은 아닐 테지만, 미처 예측하지 못한 어려움에 당황하다 보면 안 그래도 고갈되어 가던 체력이 더 빨리 소진된다.

팔의 자세는 특별할 것이 없지만, 팔꿈치의 각도를 90도 이하

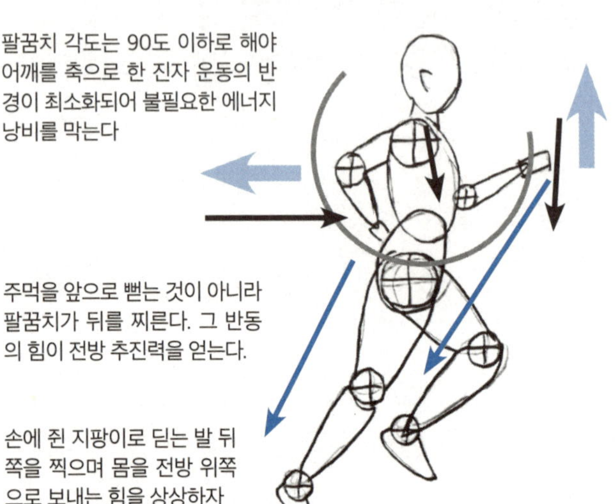

로 유지하는 것만큼은 주의하시기 바란다. 팔은 어깨에 매달린 채로 양쪽 각 2만 번씩의 진자 운동을 한다. 팔꿈치 각도가 90도를 넘으면 주먹 부분의 궤적이 팔꿈치 궤적보다 바깥쪽에 있어서 진자의 길이가 길어진다. 불필요한 원심력이 추가로 작용하면서 레이스 후반에 팔꿈치와 어깨 통증의 원인이 된다.

러닝에서 팔을 흔드는 동작을 '팔치기'라고 하는데, 달리다 보면 무의식적으로 하게 되는 행동이라고 생각하기 쉽지만 평소에 연습을 해 둘 필요가 있다. 상체에 매달려 자유롭게 움직이는 팔은 케이던스를 잡아 주는 역할을 하기 때문이다. 새로운 케이던스에 익숙해지기 위한 연습은 다리보다 팔로 먼저해서 다리를 이끌어 주어야 한다. 러닝 중에 케이던스가 흐트러졌을 때에도 다리를 맞추기보다는 팔을 먼저 맞추면 다리는 따라오게 되어 있다. 레이스 후반에 하체에 힘이 빠졌을 때, 팔을 힘차게 흔들어 줌으로써 리듬을 다시 살릴 수 있다. 그러려면 팔에 힘이 남아 있어야 한다.

팔치기는 앞서 말한 네 방향 힘의 흐름 제어에도 기여할 수 있다. 90도 이하로 접은 팔꿈치를 흔들 때, 주먹을 앞으로 뻗거나 위로 쳐올리는 동작은 금물이다. 팔꿈치로 뒤를 쿡쿡 찌르는 느낌으로 흔들어 줘야 진자 운동의 힘이 뒤나 아래가 아닌 전방으로 유도된다. 그러려면 주먹은 가급적 옆구리 뒤에 머문다는 느낌을 가지는 것이 좋다. 필자는 달리는 동안 양손에 등산용 스틱을 쥐고 있다는 상상을 할 때가 있다. 스틱으로 앞을 찍으면 안 되고, 딛는 발의 뒤쪽을 찍으면서 몸을 앞으로, 위로 밀어낸다는 느낌을 가짐으로써 수직 해방력과 전방 추진력을 얻는다.

팔치기에서 주의할 점은, 이렇게 의식적으로 힘의 흐름과 리듬을 잡다 보면 나도 모르게 상체가 긴장이 되면서 힘이 들어간다는 점이다. 특히 어깨가 치켜올라갈 수 있다. 상체에는 최대한 힘이 빠져야 조금이라도 에너지를 아낄 수 있고, 불필요한 동작을 방지할 수 있다. 상체의 긴장을 풀지 못하여 몇 시간 동안 경직되어 있다 보면 자칫 러닝 중에 어깨나 옆구리가 결릴 수도 있다. 상체에는 힘을 빼되, 아랫배 즉 단전 부위에는 살짝 힘을 주는 연습을 평소에 해 보자. 아랫배에 힘을 주면 상체에 힘을 빼는 데 도움이 되고, 상체와 하체의 연결 부위로서 골반이 중심을 잡아야 불필요한 움직임을 차단할 수 있다. 사실 몇 시간 내내 달리면서 계속 단전에 힘을 모으기는 쉽지 않은데, 욕심내지 말고 생각날 때마다 한

번씩 아랫배를 적당히 긴장시키며 자세를 가다듬는다 정도 생각
해 주시면 좋다.

호흡과 항상성
– 정속 주행으로 최적의 연비를

폐활량은 늘지도 않고 늘리려 애쓸 필요도 없다고 했다. 초보 러너들이 두려워하는 숨 찬 느낌과 산소 결핍도, 1~2km 달리고 나면 세컨드 윈드와 함께 사그라든다고 했고. 하지만 그렇다고 해서 호흡을 아무렇게나 해야 한다는 것은 아니다. 필자가 RE를 정속 주행에 비유했듯이, 항상성은 불필요한 에너지 소비를 최소화하여 완주에 이르도록 하는 길이다. 42km를 달리는 4시간 내내, 러닝의 모든 구성 요소들을 최대한 일정한 케이던스 안에서 움직이게 하여 에너지를 아껴야 한다. 초보 러너들은 호흡의 불규칙성이 이 항상성을 깰 수 있다. 미리 자신에게 맞는 호흡 패턴을 찾아 둬야, 세컨드 윈드가 온 이후에도 호흡이 러닝을 방해하는 일을 막을 수 있다.

가장 일반적인 호흡 패턴은 2-2다. 다리가 170 또는 180bpm으로 메트로놈이나 음악에 맞춰 일정하게 움직이는 동안, 2스텝 동안 들이쉬고 2스텝 동안 내쉬는 것을 반복한다. 습-습-하-하 또는 습-습-하아의 패턴이다. 내쉬는 숨은 가급적 빨리, 한 번에 뱉

듯이 하는 게 좋다. 하-하 보다는 2스텝 동안 한 번에 하아 하고 뱉는 거다. 그래야 폐 안에 남은 공기를 확실히 배출할 수 있다. 폐에 이산화탄소가 남아 있으면 뇌가 산소 부족이라고 생각해서 폐를 중심으로 한 호흡기를 다그치게 되고, 무리하게 호흡 사이클을 돌리다 보니 숨이 차는 현상이 발생한다. 들숨보다는 날숨에 더 신경을 써야 하는 이유다. 필자는 2-2와 4-2를 혼용한다. 4-2는 4스텝 동안 들이쉬고, 2스텝 동안 내쉬는 것이다. 습습/습습/하아, 패턴이다. 레이스 시작 단계에서 세컨드 윈드가 오기 전, 또는 레이스 중후반에 체력 저하로 더 많은 호흡이 필요할 때 또는 천천히 여유 있게 호흡하고 싶을 때 주로 4-2 호흡을 한다. 이때 습습 하고 들이쉰 상태에서 다음 습습은 한 번 들이쉰 상태에서 한 번 더, 라는 느낌으로 한다. 날숨은 오래 끌 필요 없이 빠르고 강하게 내쉰다. 이건 필자의 경우가 그렇다는 얘기고, 러닝 경력에 상관 없이 다양한 호흡 리듬이 존재한다. 4-4 호흡을 하시는 분도 있고 3-3 호흡을 하는 분도 있다. 4-4의 경우 날숨이 불필요하게 길고, 3-3 즉 홀수 리듬으로 들숨 날숨을 번갈아 하는 것은 발걸음이 꼬일 수 있기 때문에 필자에겐 맞지 않지만, 각자 달리기에 가장 편한 호흡 리듬을 찾으시면 된다. 숨을 그냥 쉬어지는 대로 쉬지 말고, 의식적인 노력으로 최적의 패턴을 찾으시라는 것이다.

폐는 단련될 수 없어도 호흡근, 즉 횡경막과 늑간근은 가능하다고 했지만, 이들을 단련하는 특별한 방법이 있는 것은 아니다. 달릴 때뿐 아니라 평상시에도 호흡과 호흡근을 의식하거나, 복식호흡을 꾸준히 하다 보면 호흡근이 강화된다고 한다. 호흡근이 안정

적이어야 리드미컬한 호흡 패턴을 일정하게 끝까지 유지할 수 있
다. 상체의 긴장을 풀고 힘을 빼는 것도 안정적인 호흡을 유지하는
데 필수다.

Chapter 7

최소한의 장비, 최대한의 효율

"장비는 당신의 잠재력을 이끌어내는 열쇠다."
"Gear is the key to unlocking your potential."

— 엘리우드 킵초게, 올림픽 2회, 베를린 5회,
런던 마라톤 4회 우승자, 인류 최초로 마라톤 2시간 벽을 깬 러너

"당신과 하나가 된 듯한 장비를 찾았을 때, 비로소 도로는 당신의 놀이터가 된다."
"When you find gear that feels like a part of you, the road becomes your playground."

— 조안 베노이트 사무엘슨, 최초의 여성 올림픽 마라톤 우승자

러닝화
– 끝까지 달리기 위한 조력자

달리기는 단순한 운동이다. 테니스처럼 라켓이 필요하지도 않고, 골프처럼 그린피가 부담스러울 일도 없다. 그냥 운동화 한 켤레면 충분하다. 신발장에 있는 운동화를 꺼내어 집 앞 공원을 돌기 시작하는 것이 러닝의 시작이다. 일단 시작해 보기에는 진입장벽이 가장 낮은 운동 중 하나라고 할 수 있다. 많은 사람들이 '나도 한 번' 하는 마음으로 무심코 발을 들였다가 어느새 중독되다시피 달리고 있는 자신을 발견하게 되곤 한다.

초보 시절엔 장비가 불필요해 보여도 마일리지가 쌓여 루틴이 정착되면 장비에 대한 아쉬움이 생기기 마련이다. 내게 꼭 맞지 않는 불편한 장비는 마찰력으로 작용하여 루틴을 흐트러뜨리고 결정 피로를 야기한다. 누적된 불편은 부상으로 이어지기도 한다. 본격적으로 달리기 시작하기 전에는 신경도 안 쓰던 장비들에 눈길이 가기 시작한다. 이것저것 사 보고 써 보며 시행착오를 겪는 것은 러너들의 필수 코스라고 할 수 있다. 언뜻 그럴싸해 보이는데 막상 써 보면 내 입장이나 상황에서는 쓸모가 없거나, 남들은 필수 템이라고들 하는데 나의 러닝 라이프 스타일에는 맞지 않는 것들도 많다. 이 장에서는 러닝화, 복장, 벨트처럼 꼭 필요한 장비를 어떻게 선택해야 하는지에 대해 이야기한다. 장비는 경기력을 향상시키는 숏컷이 아니라, 나의 루틴을 지켜 주는 동반자로 생각하기로 하자. 이 원칙을 잊지 않는다면, 자기만의 최적의 조합을 찾을 수 있을 것이다. 부디 독자분들은 장비에 헛돈 쓰지 마시고 최단거리로 그 조합에 이르시기를 바란다.

러닝화는 러닝의 시작점이자 끝까지 함께 가는 장비다. 하지만 좋은 러닝화를 신으면 기록이 빨라질 거라고 기대하거나 완주하지 못한 이유를 신발 탓으로 돌리면 곤란하다. 좋은 신발의 역할은 레이스 당일에도 중요하지만 그 이상으로, 그날에 이르기까지의 루틴을 지속할 수 있게 해 주는 것이다. 발의 피로를 줄여 주고, 반복되는 충격에 대한 부담을 덜어준다. 마라톤은 결국 꾸준한 훈련, 올바른 자세, 안정된 체력이 핵심이다. 러닝화를 비롯한 장비는 그 길을 흔들리지 않게 지켜 주는 조력자이다.

같은 동작을 수만 번 반복하는 러닝에서, 그 충격을 받아내고, 버텨내고, 흘려보내는 장비가 신발이다. 특히 장거리 러닝에서는 피로가 발에서 시작되어 무릎과 골반, 허리로 전이된다. 발을 잘 지켜야 전신을 지킬 수 있다. 35km 이상의 거리를 달린다는 건 숙련된 러너에게조차 매번 새로운 모험이다. 더군다나 처음 도전하는 초보자라면 예측할 수 없는 변수들을 대비해 이것저것 챙기고 싶어진다. 풀코스 완주 경험이 조금씩 쌓이다 보면, 그런 장비들은 자연히 줄어든다. 무겁고 귀찮고, 체력과 경기력이 향상됨에 따라 없어도 되거나 오히려 방해가 되는 것들이 많다. 하지만 신발의 중요성은 줄어들지 않는다. 초보에게나 엘리트 선수에게나 공히 중요한 요소라는 것이다. 이 책을 집필하면서 달리기에 관한 다른 책들을 많이 읽어 보았는데, 아무리 초연하게 달리기의 탈세속적인 아름다움을 상찬하는 저자들도 신발에 관해서는 예외가 없다. 갑자기 땅으로 내려와 신발의 중요성과 자신들의 세속적인 경험담을 늘어놓은 뒤 다시 형이상학적인 달리기 예찬으로 승천하신다. 필자는 러닝 워치와 함께 신발에만큼은 돈을 아끼지 말라고 더욱 강조하고 싶다. 설령 러닝 워치가 없어도 신발은 돈을 아끼지 말고 내 발에 맞는 것을 챙겨야 한다!

돈 얘기가 나온 김에 말하자면, 러닝화는 싸지 않다. 데일리 트레이닝화도 15~20만 원대, 대회용 카본화는 30만 원을 훌쩍 넘는 경우가 많다. 적절한 쿠션과 안정성을 갖춘 신발은 부상을 막아 주고, 레이스 경험이 쌓이기 전까지 신체에 가해질 충격을 흡수해 준다. 고가의 카본화라고 해서 모든 러너에게 다 맞는 건 아니다. 반발력이 강한만큼 다리 힘과 중심 이동 능력이 갖춰지지 않으면 오히려 역효과가 날 수도 있다. 중요한 건 '좋은 신발'이 아니라 '나에게 맞는 신발'이다. 가능하다면 전문 매장에서 피팅과 걸음 분석을 받아 보고 선택할 수 있다면 좋겠지만, 바쁜 직장인으로서 엄두가 나지 않더라도 최소한 러닝화의 기본적인 특성을 이해하고 신중히 고르셔야 한다.

중급 이상의 러너들에게 러닝에서 아끼지 말아야 할 유일한 투자를 묻는다면 대부분 신발을 고르지 싶다. 러닝화의 역할을 맹신하지는 말되, 어떻게 나에게 맞는 신발을 찾고, 루틴을 망치지 않는 선택을 할 수 있는지 살펴보자.

러닝화의 종류와 기능 비교

러닝화를 구분할 때 가장 기본적인 분류는 두툼한 '쿠션화'와 가벼운 '레이싱화'의 구분이다. 여기에 기능성 중심의 '안정화'와 '카본화'가 더해지면, 러닝화는 크게 네 가지로 나눌 수 있다. 물론 브랜드마다, 모델마다 디테일은 다르지만, 큰 기준으로는 이 네 가지 프레임이 유효하다.

초보 러너에게 가장 손쉬운 선택이라고 할 수 있는 쿠션화는 일상적인 훈련과 장거리 러닝을 목적으로 설계된 러닝화다. 흔히 '데일리 트레이너'라고도 불리며, 달리기 초보자뿐 아니라 숙련자도 훈련의 상당 부분을 이 신발로 소화한다. 가장 큰 특징은 충격 흡수를 위한 두툼한 미드솔과 넉넉한 힐-토 드롭이다. 쿠션이 두툼한 만큼 무게는 상대적으로 무겁고 반응성은 다소 떨어지지만, 무릎이나 발목에 가해지는 스트레스를 줄이는 데는 가장 효과적이다. 특히 체중이 많이 나가거나 관절이 약한 러너에겐 필수적인 선택이다.

다음으로 안정화는 과회내 경향이 있는 러너를 위한 제품군이다. 일반적으로 달릴 때 발은 착지하면서 약간 안쪽으로 말리는 움직임을 보이는데, 이것이 과하면 발목과 무릎, 골반 등에 부담을 준다. 특히 평발이거나 아치가 낮은 발 형태를 가진 사람, 체중이 많이 나가는 러너들은 이 영향을 더 크게 받는다. 안정화에는 이러한 움직임을 보정해 주기 위해 미드솔의 안쪽에 단단한 지지 구조물을 넣거나, 아치 부분을 높이는 등의 설계가 적용된다. 눈에 띄지 않지만 아주 중요한 기능이다. 안정화를 선택한다는 것은 어느 정도 자신의 달리기에 대한 이해가 있거나, 피팅 센터 등에서 상담을 받은 후 결정한 것일 게다. 아무래도 쌩초보의 선택은 아니다.

레이싱화는 무게를 줄이고 반응성을 높이기 위해 설계된 경량 러닝화다. 아웃솔과 미드솔을 얇게 만들고, 갑피를 최소한으로 구성해 공기 저항과 중량을 줄인다. 이러한 특성 덕분에 속도 훈련이나 5km, 10km 대회에 적합하다. 쿠션화에 비해서는 쿠션과 지지력이 부족하기 때문에, 러닝 경력이 충분하지 않거나 다리 힘이 부족한 상태에서 장거리 러닝에 사용하면 부상의 위험이 높아질 수 있다. 한때는 아마추어 러너들도 '빠르게 달리고 싶다'는 이유로 경량화를 선호하던 시기가 있었는데, 지금은 훈련 목적과 체력 상태에 따라 신중하게 선택하는 경향이 강해졌다. 2000년대 초 갓 서른을 넘긴 필자가 처음 풀코스를 완주할 당시에 신었던 신발이 아마도 아식스의 경량화였던 것 같다. 지금 생각해 보면 무릎과 발목에 참 혹독한 신발들이었다.

마지막으로 문제의 카본화. 카본화는 러닝화의 역사에서 가장 큰 전환점 중 하나다. 2017년 나이키가 '베이퍼플라이'를 출시하면서 처음 대중화되었으며, 이후 거의 모든 브랜드가 카본화 제품군을 내놓고 있다. 이 신발은 미드솔에 탄소 섬유판을 삽입하고,

고반발력 소재를 결합해 마치 스프링처럼 추진력을 만들어 내는 구조를 갖고 있다. 이전에는 발이 지면을 차고 나가야 했다면, 이제는 신발 자체가 러너를 앞으로 밀어 주는 시대가 된 것이다. 그 결과 세계 기록이 연달아 경신됐고, 러닝화 기술은 '반발력'이라는 새로운 경쟁 구도로 재편됐다. 필자가 달리기를 시작한 2000년대 초만 해도 2시간 5분이 인간의 생리적 한계라고들 했었고 기록 갱신도 더뎠는데, 2018년에 엘리우드 킵초게가 카본화를 신고 종전 기록을 1분 이상 단축하는 쾌거를 이루어 마라톤 팬들을 열광하게 했다. 그 다음 해인 2019년에 킵초게는 비공인 기록이기는 하나 나이키와의 협업을 통해 2시간 벽을 깨는 기적적인 성과를 달성하기도 했다. 인류가 42.195㎞를 달리기 시작한 이래 딱 한 번 달성된 전무후무한 기록이다. 여러모로 위대한 선수가 아닐 수 없다. 카본화의 성능이 워낙에 압도적이다 보니, '기술 도핑' 논란이 있을 정도였다. 킵초게 이상으로 위대한 선수인 단거리 러닝의 우사인볼트가 카본화를 공개적으로 반대한 바 있다. 여러 논란 끝에 2020년을 전후로 세계육상연맹이 카본 플레이트의 성능과 형태에 제한을 두는 형태로 승인하면서, 거의 모든 브랜드들이 앞다퉈 카본화를 출시했다. 이제 카본화는 엘리트 러너들의 필수품이자 그들을 추종하는 아마추어 러너들의 워너비 아이템이 되었다. 한동안은 돈이 있어도 못 사는 아이템이었는데 최근에는 공급이 많이 풀린 것 같다. 메이저 브랜드 외에 다른 브랜드도 10만 원대의 저렴한 카본화들을 내놓고 있는데, 카본화는 카본 플레이트 이상으로 반발력을 담아 내어 전달하는 미드솔의 역할이 중요하니 잘 고르시기 바란다.

카본화는 논란이 있지만, 효율적 주행과 동기부여에 도움이 된다면 충분히 시도해 볼 가치가 있다. 다만 많은 고수들이 지적하듯 카본화는 초보 러너에게는 도움이 안 될 수도 있다. 필자의 관점에서 볼 때 페이스는 중요하지 않고, 다음 세 가지가 준비되어 있다면 카본화의 비싼 가격이 그 값을 충분히 할 수 있다.

첫째로 높은 케이던스다. 카본 플레이트의 복원력, 즉 튕겨오르는 속도가 발의 속도와 맞으려면, 케이던스가 최소 170 이상은 되어야 한다. 180 정도 케이던스를 일정하게 유지할 수 있다면 카본 플레이트가 휘어졌다 펴지는 진동수가 일정하게 맞춰지면서 고유의 주파수를 만들어 복원력이 온전히 전방 추진력으로 사용될 수 있다. 170이냐 180이냐 보다는 일정한 박자로 달릴 수 있는 것이 더 중요하다.

두 번째로 필자가 RE에서 말한 네 방향의 힘을 제어할 수 있어야 한다. 오버 스트라이드로 인해 발을 무게 중심 앞에 딛게 되면, 카본 플레이트의 반발력이 후방저항으로 작용하여 오히려 전진을 방해하는 힘이 되어 버린다. 카본화의 반발력을 상방향으로 살리면서도 수직 진폭을 억제하고 전방 추진력으로 만들어 낼 수 있어야 카본화의 성능을 100% 활용할 수 있다. 진흙처럼 철벅철벅 지면에 무겁게 떨어지는 발걸음은 카본화의 성능 때문에 오히려 발목과 무릎에 무리를 준다.

세 번째는 코어와 관절의 안정성이다. 카본화는 미드솔이 높고 보기에도 살짝 불안정하다. 심지어 하이힐을 신고 뛰는 기분이라

는 사람도 있을 정도다. 코어와 발목, 무릎을 둘러싼 근육이 안정
적이라야 흔들림을 막고 전방 추진력을 극대화할 수 있다.

러닝화 구조 이해하기
– 초보자를 위한 신발 해부도

처음 러닝을 시작할 때야 대충 신발장에 있는 운동화 아무거나 꺼내어 신었다지만, 본격적으로 러닝에 빠져들어 제대로 된 러닝화를 고르러 가면 당황스러울 수 있다.

러닝화의 아랫부분은 기본적으로 아웃솔, 미드솔, 인솔의 3개 층으로 구성되어 있고 역할이 각각 다르다. 아웃솔은 땅과 직접 닿는 밑창으로 지면과 직접 접촉하는 고무층이다. 미끄럼 방지 기능과 접지력이 필수다. 타이어처럼 패턴이 있는데 트레일 러닝화의 특징이 아웃솔에서 드러난다. 방수용도 있다고 하는데 필자는 비 올 때는 실외에서 달리지 않는 게 원칙이라 주의 깊게 살펴보지 않았다. 외관상 아웃솔이 가장 빨리 닳는 것처럼 보이는데 러닝화 특히 카본화의 수명은 미드솔이 결정한다. 발에 가해지는 충격을 흡수하고 반발력을 제공한다. 각 브랜드들이 자랑하는 '기술력'은 대부분 이 층에서 구현된다. 카본 플레이트가 미드솔에 삽입되고, EVA, TPU 등 러닝화의 변별력을 제공하는 다양한 소재가 사용된

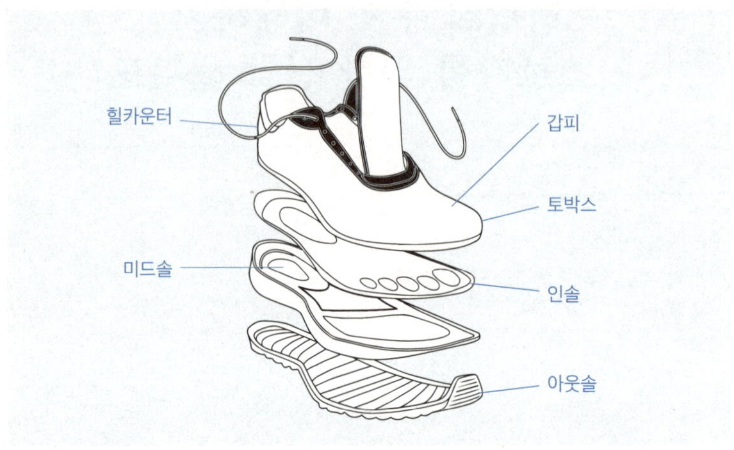

다. 인솔은 발바닥에 직접 닿는 안창인데, 보통 탈부착이 가능해서 개인 맞춤형 인솔로 교체하는 러너들도 많다. 착화감 향상, 약한 충격 흡수, 간단한 아치 지지 등의 역할을 한다.

다음은 갑피다. 신발의 겉면으로, 발등을 감싸는 부분이다. 신발의 디자인을 결정하는 부분인데 통기성, 발 고정, 착용감 조절 등도 잘 살펴야 한다. 경량화를 위해 '니트 갑피'나 '엔지니어드 메쉬'를 사용하는 모델도 있는데, 니트나 메쉬 소재의 경우 경기력은 향상될 수 있으나 쉽게 더러워지고 세척이 까다로운 점은 주의하자.

힐 카운터는 뒤꿈치 고정 장치로서 신발 뒤쪽, 발꿈치를 감싸는 단단한 구조로 되어 있다. 물론 발 뒤꿈치의 흔들림을 방지하는 역할인데 안정화의 경우 이 부분이 무척 중요하지만, 그 외의 경우에는 토박스에 더 주의를 기울이게 마련이다. 토박스는 신발 앞부분의 발가락 공간으로, 너무 좁으면 발톱 부상이 오고, 너무 넓으면 헐거울 수 있다. 신발의 사이즈를 정할 때 토박스의 느낌을 많이 고려하게 되는데, 장거리 달리기에서는 발이 붓기 때문에 일상화보다 한 사이즈 정도 크게 선택하는 것이 좋다. 러닝화는 내 발에 작은 것보다는 큰 게 낫다. 필자는 10대 이후 30년이 넘도록 265mm 신발을 신었는데 피팅샵에서 275mm를 권했다. 반신반의하면서 신고 달려 보고 나서야 내가 평생 동안 발 사이즈를 잘못 알고 있었음을 알게 되었다. 신발장에 있는 구두, 일상화 등도 모조리 내 발에 작다는 것을 뒤늦게 깨달았는데 그전에는 의식을 못 했다는 게 신기하다.

러닝화의 수명과 교체 주기

러닝화를 처음 살 때는 가격에 놀라고, 교체할 때는 수명에 놀란다. 30만 원이 훌쩍 넘어가는 카본화는 특히 더 그렇다. "신발이 닳지도 않았는데 왜 바꾸죠?" 초보 러너들이 자주 하는 질문이다. 나의 경우 매번 러닝화를 교체할 때마다 아내에게 듣는 잔소리이기도 하다.

실제로 러닝화는 겉보기엔 꽤 오래간다. 갑피는 찢어지지 않았고, 밑창도 멀쩡하고, 색도 그다지 바래지 않았다. 그런데 왠지 모르게 달릴 때 발이 피곤하다는 느낌이 온다. 착지할 때 충격이 더 올라오고, 무릎이나 발목에 미세한 통증이 있는 듯 아닌 듯 하다. 나나 이 책의 독자나 달리는 것이 본업이 아닌 직장인 러너다. 일시적으로 컨디션이 안 좋거나 체력이 저하된 것일 수도 있고, 훈련이 부족해서 자세가 무너진 것일 수도 있다. 그리고 어쩌면 러닝화를 교체해야 할 시점이 온 것일 수도 있다.

대부분의 브랜드는 러닝화의 교체 시점을 누적 주행거리 600~1,000km 사이로 안내한다. 실제로는 700~800km 전후에서 쿠션과 반발력이 눈에 띄게 저하된다고 보면 된다. 특히 카본화는 수명이 짧다. 300~500km만 달려도, 처음과 같은 반발력은 기대하기 어렵다. 탄소 섬유 플레이트 자체는 변하지 않지만, 이를 지지하는 미드솔이 탄성을 잃기 때문이다.

초보 러너에게는 꽤 먼 거리로 느껴질 수 있지만, 앞에서 말씀드린 바와 같이 마라톤 풀코스를 1회 준비하는 동안 달성해야 하는 마일리지에 불과하다. 마라톤 한 번을 준비하면서 최소 400~500km를 달리게 되니, 러닝화 한 켤레의 실질적인 수명이 마라톤 풀코스 기준으로 많아야 두 번 정도에 불과하다는 것이다.

러닝화 브랜드 입장에서는 더 많은 신발을 팔 수 있어 좋기는 하겠지만 브랜드의 농간으로만 치부할 것은 아니다. 쿠션화건, 카본화건, 시간이 지나고 거리가 누적되면 미드솔은 압축된다. 처음에는 말랑하고 탄력 있었던 EVA나 PEBA 소재가 점점 딱딱해지면서, 충격을 흡수하고 반발하는 기능이 현저히 저하되는 게 사실이다.

어쨌든 외관은 멀쩡하다. 실제로 대부분의 러닝화는 수명이 끝나도 일상화로는 전혀 문제가 없다. 갑피도 깔끔하고, 접지력도 남아 있고, 디자인도 평범한 운동화보다 훨씬 세련된 경우가 많다. 그래서 필자는 처음부터 러닝화를 고를 때 일상화로도 신을 수 있는 디자인을 선호한다. 풀코스를 두 번 완주한 신발은 러닝화로서의 생은 끝났지만, 직장 출퇴근이나 주말 나들이용 신발로는 여전히 활약할 수 있다.

러닝화는 결국 발에 맞아야 한다. 문제는 그 '맞는다'는 감각이 생각보다 복잡하다는 데 있다. 단순히 편안한 게 아니라, 달릴 때 흔들리지 않고, 피로가 덜 쌓이며, 착지와 추진이 자연스럽게 이어져야 한다. 그러기 위해선 내 발의 특성과 달리기 습관을 파악한 후, 그에 맞는 신발을 찾아야 한다. 이게 말은 쉬운데 단기간에 잡히는 것은 아니다. 달리기 습관도 계속 변하기 때문이다. 골프에서는 '내 스윙'을 찾기 위해 최소 몇 년은 걸린다고 하는데, 러너들도 '내 러닝 스타일'을 정착시키기 위해 필요한 마일리지가 있다고 할 수 있다.

어쨌든 제대로 된 러닝화를 고르려면 한 번 정도는 전문 피팅을 받아보는 게 좋다. 서울 기준으로는 신촌의 러너스클럽, 송파의 플릿러너 같은 전문 매장에서 발 모양과 보행 습관을 분석해 주기도 한다. 트레드밀 위에서 달리는 모습을 촬영해, 착지 방식이나 회내 경향을 체크해 주는 곳도 있다. 꼭 이런 전문 장비가 없더라도, 어느 정도 러닝에 조예가 있는 직원이 상주하는 매장이라면 충분히 도움이 된다. 러닝에 대한 이해가 전혀 없는 매장 매니저가 "요즘 잘 나가는 모델이에요."라는 말로 선택을 유도하는 곳이라면 피하는 게 좋겠다.

신발을 고르러 갈 때는, 러너로서의 내가 누구인지를 명확히 말할 수 있어야 한다.

"5 *km*는 달려 봤고, 하프에 도전하고 싶습니다."

"마라톤 풀코스를 목표로 하고 있고, 페이스는 6분 30초 정도입니다."

"무릎이 약해서 쿠션이 좋은 신발을 찾고 있습니다."

나의 거리, 페이스, 체형, 주당 러닝 횟수, 러닝 경력 등을 솔직하게 설명하고, 그에 맞는 추천을 요청하는 게 가장 좋은 방법이다.

신발을 고를 때에는 반드시 신어 보고 걸어 보고 뛰어 봐야 한다. 매장 내에 몇 걸음이라도 뛸 수 있는 공간이 있다면 적극 활용해야 한다. 일상화를 살 때는 한 쪽만 신어 보고 신발용 거울에 비친 디자인을 보는 것만으로도 충분할 수 있지만, 러닝화는 반드시 양쪽을 모두 신고, 끈을 단단히 조이고, 걷고 뛰고 달려 봐야 한다. 수십만 원짜리 신발을 사면서 점원의 눈치를 볼 필요가 없다. 뒤꿈치 고정력, 발등 압박감, 발가락 여유, 착지 후 반응 등을 꼼꼼히 점검해야 한다. 단순히 '편하다'는 감각과는 다르다. 편하지만 흐느적거리면 안 되고, 단단하지만 뻣뻣하면 안 된다. 발과 신발이 하나가 되는 느낌이 와야 한다. 어! 이거 좋다, 하는 느낌이 딱 오지 않는다면 구매를 서두르지 말자.

다시 한번 말하지만 러닝화는 처음부터 일상화로도 신을 수 있는 디자인을 고르는 걸 추천한다. 마라톤 두 번을 완주하면 고유의 기능과 수명은 다했다고 봐야 하지만, 평소 운동화로 쓰기엔 오히려 더 편한 경우가 많다. 쿠션도 충분하고, 발도 잘 피로해지지 않는다. 처음부터 그럴 생각으로 고르면, 30만 원짜리 신발도 훨씬 오랫동안 가치를 제공해 준다.

러닝복과 벨트
– 편안함이 전략이 된다

상의 - 통기성과 흡습 건조가 핵심

러닝 상의는 달리기 용품 중 가장 가볍고 단순해 보이지만, 실제로는 무척 중요한 장비다. 상의 하나만 바꿔도 러닝의 질이 달라진다. 거리와 시간이 짧을 때는 그 차이를 못 느끼지만, $10km$ 이상, 특히 하프나 풀코스를 달릴 때는 그 기능 차이를 확연히 느끼게 된다.

초보자들이 흔히 범하는 실수는 '편한 면티'나 '헐렁한 운동복'을 그냥 입고 달리는 것이다. 산책이나 '동네 한 바퀴 런' 정도야 상관없지만, 수 시간에 걸쳐 수만 보를 내디디며 땀과 마찰을 반복하는 마라톤에서는 치명적이다. 땀이 빠르게 마르지 않는 면 소재 옷은 체온을 낮추고, 무게를 더하며, 심한 경우 살갗이 쓸린다. 특히 러닝 중 마찰이 반복되는 겨드랑이나 목선, 가슴 부위는 피부가 약하고 민감하다. 장거리를 달리면서 수만 번 쓸리다 보면, 젖꼭지에 피가 나는 경험조차 하게 된다. 예전에는 많은 러너들이 젖꼭지와 겨드랑이에 바세린을 바르고 마라톤에 출전하곤 했다. 요즘은 기능성 러닝 상의들이 워낙 잘 나와 있어, 이러한 문제를 피할 수 있게 되었다.

가격도 그리 비싸지 않으니 $10km$ 이상 달리는 사람이라면 누구나 러닝 전용 상의를 입기를 권한다. 브랜드에 따라 다르지만 3만 원에서 8만 원 사이면, 흡습 건조 기능이 뛰어나고 마찰 방지 구조가 적용된 상의를 구매할 수 있다. 마라톤 대회에 참가하면 기념품으로 가장 많이 주는 것이 러닝 상의이긴 한데, 기능은 나쁘지 않지만 보통 디자인이 썩 마음에 들지 않는다. 다른게 아니라 대회 기념품으로 주는 러닝 상의는 검은색이 많은데, 달릴 때 입는 옷은 가급적 색이 밝고 화려한 것이 좋기 때문이다. 자동차나 자전거, 보행자들의 눈에 잘 띄어야 안전하게 달릴 수 있다.

가장 널리 쓰이는 기술은 나이키가 상표권을 갖고 있는 드라이핏이다. 땀을 빠르게 흡수하고, 옷의 겉면으로 방출해 공기 중에 날려보내는 흡습-속건 섬유 기술이다. 땀에 젖지 않고, 몸에 들러붙지 않으며, 가볍게 유지된다는 점이 핵심이다.

요약하자면, $10km$ 이상 달릴 계획이라면 러닝 전용 상의, 특히 흡습·속건 기능이 있는 드라이핏 계열 제품을 여러 벌 갖추는 것을 추천한다. 장시간 마찰로부터 피부를 보호하고, 체온 조절과 쾌적함을 유지해 주는 러닝 상의는 가성비를 넘어선 필수 장비다.

러닝 벨트 - 가볍고, 흔들리지 않고, 수납이 충분할 것

처음 러닝을 시작하면 대부분 고민하게 되는 것이 바로 스마트폰을 어떻게 휴대할 것인가다. 출발 전 사진을 찍거나 음악을 들으며 달리려는 목적이든, 혹시 걸려올 전화나 긴급 상황에 대비한 것이라도, 요즘은 스마트폰 없이 달리는 경우가 드물다. 필자가 강조하는 '스마트 러닝'으로 나의 러닝을 측정하고 기록하기 위해서도 스마트폰 휴대는 필수다. 하지만 막상 휴대하고 달리려면 생각보다 여간 불편한 게 아니다.

간혹 손에 들고 뛰는 사람들도 있는데, 무조건 비추다. 산책 삼아 가볍게 '동네 한 바퀴' 달리기라면 모를까, 몇 *km*만 달려도 손에 땀이 차고, 그립이 흔들리기 시작한다. 달리다 보면 휴대폰을 떨어뜨릴 위험도 크다. 하필 횡단보도나 자전거가 지나가는 길목이라면, 자칫 큰 사고로 이어질 수도 있다.

그 다음 선택지가 주머니다. 일반적인 운동복 바지 주머니나 러닝용 반바지의 지퍼 포켓에 넣기도 하는데, 문제는 '흔들림'이다. 달릴 때마다 통통 튀거나 엉덩이를 두드리는 느낌은 생각보다 스트레스를 준다. 허벅지나 골반 쪽에 쓸림이 생기기도 하고, 반바지가 그 무게 때문에 자꾸 흘러내리기도 한다. 장거리에서 몸에 달고 다니는 것들은 무조건 흔들리지 말아야 한다.

이런 이유로 많은 러너들이 선택해 온 것이 암밴드다. 팔뚝에 벨크로로 고정해 스마트폰을 장착하는 방식으로, 예전 MP3 플레이어나 워크맨 시절부터 널리 쓰이던 장비다. 한때는 러닝의 상징처럼 보이기도 했는데, 암밴드도 지금은 추천하기 어렵다. 세 가지 이유 때문이다.

첫째, 무게 중심의 문제다. 스마트폰은 생각보다 무겁다. 한쪽 팔에 무게를 실으면 달리는 동안 양쪽 팔의 균형이 깨지고, 자세가 흐트러질 수 있다. 둘째, 팔 움직임의 자유도 저하다. 장거리를 달리다 보면 팔의 스윙 동작이 몸의 리듬에 얼마나 큰 영향을 미치는지 알게 된다. 팔에 뭔가를 붙이고 달리면 리듬이 깨지고, 심지어 한쪽 팔만 아파올 수도 있다. 셋째, 쏠림과 습기 문제다. 암밴드는 땀이 나는 팔 안쪽에 착 달라붙어야 하는데, 장시간 달리면 그 접촉 부위가 쏠리거나 간지러워질 수 있다.

그래서 요즘 가장 널리 쓰이고, 추천할 만한 방법은 단연 러닝벨트다. 러닝 벨트는 허리에 가볍게 착용하는 형태로, 몸의 중심에 가깝고 흔들림이 적은 위치에 장착된다. 무게 중심이 허리나 골반에 가까울수록 흔들림이 줄고, 러닝 자세도 안정적이기 때문이다. 게다가 벨트 자체가 탄성 있는 소재로 만들어져 있어, 몸에 딱 붙으면서도 압박감은 거의 없다. 필자는 2011년 파리 마라톤을 달릴 때 보내 온 기념품에서 처음 러닝벨트를 접했는데, 도대체 무엇에 쓰는 물건인지 몰라 당시에는 사용하지 않았었다. 한번 러닝벨트의 유용성을 알고 나서는 모든 레이스의 필수품이 되었다.

좋은 러닝 벨트의 조건은 세 가지다.

첫째, 가벼울 것. 벨트 자체의 무게가 무거우면 의미가 없다. 둘째, 흔들림이 없을 것. 러닝 도중 통통 튀거나 벨트가 돌아가면 집중력이 흐트러진다.

셋째, 수납이 충분할 것. 스마트폰, 열쇠, 에너지젤, 소금캡슐 등 필요한 것을 넣을 수 있는 탄성 포켓이 충분히 있어야 한다.

벨트는 2~5만 원대로 다양하며, 복부를 압박하지 않는 선에서 최대한 몸에 밀착시켜 착용하는 것이 중요하다. 처음엔 약간 불편하게 느껴질 수 있지만, 두어 번 달리면서 익숙해지면 오히려 없으면 불안할 정도로 편해진다.

수납력이 좋은 트레일러닝 조끼가 유용해 보일 수 있으나, 나는 마라톤 러닝에서 트레일러닝 조끼는 권하지 않는다.

트레일러닝은 험한 산속을 달리는 스포츠다. 자연환경 자체가 도전의 대상이고, 돌발 상황에 대한 대비가 필수다. 그래서 장비를 더 많이 갖추는 것이 전략이 된다. 반면 마라톤은 다르다. 도전의 대상은 거리이고, 코스는 상대적으로 안정적이다. 보통 도심이거나 관리된 도로다. 그렇기 때문에 장비는 최소화하고, 효율적으로 뛰는 것이 전략이 된다. 달리는 데 방해가 되는 요소를 최소화하는 것이 관건이다.

트레일러닝 조끼는 수납력이 뛰어나지만, 러닝 벨트에 비해 두 가지 단점이 있다.

첫 번째는 위치의 문제다. 러닝 벨트는 허리, 즉 몸의 중심부 가까이에 위치해 러닝 자세에 영향을 거의 주지 않는다. 반면 조끼는 상체에 착용되기 때문에, 무게중심이 위로 이동하면서 코어 밸런스가 깨질 수 있다. 장거리를 안정된 자세로 달리기 위해서는 몸의 균형이 중요한데, 상체에 무게가 실리면 어깨나 등, 심지어 골반까지 연쇄적으로 자세가 무너질 수 있다.

두 번째는 쏠림의 문제다. 트레일러닝 조끼는 러닝 벨트보다 밀착도가 떨어지는 경우가 많고, 그만큼 흔들림이나 마찰이 발생하기 쉽다. 물론 일반 백팩보다는 훨씬 나은 구조이지만, 땀을 흘리는 장거리 러닝 환경에서 어깨끈이나 가슴 스트랩 부분이 계속 닿다 보면, 피부가 벗겨지는 등의 문제가 생길 수 있다. 특히 얇은 러닝복 한 장 위에 조끼를 착용하면 이런 마찰이 더 심해진다.

물론 울트라 마라톤처럼 5~6시간을 넘게 뛰거나, 보급이 어려운 환경이라면 트레일 조끼가 필요할 수도 있다. 하지만 대부분의 하프 또는 풀코스 마라톤에서는 러닝 벨트만으로 충분하다. 최소한의 장비로 최대한의 효율을 추구하는 전략적 선택이다. 장비는 더 많이 갖추는 것보다, 잘 걸러내는 것이 더 중요하다는 걸, 달리기를 계속하다 보면 자연스럽게 알게 된다.

러닝 하의
– 쓸림 없는 착용감과 흔들림 없는 수납

러닝복의 목적은 땀을 흡수하고, 쓸림을 방지하며, 움직임을 방해하지 않는 것이다. 이 점에서 러닝 하의는 상의 이상으로 민감한 역할을 한다. 장거리 러닝에서 흔한 불편 중 하나는 허벅지 안쪽이나 사타구니, 또는 엉덩이 부위의 쓸림이다. 초보자들이 처음 마라톤 풀코스를 뛰다 보면, 4~5시간 동안 수만 보를 내딛는 과정에서 피부가 쓸리고, 때로는 피가 배어 나오는 경험을 하기도 한다.

하체에서 발생하는 이런 쓸림을 방지하기 위한 가장 효과적인 방법은 타이트한 핏감을 가진 러닝 전용 레깅스다. 부드럽고 신축성 좋은 소재로 만들어져 마찰을 줄이고, 땀을 흡수한 후 빠르게 건조시킨다. 특히 라이크라나 파워 메쉬 같은 기술 소재는 압박감 없이 밀착되면서도 움직임의 자유를 보장해 준다. 남성 러너들에게 레깅스는 부담스러울 수 있는데, 체형 노출은 그렇다치고 Y존이 드러나는 것이 신경 쓰이기 때문이다. 그런 점에서 맵시 있는 레깅스를 거리낌없이 입고 달릴 수 있는 여성 러너들이 부러울 때도 있다. 요즘은 Y존 가림 보호대를 내장한 남성 전용 레깅스도 출시되고 있는데 필자가 사용해 보지는 않았다. 레깅스 위에 가벼운 숏팬츠를 겹쳐 입는 조합도 일반적이다. 2-in-1이라고 해서 겉은 일반 반바지처럼 보이고, 안에는 레깅스가 내장된 이중 구조의 러닝 하의도 많이들 애용하는 편이다. 5부~7부 레깅스는 무릎 위 또는 무릎 아래까지 오는 중간 기장으로 여름엔 다소 덥지만, 봄·가을에는 이상적인 선택이다. 날씨가 쌀쌀해지면 발목까지 오는 형태의 긴 타이즈(롱타이즈)도 근육 보온 효과가 있어 좋다. 여름에는 속옷 일체형 숏팬츠가 제격이다. 속옷과 러닝 팬츠가 하나로 되어 있어 겹쳐 입지 않아도 되며, 쓸림 방지와 간편함을 동시에 추구할 수 있다.

수납 - 러닝 하의가 벨트를 대체할 수 있을까?

달릴 때 휴대해야 하는 물품들은, 몸에서 가장 흔들림이 적은 부위에 착 붙여 고정시키는 것이 가장 좋다. 달릴 때 가장 흔들림이 없는 부위는 배꼽 바로 아래의 중심 부위로 알려져 있다. 하지만 이 부위는 호흡이나 복압에 영향을 줄 수 있어 수납에는 적절하지 않다. 그에 비해 허리 뒤편이나 엉덩이 위쪽, 또는 허벅지 외측은 무게 중심이 분산되며, 달릴 때의 진동이나 흔들림이 최소화된다.

러닝 벨트는 유용하지만 완벽하진 않다. 장시간 착용 시 허리에서 돌아가거나, 땀으로 인해 느슨해진다. 옷맵시를 해쳐서 좋아하지 않는 러너도 있다. 그래서 최근에는 레깅스나 러닝팬츠 자체에 수납 기능이 강화되는 추세이니, 러닝 하의를 고를 때 수납 기능도 살펴보자. 필자가 가장 애용하는 하의는 허리 뒤춤에 주머니가 달린 제품들이다. 엉덩이 바로 위쪽, 흔들림이 가장 적은 위치. 스마트폰, 카드, 젤 등 핵심 아이템을 수납하기에 최적이다. 레깅스 측면에 허벅지 주머니가 달린 제품들도 있다. 밀착감이 뛰어나 흔들림이 거의 없다. 팔에 암밴드를 차는 것보다 훨씬 안정적이다. 팔에 달린 휴대폰은 무겁지만 몸에서 가장 큰 근육인 허벅지에 달린 휴대폰은 무게가 느껴지지 않는다. 일상복 바지에 있는 앞쪽 주머니는 발의 차오름 동작을 방해하고, 쏠림의 위험이 있다.

필자는 단거리 주행 시 주머니 있는 팬츠를, LSD나 풀코스에는 러닝 벨트를 사용하는 조합을 권장한다. 즉 가능하면 바지 자체에 있는 수납 공간을 최우선으로 활용하고, 러닝 벨트는 보조로 사용한다. 옷 자체에 수납이 잘 설계되어 있으면 벨트를 생략하거나 최소화할 수 있고, 그만큼 러닝의 해방감도 커진다. 좋은 러닝복이란, 러너가 달리기에만 집중할 수 있게 도와주는 도구다.

러닝 양말과 카프슬리브

초보 러너에게는 '양말'이 특별한 장비처럼 느껴지지 않는다. 하지만 10km, 20km를 넘어 달리다 보면 발바닥 물집, 발가락 쓸림, 땀으로 인한 축축함 등 문제가 생기기 시작한다. 특히 풀코스 레이스 당일엔 이 사소한 불편이 큰 장애물이 될 수 있다.

러닝 양말은 봉제선 최소화로 쓸림을 방지하고, 주요 부위의 쿠션과 압박 설계로 발을 견고하게 지지한다. 흡습·속건 기능으로 땀이 차도 금방 말라야 하는 것은 기본이다. CEP는 의류압박기술로 유명한 독일 브랜드로 고기능성 양말로 평가받지만, 가격이 너무 비싸다는 문제가 있다. 좋은 양말 한 켤레가 3~5만원. 매일 훈련하는 러너라면 서너 켤레 이상이 필요한데, 비용이 만만치 않다. 그래서 필자는 평소 훈련용으로는 1만원 이하의 중저가 스포츠 양말을 착용하고, LSD 또는 레이스 당일만 CEP 러닝 양말을 신는다.

카프슬리브는 이름 그대로 종아리에 착용하는 압박형 슬리브다. 의학적으로는 '의료용 압박스타킹'에서 비롯된 기술로, 혈류 흐름 개선과 근육 피로 방지를 목적으로 한다. 종아리 근육의 흔들림을 줄여, 장거리 러닝 시 근육 피로 감소 효과가 있고, 정맥혈의 역류를 줄여, 혈액순환 및 회복 도움이 되며, 부종 방지, 부상 예방 (특히 비복근, 아킬레스건 쪽) 효과가 있다고 하는데, 필자의 경우 솔직히 몸에 확 와 닿는 효과를 느낀 적은 없다.

어디까지나 내 경험이 그렇다는 거고, 사용해 본 많은 사람들은 확실히 장거리 후 피로감이 덜하다는 느낌을 간증한다. 문제는 워낙에 타이트해서 땀에 젖으면 벗기 번거롭고, 매일 착용하기 귀찮다는 점이다. 결국 카프슬리브도 양말처럼, 일상의 러닝에서는 착용하지 않지만, 장거리 또는 대회 당일에는 효과를 기대하고 가급적 착용하려고 하는 편이다.

계절을 이기는 복장
– 여름과 겨울의 양극단

한국처럼 사계절이 뚜렷한 기후에서는, 달리기 역시 계절의 영향을 크게 받는다. 일반적으로 3월부터 6월까지의 봄, 그리고 9월부터 11월까지의 가을이 야외 러닝의 최적기다. 기온과 습도가 적당하고, 자연스레 컨디션도 올라온다. 실제로 대부분의 마라톤 대회도 이 시기에 집중되어 있다.

반면 여름(7~8월)과 겨울(12~2월)은 대회가 거의 없다. 대회가 없으니 훈련의 동기도 약해지고, 날씨는 푹푹 찌거나 혹은 매섭게 춥다. 그래서 이 시기를 '쉬어가는 계절'로 여기는 러너들도 많다. 하지만 마라톤 준비는 짧게는 3개월, 길게는 6개월에서 9개월이 걸리는 프로젝트다. 훈련 과정에서 여름과 겨울을 건너뛸 수는 없다. 예를 들어, 3월에 대회를 목표로 한다면 어느 정도 경험이 있는 러너라도 최소 10주 이상의 준비 기간이 필요하다. 1월 초부터는 훈련에 들어가야 하고, 그걸 위해서는 이미 12월부터 몸을 만들고 있어야 한다. 그런데 겨울 동안 훈련을 아예 쉬었다면? 1월 중

순까지는 몸이 다시 적응하느라 허비되고, 실제 훈련은 한 달도 채되지 않는다. 이대로는 3월 말 대회를 준비하기 어렵다. 여름도 마찬가지다. 9~11월 레이스를 잘 치르기 위해선, 6~8월에 기본 체력과 루틴이 무너지지 않도록 관리해야 한다. 실제로 7월 중순 이후부터는 더위 때문에 야외 장거리 훈련이 사실상 불가능해진다. 그렇다면 그 전까지 몸을 만들어 놔야 한다. 여름을 쉬어 버리면, 가을 시즌 준비 역시 차질을 빚는다.

앞에서 이야기한 복장 등은 봄 가을의 쾌적한 날씨에서 달리는 상황을 전제로 말씀드렸는데, 혹서기와 혹한기에는 다른 전략과 장비가 필요하다. 대회 일정은 기다려 주지 않고, 일정한 루틴을 유지하려면 때로는 무더위나 혹한 속에서도 신발 끈을 조여야 할 상황이 생긴다. 계절 복장을 별도로 떼어 이야기하는 이유다.

여름 러닝: 체온과 땀, 자외선과의 전쟁

필자는 섭씨 4도 이하 혹은 24도 이상의 기온에서는 실외 대신 실내 트레드밀 훈련을 권장한다. 굳이 사서 고생할 필요는 없고, 실내 훈련도 충분히 효과적일 뿐더러 반드시 필요한 경우도 있다. 하지만 문제는 언제나 내 마음대로 실내 환경을 확보할 수 있는 게 아니라는 점이다. 가령 필자는 보통 5시 전에 일어나 6시 전에 러닝을 시작하는데, 대부분의 헬스장은 6시에 문을 열기 때문에 난감하다. 6시부터 1시간을 달리면 출근 시간에 맞추기 위해 너무 서둘러야 한다.

여름과 겨울의 실외 훈련이 중요한 또다른 이유는, 무더위와 추위 속에서 달리는 환경 적응 훈련이 실제 경기력 향상에 도움이 되기 때문이다. 가령 더운 환경에서 훈련하면 혈장량 증가, 땀 분비 효율 향상, 심박수 안정, 유산소 능력 유지 등의 생리적 이점이 있다고 한다. 엘리트 러너들은 심폐 기능 강화를 위해 고지대 훈련을 하는 경우가 있는데, 혹서기 훈련은 고지대 훈련 대비 비용이 적고 접근성이 높아 가성비 대안으로 활용되기도 한다. 반대로 추운 상태에서 운동하면 글리코겐 대신 지방 연소가 늘고, 회복과 건강에도 도움이 된다는 연구 결과도 있다.

그러니 결국엔, 여름에도 겨울에도 밖으로 나갈 수밖에 없다. 그리고 이럴 때 가장 신경써야 할 것이 바로 복장이다. 봄과 가을에는 반팔 기능성 티셔츠가 가장 무난하지만, 여름에는 높은 온도와 습도에서 체온을 유지하려면 '싱글렛', 즉 경량 민소매 상의가 적합하다. 팔이 노출되는 면적이 넓을수록 체열 방출이 쉬워지기 때문이다. 실제로 겨드랑이와 어깨 부위의 노출이 체온 조절에 효과적이라는 연구들도 존재한다. 겨드랑이 주변의 큰 혈관을 통해 열을 효과적으로 방출할 수 있기 때문이다.

고온다습한 날씨에선 체온 조절 외에 자외선 차단과 땀 통제까지 생각해야 한다. 썬크림, 모자 또는 썬캡을 반드시 준비하자. 썬크림은 얼굴과 팔, 목 뒤까지 꼼꼼히 발라 줘야 한다. SPF 50 이상, 땀에 강한 제품이 이상적이다. 1시간 정도 달린 뒤에 바로 샤워로 닦아낼 터이니 비싼 고급 제품보다는 부담없이 사용할 수 있는 가성비 제품이 좋겠다. 모자는 통풍이 잘 되고 챙이 넓은 것이 좋다. 머리는 열 방출의 핵심 부위다. 머리 전체를 덮는 모자는 자칫 오히려 체온 조절을 방해할 수 있기에, 여름엔 정수리가 열려 있는 썬캡을 자주 쓴다.

달리다 보면 생각보다 많은 땀이 머리에서 흘러내린다. 여름에는 말할 나위도 없다. 헤어밴드는 그 땀을 막아 주는데, 특히 필자처럼 안경을 쓰고 달리는 사람에겐 필수다. 안경 위로 땀이 떨어지면 시야가 흐려지고, 아래로 흐르면 코 주변이 쓸릴 수 있다. 달리는 중에 이런 자잘한 것들이 신경 쓰이기 시작하면 급격히 피로해진다. 땀에는 염분이 많이 포함되어 있어, 안경 소재에 따라 표면이 부식될 수 있다. 여름철에 땀 흘려 달린 후에는 물수건으로 안경과 이어폰을 닦아 주는 습관을 들이자. 마지막으로 팔토시는 단순한 자외선 차단용이 아니라, 땀 흡수와 피부 보호를 겸한다. 냉감 기능이 있는 소재를 선택하면 체온 조절에도 도움을 준다.

여름 러닝은 고통이 아니라 훈련의 한 종류다. 제대로 된 복장과 전략을 갖춘다면, 여름 훈련은 가을 레이스의 든든한 자산이 된다. 단, 무리해서 탈수증이나 일사병에 걸린다든지 하는 일은 절대 없어야 한다.

겨울 러닝: 추위를 극복하는 달리기

추운 날씨에도 러닝을 이어가야 하는 상황은 누구에게나 찾아온다. 여름철 폭염 못지않게, 겨울 러닝도 극복해야 할 장애물이 많다. 겨울 러닝에서는 단순히 '춥다'는 문제만이 아니라, 체온 변화, 부상 위험, 노면 상태, 호흡기 자극, 말단 혈류, 땀의 증발 속도까지 종합적으로 고려해야 한다. 가장 중요한 건 부상을 피하는 것이다.

우선 여름과 달리 겨울엔 몸이 기본적으로 차갑고, 관절과 근육도 굳어 있다. 아무리 열심히 워밍업을 해도 체온이 충분히 오르기까지 시간이 오래 걸린다. 달리기를 시작한 지 2~3km쯤 지나서야 비로소 몸이 풀리는 경우가 많다. 그래서 처음부터 무리해서 속도를 내거나, 돌발 상황에서 살짝 무리한 동작을 취했을 때 부상의 위험이 훨씬 커진다.

또 하나 간과하기 쉬운 건 노면 상태다. 겨울 아침이나 저녁엔 특히 주의가 필요하다. 보기엔 멀쩡한 아스팔트도, 실제로는 얇은 얼음층이 형성되어 미끄럽기 일쑤다. 일명 '블랙 아이스'라는 건데, 눈에 보이지 않는 미끄러움이 도사리고 있다. 게다가 해가 짧다 보니 해 뜨기 전이나 해가 진 뒤 어두운 시간에 달리는 경우 노면이 미끄럽다는 걸 인식조차 못 하고 달릴 수 있다. 겨울 러닝에서 한번 미끄러져 넘어지면, 큰 부상으로 이어질 수 있다. 그에 못지 않게 위험한 것은, 넘어지지 않기 위해 순간적으로 몸을 틀거나 중심을 잡는 과정에서 무리가 가는 경우다. 찰나의 순간에 엉덩이, 허리, 무릎, 발목에 큰 부담이 가해지는데, 이때 관절이나 인대가 다치는 일이 적지 않다. 특히 겨울엔 원래도 근육이 굳어 있기 때문에, 이런 급작스러운 동작이 더 치명적일 수 있다. 이런 위험을 줄이기 위해선 페이스를 서서히 올리는 것, 주변 노면 상태를 수시로 점검하는 것, 그리고 시야 확보를 위한 밝은 조명 환경 또는 헤드랜턴 착용 등이 필요하다. 체감상 평소보다 느리게 달리면서 Zone 2 러닝으로 기초 체력 강화에 주력하는 것이 좋다.

가장 중요한 것은 체온 관리다. 달리기 시작할 땐 온몸이 얼어붙을 듯 차갑지만, 2~3km만 지나면 몸은 열기로 가득 차고 땀이 흐르기 시작한다. 문제는 그 변화가 꽤 급격하다는 데 있다. 몸이 데워지기도 전에 무리하게 속도를 내면 관절이나 근육에 부담이 크고, 반대로 너무 땀에 젖은 상태에서 멈추거나 걸으면 체온이 확 떨어진다. 겨울엔 땀이 덜 난다고 착각하는 사람이 많은데, 심박수가 안정되고 일정한 페이스로 달리기 시작하면 여름만큼은 아니더라도 땀이 제법 흐른다. 문제는 겨울옷이 두껍고 통풍이 잘 안 되다 보니, 그 땀이 증발하지 않고 옷에 머무르면서 체온을 빼앗기기 쉽다는 것이다. 특히 땀에 젖은 상태로 갑자기 멈추거나 바람을 맞으면, 체온 저하로 인해 급격한 컨디션 저하 또는 감기까지 이어질 수 있다.

그래서 상의는 기본적인 흡습 기능이 있는 얇은 러닝복 위에, 앞을 열 수 있는 지퍼형 스포츠 점퍼를 입는 방식을 권한다. 출발할 땐 바람을 막아 주고, 달리다가 더워지면 지퍼를 열어서 열을 빼는 식이다. 얇은 옷을 여러 겹 겹쳐 입는 게 체온 조절에는 가장 유리하다. 그리고 여기에 반드시 넥워머를 더한다.

넥워머는 목을 따뜻하게 감싸 주는 동시에, 호흡기를 보호하는 역할도 한다. 추운 공기를 들이마시는 게 부담스러운 날엔 넥워머로 입까지 가볍게 덮어 주면 숨쉬기가 훨씬 편해진다. 넥워머는 디자인도 다양해서 나름의 패션 아이템이 되기도 하지만, 나는 솔직히 목에 수건 하나 두르는 게 가장 편하다. 땀이 나면 그걸로 닦아도 되고, 더워지면 풀어서 손에 들고 뛰면 된다.

손 보온도 중요하다. 몸은 금세 데워지지만, 손은 말단 부위라 체온이 쉽게 오르지 않는다. 방치하면 손끝이 시리다 못해 감각이 둔해지고, 전신 컨디션에도 영향을 준다. 특히 손가락은 체온 유지가 어려운 부위이기 때문에, 말단이 추위에 노출되면 전신의 에너지 소모가 증가하고 피로도가 높아진다는 연구 결과도 있다. 그래서 장갑은 필수다. 목장갑이나 면장갑 정도면 충분하다. 손도 땀을 흘리기 때문에 빨 수 있는 재질이 좋고, 관리도 편하다. 나는 한동안 이것저것 시도하다가 결국 전날 신었던 양말을 손에 끼고 달리는 방법으로 정착했다. 손가락이 모이면 보온 효과도 좋고, 운동 후엔 그냥 빨래와 함께 세탁기에 넣으면 되니 간편하다. 손가락 장갑보다도 벙어리형이 더 따뜻하다는 점도 덧붙여 둔다. 장갑의 문제 중 하나는 손목을 가려 러닝 워치가 보이지 않는다는 점이다. 러닝 워치의 최대 장점은 달리는 중에 자세를 흐트러뜨리지 않고 힐끗 힐끗 보며 페이스나 남은 거리, 심박수 등을 확인할 수 있다는 건데, 장갑이 손목을 가려 매번 오른손으로 왼손 손목을 헤쳐야 하면 곤란하다. 아무 것도 아닌 것 같지만 이런 사소한 동작이 장거리 러닝에서는 상당히 신경 쓰인다. 그래서 요새는 손목에 '워치홀'이 뚫린 장갑도 있는데, 사실 좀 달리다 보면 손도 더워서 장갑은 벗어서 주머니에 넣는 경우가 많아서 엔간히 추운 날씨가 아니면 효용은 글쎄, 싶다.

머리와 귀를 보호하는 방한 모자도 중요하다. 여름엔 정수리를 통해 열을 방출시켰지만, 겨울엔 그 반대다. 정수리와 귀에서 열이 빠져나가면 금방 체온이 떨어진다. 나는 귀까지 덮을 수 있는 비니형 모자를 추천한다. 챙이 있는 모자도 괜찮지만, 비니는 귀를 덮어 주고, 세탁도 쉬워서 더 실용적이다. 러닝 후 매일 빨아야 한다는 점을 생각하면, 비싼 제품보다도 실용적인 소재가 훨씬 낫다.

마지막으로, 조명등이나 경광등을 반드시 준비하자. 겨울에는 해가 짧다 보니 아침 해 뜨기 전, 또는 저녁 일몰 후에 달려야 할 일이 많다. 로드 러닝을 하다 보면 자동차나 자전거, 오토바이, 보행자들과 교차할 일이 자주 생긴다. 형광 조끼를 걸치거나 팔에 매는 밴드형 경광등, 체스트 램프나 헤드 램프 등을 적극 활용하여 시인성을 높여야 안전하게 달릴 수 있다.

별것 아닌 것 같지만 이런 간단한 선택들이 달리는 동안 체력 유지, 위험 회피, 컨디션 유지에 큰 영향을 준다.

상황이 허락한다면 이 시기에는 간헐적으로 트레드밀을 활용하는 것도 좋은 전략이다. 난방이나 에어컨이 나오는 통제된 공간에서 무릎 올리기, 발뒤꿈치 감아올림, 착지 위치, 팔 동작을 거울이나 스마트폰 영상을 통해 점검해 보면, 평소에는 깨닫지 못했던 비효율적인 움직임을 찾아낼 수 있다. 일정한 속도와 경사를 설정해 놓고 일정 리듬을 반복하면, 러닝 리듬을 교정하는 데도 도움이 된다.

여름과 겨울, '쉬는 계절'이 아니라 '준비의 계절'이다. 이 시기에 '더 빠르게, 더 멀리'라는 욕심을 내지는 말자. 여름과 겨울은 경기력 향상의 시기가 아니라, 체력 보강과 부상 방지, 자세 교정에 집중하는 시기로 삼는 게 훨씬 효과적이다. 이 시기에는 페이스에 연연하지 않고, 올바른 착지, 가벼운 발소리, 리듬 있는 팔치기, 중심 아래로 떨어지는 발 위치 등을 몸에 익히는 데 초점을 맞춘다. 힘겨운 여름 훈련은 나의 자세를 돌아보게 하고, 추운 겨울 훈련은 워밍업의 중요성을 깨닫게 한다. 사계절 추운 스칸디나비아 지방 사람들은 "나쁜 날씨란 없다, 다만 나쁜 옷이 있을 뿐이다."라는 태도를 항상 유지한다고 한다. 적절히 장비를 갖추면 열악한 기후 환경에서도 얼마든지 훈련을 이어갈 수 있다. 단, 무리는 하지 말자.

Chapter 8

부상과 회복과 예방 훈련

나를 죽이지 못하는 것은 나를 더 강하게 만든다.
Was mich nicht umbringt, macht mich stärker.

— 『우상의 황혼』, 프리드리히 니체

"훈련의 이점은 실행이 아니라 회복에서 온다. 하지만 훈련량(볼륨)이 없다면 회복할 거리조차 없다."
"The benefit of a workout is not in the doing, but in the recovering. But without the volume, there is nothing to recover from."

— 잭 다니엘스

부상의 (재)정의
– 부상 없는 러너는 없다?

필자가 지향하는 좋은 달리기는 부상 없이 안전하게 일상과 조화를 이루며 꾸준히 달리는 것이다. 완주나 체력 증진은 그 과정에서 얻는 부산물일 뿐이다. 한 가지, 부상 '없이'라고 했지만, 사실 풀코스 완주라는 목표를 향해 달려가는 과정에서 크고 작은 부상이 전혀 없을 수는 없다. 문제는 피할 수 없는 부상을 어떻게 조기에 감지하고, 관리하며, 회복하느냐는 것이다. 이 장에서는 아마추어 러너가 겪을 수 있는 부상의 관리와 회복, 그리고 부상 방지를 위한 훈련법에 대해 이야기해 보자. 목표는 마라톤 완주 다음날 정시 출근해서 정상 근무를 하는 거다.

먼저 부상에 대한 정의부터 생각해 보자. 스포츠에서 '부상'이라는 개념은 광범위하다. 프로 선수들의 부상은 '신체 활동이 불가능한' 종류의 부상이라기 보다는 '최상의 경기력을 발휘할 수 없는 몸 상태'를 말하는 경우가 많다. 스포츠의 세계는 인간의 운동 능력을 극한으로 끌어내야만 하는 승부의 순간의 연속이다. 작은 부상, 즉 신체 능력이 100% 발휘될 수 없는 상태가 결정적인 순간에 말 그대로 발목을 잡거나 자칫 큰 부상으로 이어질 수 있다.

프로 스포츠나 엘리트 러너의 경우가 아니더라도, 부족한 시간과 체력을 어떻게든 짜내어 매일 적절한 운동량을 소화해 나가야 하는 우리 아마추어 러너들에게 '부상'은 심각한 문제다. 내가 계획한 페이스대로 달리지 못하게 만드는 미세한 불편함, 아침에 일어났을 때 발바닥에서 느껴지는 묘한 뻐근함, 평소보다 무겁게 느껴지는 종아리 근육 등… 이 모든 것이 리스크 관리 대상으로서의 '부상'이다. 아마추어 러너로서 부상의 효율적인 관리를 위해, 부상을 4단계로 구별해 보자.

첫 번째는 미세 부상이다. 운동 후 으레 느껴지는 기분 좋은 근육통, 지연성 근육통 또는 가벼운 피로감을 느끼는 정도의 상태이다. 근육이 성장하는 과정에서 필수적으로 거치게 되는 과정으로, 우리를 돕는 친구라고 할 수 있다. 단 미세 부상은 빨리 빨리 회복하여 다음 훈련을 이어 가는 것이 관건이다. 회복의 사이클과 함께 얘기해 보자.

두 번째는 관리형 부상이다. 특정 부위의 지속적인 통증이나 위화감으로 인해 내가 달려야 할 페이스를 점점 유지하기 어려운 상태이다. 레이스 당일에 약한 고리가 드러나 곤란해지지 않으려면 평상시에 병목을 넓혀 둬야 한다. 마라톤 준비에 마일리지뿐 아니라 근력 운동이 반드시 필요한 이유다.

세 번째는 구조적 부상이다. 피로 골절, 인대 파열, 연골 손상 등 운동의 지속 가능성을 근본적으로 위협하는 상태로, 근육의 소모를 넘어 골격이나 관절의 영구 손상이 우려되는 상황이다. 이 단계부터는 위험 구간이다. 이것저것 복잡하게 따지기보다는, 가급적 빨리 병원을 찾는 게 급선무다.

네 번째는 외부 요인으로 인한 사고다. 무엇보다 중요한 것은 안전이다. 사고를 멀찌감치 회피하는 달리기 생활에 대해 생각해 보자.

미세부상은 성장의 신호다 - 휴식과 영양이 관건

운동 직후에는 멀쩡하던 몸이 자고 일어난 뒤 여기저기 비명을 질렀던 경험이 있으실 거다. 지연성 근육통 즉 DOMS라고 부르는 현상이다. '과도하거나 생소한 운동 후 24~72시간 사이에 발생하는 근육 통증으로, 근섬유의 미세 손상과 염증 반응이 주원인'이라고 한다. 매일 달리기 위해서는 이 DOMS의 주기를 관리하는 것이 필수이다.

미세부상을 관리하여 더 좋은 달리기의 동역자로 만들기 위해, DOMS와 더불어 초과 회복의 원리에 대해서도 이해해 두시면 좋다. 운동으로 한계치까지 자극받은 근육과 신체 기능이 휴식과 영양 섭취를 통해 운동 전보다 더 높은 체력 수준(근력, 근육량)으로 회복 및 향상되는 현상이다. 운동(자극) → 피로/근손상(일시적 근력 저하) → 휴식/영양(회복) → 초과 회복(원래 수준 이상으로 향상)의 우상향 사이클이다! 근육을 강하게 만드는 것은 땀을 흘리며 '조금 더' 무리를 했을 때 생겨나는 미세 손상이라는 것인데, 이 사이클의 핵심은 초과 자극이 아니라 휴식과 영양이다.

웨이트 트레이닝을 해 본 사람이라면 잘 알 것이다. 중량을 들어올릴 때 근섬유는 미세하게 찢어지고, 휴식과 영양을 통해 회복되면서 이전보다 굵고 단단해진다. 러닝도 마찬가지다. 한 번에 8~10km 이상을 달리면 다리 근육에는 수많은 작은 균열이 생긴다. 이때 회복 과정을 잘 거쳐야만 근육은 더 지구력 있는 형태로 변해 간다. 웨이트 트레이닝은 하루에 특정 부위만 훈련하고 나머지는 쉴 수 있다. 월요일은 하체, 화요일은 가슴, 수요일은 어깨…. 이런 방식으로 각 부위에 4~5일간 회복할 시간을 주는 것이 전형적인 보디 빌딩 사이클이다. 반면 러닝은 언제 달리든 하체뿐 아니라 몸 전체를 동시에 사용한다. 주간 훈련에서 인터벌이든, 템포 런이든, LSD든 결국은 같은 근육과 관절이 매번 소환된다. 직장인 러너가 일주일에 4~5회 달리기를 한다면, 각 훈련 사이의 회복 간격은 고작 24시간 남짓이다.

이 말은 곧, 미세한 부상은 항상 안고 달리는 상태가 정상이라는 뜻이다. 중요한 것은 그 부상을 어떻게 관리하느냐다. 회복과 관리가 부족하면 미세 손상은 누적되어 스트레스 골절이나 만성 염증 같은 큰 부상으로 이어진다. 반대로, 휴식·수면·영양으로 회복 사이클을 충실히 지켜 주면, 그 미세 손상은 경기력 강화를 위한 자극이 된다. 외워 두자. 휴식·수면·영양.

특히 레이스 날짜가 다가올수록 부족한 마일리지를 채우고자 하는 조급함 때문에 훈련량을 늘리려는 유혹이 커진다. 레이스 당일에 완주를 못 할 걱정에 무리해서라도 거리를 늘려야 하나 싶은 생각이 드는 것이다. 실은 내가 그랬다. 러너가 기억해야 할 것은 성장은 훈련 중이 아니라 회복 중에 일어난다는 사실이다. 특히 직장인 러너에게는 '쉬는 것도 훈련'이라는 것을 명심하고, 적극적인 휴식과 영양 공급으로 DOMS 사이클을 최대한 단축해야 한다. 이게 심해지다 보면 나중에는 매일 1~2시간을 달리고 남은 22시간은 내일 그만큼 또 달리기 위해 회복하는 시간으로 여길 정도가 된다. 실은 필자가 한창 달리기에 열중할 때 그랬다. 좋은 달리기의 원칙 중 하나는 '일상과의 조화'임을 깨달은 것이 그 때문이다.

적극적인 휴식 - RICE와 AR

장거리 달리기에서와 같이 근육 피로의 누적으로 야기되는 미세 부상을 관리하는 기본 공식으로 흔히 RICE가 언급된다. 휴식(Rest), 냉찜질(Ice), 압박(Compression), 거상(Elevation)을 말한다. 우리 한국인들은 온탕에 몸을 담그는 것을 최고의 피로 회복으로 여기지만, 근육 피로에는 사실 냉탕이 훨씬 효과적이다. 욕조에 몸을 담글 수 없다면 냉찜질 패드나 압박 붕대를 활용하면 효과적이고, 그마저도 여의치 않다면 바닥에 등을 대고 누워 침대나 소파에 다리를 올리고 쉬는 게 좋다. 필자는 매일 출근 전에 10km를 달리는데, 미세 부상이 쌓이기에 충분한 거리다. 냉찜질 등으로 염증을 다스려야 다음날 다시 달릴 수 있지만 바쁜 출근 시간에 그런 여유는 없다. 절충안으로 찾은 것이 따뜻한 물로 샤워를 하되, 마무리 단계에서 샤워기로 하체에 찬물을 끼얹는 것. 특히 염증이나 뻐근함이 생기기 쉬운 발목이나 무릎을 찬물로 식히면 혈관 수축, 대사 활동 지연 등으로 붓기를 가라앉힐 수 있다. 일과 시간 중에도 업무에 방해되지 않는 범위 내에서 틈날 때마다 스트레칭을 한다. 아무리 적극적으로 휴식과 회복을 하려 해도 매일 달리다 보면 조금씩 피로가 누적되기에, 주중 하루 정도는 무조건 쉬어 줘야 한다. 그냥 아무것도 안 하고 쉬는 게 가장 좋다. 필자는 그냥 그 날만 1시간 더 잔다. 만약 운동을 하고 싶어 몸이 근질근질하거나 일상의 리듬을 깨는 게 싫으시다면, 달리기와는 다른 방식으로 몸을 사용하는 대체 운동을 하는 게 좋다. 수영이 가장 좋은데 여의치 않다면 계단 오르기, 그냥 가볍게 오래 걷기, 근력 운동이나 드릴 등을 무리가 되지 않는 정도로 하시는 것을 권한다. 주말에 20㎞ 이상 LSD를 했거나 레이스 당일이면, 동네 목욕탕에 가서 냉탕에 몸을 담근다. 허리까지만 담그고 물속에서 다리를 털거나 걷는 동작을 하면 혈액 순환을 도와 노폐물 배출을 촉진하는 '능동적 냉찜질'이 되어 효과가 더 좋다.

최근 스포츠 의학에서는 '적절한 활동 유지(active recovery)'라는 개념을 중요시하는 것으로 보인다. 통증이 심하지 않다면 가벼운 조깅이나 걷기, 스트레칭, 실내 자전거 타기 같은 저강도 활동이 혈액 순환을 돕고 회복을 빠르게 한다는 것이다. 아침에 1시간 넘게 달렸는데 오후에 또 운동을 하라는 것은 아니고, 그냥 틈날 때마다 몸을 움직이는 정도로 생각하시면 되겠다. 점심 시간에 산책을 하거나 퇴근 후에 TV를 보면서 스트레칭을 하는 정도다.

수면의 과학

매일 훈련을 지속해야 하는 러너에게 수면의 양과 질은 완주를 위한 핵심 관리 요소이다. 깊은 수면 단계에서 분비되는 호르몬은 낮 동안 파괴된 세포를 재생하고 염증을 제거하여 매일 조금씩 더 강건한 다리를 만들어 준다. 직장인이라면 누구나 수면 부족에 시달리고 있겠지만, 적어도 레이스 준비 기간에는 수면 시간 확보를 우선 과제로 두라고 권하고 싶다.

수면은 양 못지않게 질 또한 중요하다. 필자의 경우 10여 년 전 프랑스 시절부터 '슬립 사이클'이라는 수면 앱을 애용하고 있다. 10년 넘게 유료 구독을 하고 있지만 돈이 전혀 아깝지 않다. (사람에 따라 효과는 다를 수 있으니 참고만 하시기 바란다.) 앱을 켠 상태로 스

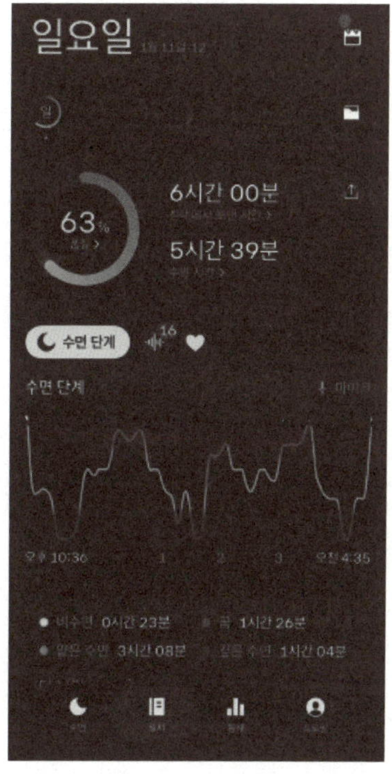

필자가 활용 중인 수면 앱 로그의 화면. 오전 4시 35분 경에 깊은 수면에서 얕은 수면으로 전환 중이었고, 이때 알람이 울려 편안하게 깰 수 있었다. 간밤의 수면 시간은 6시간에 조금 못 미쳤지만 깊은 수면은 1시간 4분으로 괜찮은 수준이었음을 알 수 있다.

마트폰을 머리맡에 두고 잠들면, 밤사이에 얕은 수면, 깊은 수면, 꿈 등의 수면 상태를 앱이 모니터링하고 기록한다. 기상 알람은 특정 시간이 아니라 30분 단위 간격으로 설정하게 되어 있는데, 가령 6am~6:30am으로 설정해 두면 이 기간 동안 수면 사이클이 얕

은 수면에 올라왔을 때 은은한 소리나 가벼운 진동으로 깨워 준다. 얕은 수면 상태에서 기상하면 몸이 가볍고, 가족을 깨우지 않고 조용히 일어날 수 있어 유용하다. 수면 앱을 사용하지 않던 시절에는 같은 시간을 잤는데도 수면이 부족하고 하루 종일 멍할 때가 있었는데, 깊은 수면 중일 때 알람이 울려 갑자기 깨게 되면 나타나는 현상이라고 한다. 수면 앱은 뇌파를 직접 측정하는 것이 아니라 정확하지 않다고는 하지만, 나처럼 장기간 사용하다 보면 개인의 데이터가 축적되어 상대적인 변화를 읽는 데 충분하다.

만약 어떤 이유로 인해 간밤의 수면의 질이 만족스럽지 못했다면 어제의 러닝으로 누적된 피로가 충분히 회복되어 있지 않을 가능성이 크다. 이런 날 무리해서 미리 계획한 만큼의 러닝 마일리지를 채우려 하면 오히려 피로 누적으로 인해 득보다 실이 클 수 있으므로, 대체 운동으로 돌리는 편이 나을 수 있다. 잠이 덜 깬 아침 시간에 이런 판단은 하지 않아야 한다. 미리 기준을 정해 두고 그에 따르는 것이 좋다.

직장인 러너에게 수면 부족은 부상으로 가는 급행열차다. 러너는 자신의 수면의 양과 질을 엄격하게 관리해야 한다.

수면의 질을 높여 주는 저녁 식습관

수면의 질을 높이기 위해 다양한 방법들이 연구되고 있고, 일정한 체온 유지에 도움이 되는 온열 패드 등이 추천되기도 한다. 하지만 평범한 직장인 러너들은 잠들기 전 저녁 시간의 활동, 특히 저녁 식사를 조절하는 것이 수면의 질에 중요한 역할을 한다. 몇 가지 지침들을 확인해 보자.

먼저 식사 타이밍은 늦어도 취침 2~3시간 전에는 완료해야 한다. 소화 기관이 활동 중이면 뇌가 깊은 잠에 들기 어렵고 심박수가 높게 유지되기 때문이다. 11시에 잠드는 사람이라면 8시 이후, 늦어도 9시 이후에는 아무 것도 먹지 않는 것이 좋다는 말이다. '밥 먹으면 배 부르다.'는 소리만큼이나 당연한 얘기지만 실천은 쉽지 않다. 막연하게 건강에 좋아서보다는 매일의 러닝을 유지하기 위해 숙면을 취하려고 라는 식으로 구체적인 목표가 생기면 훨씬 잘 지키게 된다.

질 좋은 수면을 유도하는 저녁 식사 메뉴에 관해 이야기할 때, 서구의 가이드는 보통 '복합 탄수화물+트립토판'을 권한다. '귀리, 통곡물 같은 탄수화물은 수면 유도 호르몬인 '세로토닌'과 '멜라토닌'의 합성을 돕는 트립토판의 흡수를 촉진'하기 때문이라는데, 한국인의 식사 패턴으로는 현미, 보리, 귀리 등을 혼합한 잡곡밥을 먹고, 흰쌀밥은 피하라는 것이다. 트립토판은 필수 아미노산이므로 단백질 반찬에서 찾아야 한다. 한국인의 식단에서 흔한 콩/두부류, 달걀, 생선류, 견과류/해조류 등은 모두 트립토판이 풍부하다. 특히 생선류는 근육 염증을 줄여 주는 오메가-3까지 챙길 수 있어 러너에게 최적이다. 한편 매운 음식은 체온을 상승시켜 잠드는 데 필요한 '심부 온도 저하'에 걸림돌이 되고, 고지방식은 소화가 더디고 느려 숙면을 방해한다. 러너에게 알코올은 만악의 근원이다. 수면의 질을 심각하게 떨어뜨리고 무엇보다도 근육 회복을 방해한다. 애주가인 필자로서는 마라톤 준비 과정에서 가장 곤란한 지점이기도 하다. 어쨌든 전날 술을 조금이라도 마셨다면 다음 날은 운동을 쉬는 게 좋다. DOMS 사이클이 지연되어 '초과 회복'은커녕 추가적인 근섬유 파괴만 촉진할 뿐이다.

질 좋은 수면으로 근육 회복을 챙기는 것이 여의치 않다면, 영양제나 보조제의 도움을 받는 것도 고려해 보자. 단순히 잠이 쉽게 들게 하는 것이 아니라, 근육 이완과 신경계 안정에 초점을 맞추는 것이 좋다. 마그네슘은 '천연 이완제'라 불리는 대표적인 수면 보조제다. 근육 경련을 예방하고 신경계를 진정시켜 깊은 잠에 도움을 주는데, 운동량이 많은 러너들은 땀으로 마그네슘이 배출되기 쉽기에 보충해 주면 좋다. 최근 러너들 사이에서는 천연 멜라토닌이 풍부한 타트 체리 즙이 유행하고 있는 것 같다. 항산화 성분인 안토시아닌이 함유되어 있어 수면 유도는 물론, 달리기 후 발생하는 염증과 DOMS 완화에도 탁월하다고 한다. 필자도 먹어 봤지만 효과가 어떤지는 솔직히 잘 모르겠다. 각자 시험해 보시고 판단하시길. L-테아닌 성분이 들어간 영양제는 마그네슘 못지않게 국내에서 수면 촉진제로 사랑받고 있다. 뇌의 알파파를 활성화해 불안감을 줄이고 심신을 이완시킨다. 카페인 섭취가 많은 날 저녁에 특히 유용하다고 한다.

마지막으로 국내에서는 의사 처방이 필요했던 멜라토닌도 최근에는 '식물성' 멜라토닌이 '일반 식품'으로 분류되어 풀리면서 멜라토닌도 많이들 사용하는 추세다. 특히 늦은 저녁에 강도 높은 훈련을 했을 경우 아드레날린과 코르티솔 수치가 높아져 몸은 피곤해도 뇌는 깨어 있는 상태가 되기 마련인데, 멜라토닌은 뇌에

‘시스템 셧다운’ 신호를 강제로 보내 ‘훈련 후 불면’을 해결해 준다. 수면유도제의 천국인 미국에서는 ‘신체 복구 촉진제’로 여겨지는 경향이 있다. 이는 멜라토닌에 수면 유도 기능뿐 아니라 강력한 항산화 및 항염 작용까지 있어, 고강도 훈련 후의 근육 염증을 줄여 주기 때문이다.

근력 운동으로 몸의
약한 고리를 강화하자

다음은 몸의 특정 부분이 조금씩 아픈 듯한 '느낌'이 들면서 왠지 더 달리기를 주저하게 되는, 약간은 애매한 상황들이다. 당장 병원으로 달려가야 할 부상과는 달리, 관리를 통해 충분히 강화할 수 있는 '관리형 부상'이다. 우리 몸의 약한 고리를 일깨워 주는, 쓴소리 잘하는 친구 정도로 생각하면 될까나.

초보 러너들이 가장 걱정하는 무릎 이야기부터 시작해 보자. 마라톤을 한다고 하면 주변에서 가장 흔히 듣는 얘기가 "무릎 괜찮아요?"하는 것이다. 특히 30대 이후 러닝에 입문한 예비 마라토너들에게 풀코스에 도전할 결심을 가로막는 가장 큰 두려움도, 무릎 걱정인 경우가 적지 않다.

무릎, 무릎, 무릎! 관절은 단련할 수 없다고?

축구나 농구는 끊임없이 몸싸움을 벌이고, 급격하게 방향을 틀며, 예측 불가능한 점프와 착지가 반복되어 무릎이 갑작스러운 비

틀림 스트레스에 노출될 위험이 크다. 반면 마라톤은 오직 '앞으로'만 나갈 뿐이다. 직선상의 규칙적인 움직임이 반복되는 마라톤은 관절에 가해지는 힘의 방향이 일정하다. 문제는 반복의 횟수에 있다. 풀코스를 완주하려면 대략 3만에서 4만 보 정도를 디뎌야 하고 완주를 위해서는 직전 3개월 동안 이 거리의 최소 10배 이상을 달려야 한다. 무릎 한쪽 당 20만 번의 충격이 가해지는 것이다. 자세가 잘못되었거나 근력 부족으로 무릎이 부적절한 방향으로 힘을 받게 된다면, 이 또한 20만 번 누적된다.

우리가 훈련을 통해 근육을 강화할 수 있는 이유는 근육에 혈관이 많이 퍼져 있기 때문이다. 하지만 무릎 관절, 정확히는 연골은 구조가 다르다. 연골은 신경과 혈관이 거의 없는 '무혈관 조직'이다. 한번 마모되거나 손상되면 근육처럼 스스로 증식하거나 강해지지 않는다는 뜻이다. 무릎에 대한 공포는 이에 기인한다.

약한 고리의 법칙: 당신의 무릎이 아픈 진짜 이유

성인이 된 이후의 관절은 향상이 불가능하지만 이를 최대한 안전하게 보호하여 수명을 연장할 수 있는 방법은 있다. 바로 무릎을 지탱하는 주변 근육, 특히 대퇴사두근과 햄스트링, 둔근 등을 강화하는 것이다. 즉 무릎이 아니라 무릎 주변의 근육을 단련해야 한다. 무릎이 아픈 것은 무릎 자체가 약해서가 아니라, 무릎을 지탱해야 할 주변 근육들이 제 역할을 못 하고 피로해졌을 때 그 충격이 비정상적인 방향으로 관절에 고스란히 전달되기 때문이다.

풀코스 도전이 처음이라면, 당신은 여지껏 한 번도 다다르지 못

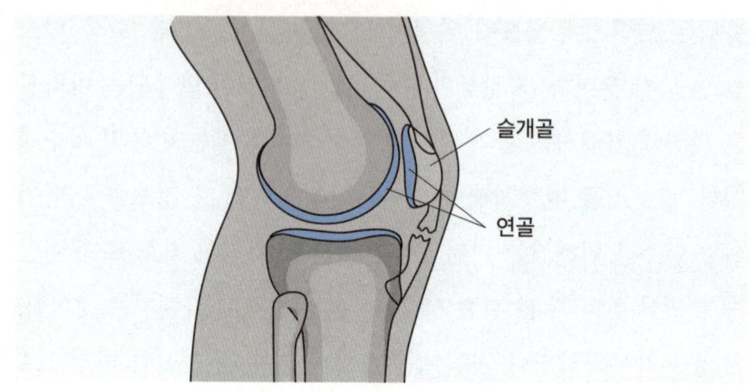

무릎 연골과 슬개골은 마라톤을 준비하는 과정에서 3개월간 최소 20만 번 이상의 충격을 견뎌내야 한다. 한번 상하면 재생이 안 되는 연골에 연결되어 전면에 노출되어 있는 슬개골이 달리는 동안 까득거리는 느낌은 러너에겐 공포일 수밖에 없다. 무릎을 단련하는 방법은 무릎을 감싸고 있는 근육을 단련하는 것이다.

한 미지의 영역을 당일에 딛게 된다. 준비 과정에서 한 번에 가장 멀리 달리는 거리는 보통 30~35km 정도다. 당신이 생애 처음으로 30km 이후의 영역에 발을 디뎠을 때, 완주를 막는 장애물 중 하나는 필경 무릎을 비롯한 관절의 통증일 것이다. 훈련량이 충분하지 않다면 30km의 벽에 다다르기 전이라도, 레이스 중반 즈음부터 슬개골이 삐그덕거리는 듯한 느낌이 들기 시작할 것이다. 열심히 마일리지를 쌓고 적정한 식단을 통해 에너지를 저장했다면, 체력은 아직 남아 완주가 가능할 것도 같은데, 무릎이 완전히 나가 버리면 어떡하나 하는 불안감이 덜컥 밀려오게 된다. 이런 두려움은 체력 소모보다 더 큰 심리적 압박으로 다가온다. 참고 끝까지 달려야 하나? 이러다 무릎이 영영 망가지면 어떻게 하지? 불안감 속에 체력보다 정신력이 빠르게 고갈되기 시작한다.

막상 레이스에서는 그렇게 무릎에 신경을 집중하며 달리다 보면 통증이 다른 부위로 옮겨 가고는 한다. 무릎을 의식하며 동작을 조심하다 보면 잘못된 압력이나 무리한 충격이 덜 가고, 그만큼 통증이 완화되는 것이다. 하지만 그 과정에서 다른 부위, 가령 발목이나 고관절에 무리가 간다면 이 역시 또다른 장애물이 된다.

해법은 관절을 둘러싼 근육의 지구력을 기르는 것이다. 무릎을 움직이는 핵심 근육은 대퇴사두근이다. 특히 무릎 앞쪽을 지지하는 이 근육이 버텨 줘야 관절이 안정된다. 그래서 스쿼트는 가장 기본적이고도 효과적인 무릎 강화 운동이다. 일과 시간을 쪼개 한 번에 10개 또는 20개씩 나누어 한다면 매일 스쿼트 50개, 100개는 충분히 소화할 수 있다. 요즘은 스쿼트 횟수를 자동으로 카운트해 주는 앱도 많아, 꾸준히 습관화하기에 좋다.

대퇴사두근 외에도 햄스트링, 둔근, 종아리 근육 역시 무릎 안정에 큰 역할을 한다. 가령 런지나 브릿지 동작은 엉덩이 근육을 강화해 달리기 자세를 안정시키고, 종아리 들기(카프 레이즈)는 무릎과 발목을 동시에 지탱하는 종아리 근육을 키운다. 결국 관절을 직접 강화할 수는 없지만, 주변 근육과 신경-근육 제어 능력을 강화함으로써 관절을 지키는 것이다.

시스템 전체를 튜닝한다

사람마다 약점은 제각각이다. 어떤 이는 발목의 유연성이 부족하고, 어떤 이는 고관절의 가동 범위가 좁다. 필자의 경우, 무릎보다 발목이 훨씬 큰 약점이다. 선천적으로 종아리가 가는 편이라 발목 주변의 근육 지지력이 약하다. 더군다나 20대 초반에 오토바이를 타고 교차로를 지나다가 신호 위반한 택시와 충돌해서 왼쪽 발목이 으스러지는 사고를 당했고, 5개월 동안이나 목발을 짚고 다녀야 했다. 그 후로 20km 이상을 달릴 때 가장 먼저 불안해지기 시작하는 것은 역시나 발목이다. 발목이 약하면 러닝 자세가 무너지기 쉽고, '통통 튀는' 러닝 이코노미에도 취약하다. 발목은 근육이 상대적으로 작아 강화 훈련도 쉽지 않다.

필자의 또다른 약점은 허리 통증이다. 어렸을 때부터 몸이 뻣뻣한 편이라 자주 허리 통증에 시달렸다. 침도 맞아 보고 도수 치료도 받아 보고 부항에 견인 치료에 신경 주사에, 한방과 양방에 걸쳐 수술만 빼고는 시도해 보지 않은 치료법이 없을 정도다. 40대에 들어서야 내게 맞는 스트레칭 방법을 찾아 고질적인 요통에서 벗어날 수 있었는데, 우연히 장요근을 늘리는 스트레칭을 하고 하루종일 허리가 꼿꼿한 경험을 한 후로 매일 아침 잠깐씩이라도 스트레칭을 해 주니 때가 되면 찾아오곤 하던 극심한 허리 통증이 사라져 버렸다. 그동안은 요추 주위의 허리 근육이 문제라고 생각했는데, 알고 보니 몸 앞부분의 허벅지와 골반을 연결하는 근육이 짧아서 허리가 뻣뻣했던 거였다.

신체는 사슬처럼 연결되어 있어 특정 부위의 흔들림이나 통증은 전신으로 전이된다. 20대의 정점을 지난 후 매년 차곡차곡 노화해 가는 신체를 다독여 가면서 꾸준히 운동을 지속하려면, 어떻게든 매뉴얼 구석구석까지 뒤져 가며 조금이라도 나은 '우리 몸 사용법', 그중에서도 내게 맞는 방법을 찾아 내야 한다. 마라톤은 다리의 모든 관절과 근육을 한계까지 몰아붙이는 활동이다. 지면과 가장 먼저 만나는 발목이 불안정하면, 그 흔들림을 상쇄하기 위해 무릎은 비정상적인 회전력을 감당해야 한다. 무릎 통증의 원인은 주변 근육의 약화나 발목의 불안정성 등 다양할 수 있다. 우리 몸의 한 부분이 약한 고리로 드러날 때, 그것은 결과일 뿐 원인이 되는 정말 약한 고리는 따로 있을 수도 있다.

결국 각자의 몸의 특성에 맞게 약점을 보완해 나가야 한다. 관절은 강화할 수 없지만 근육은 얼마든지 단련할 수 있다. 꾸준히 마일리지를 쌓고, 한 번, 두 번 레이스에서 달리다 보면, 우리 몸은 저마다의 '약한 고리'를 드러낸다. 현명한 러너는 그 신호를 무시하지 않고, 나만의 취약 부위를 관리하는 습관을 만든다. 무릎이든 발목이든, 중요한 것은 관절 보다 그것을 지탱하는 근육을 어떻게 관리하느냐임을 잊지 마시기 바란다. 시스템의 가장 약한 고리가 전체의 강도를 결정한다. 다리 전체의 근육과 관절을 골고루 단련하는 '종합적 튜닝'이, 우리를 부상이라는 위험으로부터 보호해 준다.

달리기에 도움이 되는 근력 운동들

가장 기본이 되는 스쿼트와 런지를 비롯해서, 달리기에 도움이 되는 하체 운동의 종류는 다양하다. 어떤 동작이든 내가 약점으로 생각하는 근육 부위에 필요한 자극을 줄 수 있다면 충분하다고 생각한다. 30km 이상을 달릴 때 약한 고리로 드러날 수 있는 부위들을 미리 단련해 두고 싶은 것이니, 강한 자극보다는 횟수를 늘리는 운동 방법이 더 유리하다.

가령 필자는 엉덩이 옆부분(중둔근)을 강화하기 위해 다리를 접은 상태로 옆으로 들어올리는 동작을 20~30회 반복하는 운동을 틈날 때마다 한다. 중둔근이 단단해야 골반의 안정성을 유지할 수 있고 안정된 골반은 무릎과 발목이 불필요하게 회전하는 것을 막을 수 있기 때문이다. 보통 '사이드 레그 레이즈'라는 이름의 동작이 추천되는데 가동 범위가 커서 아무 데서나 하기는 곤란하다. 나처럼 다리를 접은 상태로 하면 효과는 조금 떨어질 수 있어도 집에서 가족들 눈치를 덜 볼 수 있고, 심지어 회사에서도 가능하다. 인터넷을 뒤져 봐도 나와 같은 동작은 찾아볼 수 없지만, 내게는 충분히 도움이 된다. 새벽이나 주말에 약수터나 체육공원 등에 가면 남녀 어르신들이 각자 개성 넘치는 우스꽝스러운 동작으로 기묘한 체조를 하시는 모습을 볼 수 있는데, 비웃을 일이 아니다. 오랜 세월을 살아 오면서 자신만의 몸 사용법을 숙지하여 가장 효과적인 운동법을 익히신 걸게다.

다만 초보 러너로서 간과하기 쉬운 몇 가지 포인트는 알려 드리고자 한다. 몸의 뒷부분 근력 강화에 주력할 것과, 플라이오메트릭스에 대한 것이다.

우리가 흔히 알고 있는 근력 강화 운동들은 대부분 몸의 앞부분 근육에 관련한 것들이다. 대흉근을 부풀리는 벤치 프레스, 식스팩을 만들기 위한 각종 복근 운동 등이다. 눈앞의 상대에게 잘 보이고 싶어하는 짝짓기 본능에 따라 자연스러운 것일지도 모르겠다. 하지만 우리 몸의 자세를 바로 세우고 균형을 잡아 주는 근육들은 대체로 몸 뒤쪽에 위치하고 있다. 등 근육이 그렇고, 엉덩이 근육과 햄스트링 즉 허벅지 뒷부분 근육이 그렇다. 엉덩이 근육은 달리기의 추진력을 만들어 내는 가장 큰 엔진이자 몸의 균형을 잡아 주는 핵심 부위이다. 엉덩이 근육을 강화하는 방법은 수없이 많으니 자세한 설명은 생략하고, 초보 러너들이 놓치기 쉬운 근육으로 햄스트링을 더 강조하고 싶다. 다리를 뒤로 뻗어 추진력을 얻고, 무릎을 굽혀 착지를 준비하며, 골반을 안정화하여 허리 부상을 막는 역할을 한다. 즉, 속도 제어, 효율적 주법, 부상 예방에 필수적이며, 다리 뒤쪽의 '롤링'을 만들어 내는 주역이다. 문제는 맨몸으로 햄스트링 강화 방법이 썩 마땅치가 않다는 점이다. 레그컬이 좋긴 한데, 의외로 이 기구를 갖추지 않은 헬스장이 꽤 있다. 독자분들이 헬스장을 등록하실 때 레그컬 기구가 있는지는 반드시 체크하시기 바란다. 반드시 달리기 근력 강화 목적이 아니더라도, 햄스트링의 중요성을 외면하는 헬스장은 다른 것도 소홀할 가능성이 크다. 대표적인 고중량 운동인 데드리프트는 척추기립근을 강화하는 것으로 생각하기 쉽지만 사실 햄스트링 강화에 더 주효하다. 허벅지 뒷부분에 힘이 들어가는지에 중점을 두고 운동하면 된다. 이외에 집에서 맨손으로 할 수 있는 햄스트링 강화 운동은 레그브릿지 또는 힙브릿지라는 것이 있는데 역시 인터넷에서 검색해 보면 손쉽게 익힐 수 있다. 중요한 것은 내가 단련하고자 하는 부위에 제대로 힘이 들어가느냐 하는 것이다.

플라이오메트릭스는 근육을 최대한 늘렸다가 빠르게 수축시켜 폭발적인 힘을 내도록 하는 훈련법이다. 박스에서 뛰어내렸다가 그 반동으로 점프하는 박스 점프, 한 발로 서서 바닥에 그어진

선을 연속으로 뛰어넘는 라인 호핑 등이 있다. 짧은 시간에 최대의 힘을 내는 고강도 동작들로 구성되어 스피드와 민첩성을 향상시키는 것이 목적으로, 달리기 외에도 다양한 스포츠에서 경기력 향상을 위해 활용된다. 필자가 플라이오메트릭스에 주의를 기울이는 이유는 약점인 발목 강화에 도움이 되는 가장 확실한 운동이기 때문이다. 플라이오메트릭스의 여러 가지 다양한 동작들 중 특히 한 발로 하는 동작들이 도움이 된다. 사실 달리기는 한 발로 뛰는 운동이다! 상체를 활용하는 대부분의 스포츠에서 중요한 동작의 순간에는 두 발이 땅을 굳건히 딛고 있어야 하지만, 달리기에서는 두 발이 땅에 동시에 닿는 순간이 없다. 동시에 닿으면 이미 달리기가 아니라 걷기다. 주로 한발뛰기로 이루어진 가벼운 플라이오메트릭스 동작들을 훈련하는 것으로 발목을 강화하고, 하체 전체의 약한 고리를 보완하고 있다. 줄넘기도 일종의 플라이오메트릭스라고 할 수 있다. 필자는 비 오는 날 등 실외 달리기가 여의치 않을 때 아파트 주차장에서 줄넘기로 발목과 종아리를 단련하기도 한다.

필자가 강조하는 근력 운동들은 대부분 바른 자세를 지속하게 함으로써 부상을 예방하는 데 초점이 맞춰져 있다. 레이스에서 기록을 몇 분 또는 몇 초 단축하는 것보다는, 레이스 바로 다음날 정시에 출근해서 정상 근무하는 것이 직장인 러너에게 훨씬 중요하다고 생각하기 때문이다.

위험 신호가 감지되면
곧바로 병원으로 달려가자

앞에서 이야기한 두 가지 유형의 부상들은 잘만 관리하면 근육 성장과 경기력 향상, 그리고 '더 나은' 달리기로 나아가는 자연스러운 과정이 될 수 있다. 거부하거나 회피하지 말고 동반자로 삼아야 할 일이다. 하지만 특정 지점이 날카롭게 찌르듯 아프거나, 자고 일어난 첫발이 비정상적으로 고통스럽다면 그것은 '신호'다. 이 신호를 소음으로 오해하고 무시하면, 회복 가능한 미세 부상이 아니라 구조적 부상으로 이어질 수 있다. 지속 가능성을 근본적으로 위협하게 되는 것이다. 문제는 어디까지가 소음이고 어디서부터 신호인지 판단이 쉽지 않다는 건데, 레이스가 다가오는데 어떤 이유에서건 훈련이 부족하여 초조해지고 있는 상황이라면 올바른 판단을 할 수가 없다. 이럴 때를 위해 명확히 선을 그어 둘 필요가 있다.

레드라인을 설정하라

모든 기계 장치에는 한계치를 나타내는 '레드라인'이 있다. 러너에게는 멈출 타이밍을 아는 것이 실력이다. 다음의 경우들을 마음에 두고, '의지'라는 이름의 고집을 꺾고 즉시 훈련을 중단해야 하는 기준으로 삼도록 하자.

1. **비대칭성** 한쪽 다리는 괜찮은데 반대쪽만 유독 통증이 지속된다면 운동 역학적 균형이 깨진 것이다.

2. **절뚝거림** 달리기 시작한 지 10분이 지났는데도 통증이 줄어들지 않고 오히려 심해질 때. 통증 때문에 정상적인 주법을 유지할 수 없다면, 이는 다른 부위의 보상 작용을 유발해 2차 부상으로 이어진다.

3. **날카로움** 묵직한 둔탁함이 아니라 송곳으로 찌르는 듯한 예리한 통증이 느껴질 때.

4. **야간 통증** 가만히 쉬고 있거나 잠을 자는 동안에도 통증 때문에 깬다면 심각한 염증이나 손상의 신호이다.

5. **지속성** 충분한 수면과 리커버리 후에도 통증 강도가 전혀 줄어들지 않거나 오히려 심해진 경우.

러닝 후 24시간 이내에 통증이 개선되지 않는다면, 우리 몸의 '회복 시스템'이 '손상 속도'를 따라잡지 못하고 있다는 증거이다. 이때는 수영이나 자전거 같은 저충격 운동으로 전환하거나 완전 휴식을 취하는 것이 장기적인 러닝 라이프에서 훨씬 이득이다.

“숨이 차면 멈추지 말고 계속 달려라. 근육이나 관절이 아프면 멈춰서 쉬어라.”라고 했던 원칙을 상기하자.

놓쳐서는 안 될 5대 부상의 '위기 징후'

내 몸이 내뱉는 비명이 어떤 종류의 위기를 암시하는지 그 패턴을 알고 있다면 도움이 된다. 다음은 러너에게 가장 흔히 발생하는 5대 부상의 대표적인 신호들이다.

- 무릎 앞쪽의 묵직한 통증(러너스 니): 계단을 내려갈 때 무릎 뼈 주위가 기분 나쁘게 아프다면 무릎 주변 근육의 부실을 의심하라.
- 발꿈치 뒷줄기의 팽팽함(아킬레스건염): 발목 뒷부분이 붓거나 열감이 느껴진다면, 당신의 '스프링'에 과부하가 걸렸다는 신호다.
- 자고 일어난 첫발의 찢어지는 고통(족저근막염): 아침 첫걸음이 유독 아프다면 발바닥의 아치가 무너지고 있다는 경고다.
- 골반 옆라인부터 무릎 외측의 마찰음(장경인대 증후군): 무릎 바깥쪽이 타는 듯이 아프다면 외측 지지대가 마찰로 인해 과열된 상태다.
- 종아리 속 근육의 찢어지는 느낌(종아리 파열): 갑자기 '툭' 하는 소리와 함께 강한 통증이 왔다면, 즉시 레이스를 중단하고 구조 요청을 보내야 한다.

징후가 보이면, 고민하지 말고 가급적 빨리 정형외과를 찾아 진찰을 받아 보는 게 좋다. 단, 대부분의 의사들은 마라톤 따위 당장 집어치우고 건강 달리기나 하라고 할 테니 주의하시기 바란다.

필자는 직장에서 조직 내 구성원들에게 과업을 할당하거나 코칭을 해야 할 때, '오버 스트레칭'을 사용하고는 한다. 이때 중요한 것은 구성원의 현재 능력에 대한 적절한 사이징이다. 너무 쉬운 과업만을 부과하면 나태해지거나 성장의 기회에 제약이 있을 수 있고, 반대로 지나치게 어려워 당사자로서는 해결이 불가능하게 만들어 놓고 적절한 가이드조차 주지 않는다면 번아웃으로 이어질 수 있다. 평소에 구성원들을 세밀히 관찰하여 능력치를 적절히 판단하는 것이 중요하다. 우리 몸도 마찬가지다. 꾸준한 훈련을 누적해 가면서 우리 몸과의 대화에 귀를 기울여 집중하면, 적절한 수준의 과부하로 경기력과 건강을 점진적으로 향상시킬 수 있다. 우리 몸이 내는 신호와 소음을 구별할 수 있는 능력을 만들어 가는 것이 필자가 생각하는 좋은 달리기이다.

사고는 관리 영역 밖의
리스크다

스포츠 브랜드의 광고나 동기 부여 SNS 채널 등에 흔히 등장하는 장면이다. 빗방울이 흩뿌리는 새벽, 러너가 방수 재킷의 지퍼를 힘차게 올리고 어둠 속으로 뛰쳐나간다. '날씨 따위는 핑계일 뿐' 등의 메시지가 브랜드 로고와 함께 따라붙는다. 이와 같은 장면은 많은 사람들에게 강렬한 동기 부여가 된다. 하지만 냉정히 생각해 보면, 무책임한 이미지일 수도 있다.

빗길을 달리면 위험은 몇 배로 커진다. 노면이 젖어 있어 미끄러질 수 있고, 낙상이 아니더라도 계속해서 발이 미끄러질 듯한 느낌을 피하려는 과정에서 발목·무릎 관절에 과도한 긴장이 쌓인다. 빗속에서는 시야도 좁아지고, 차선과 차량의 움직임을 분간하기 어려워 교통사고 위험이 커진다.

러닝의 목적이 그저 '오늘도 포기하지 않았다.'는 자기 의지의 증명이라면, 빗속 러닝도 의미가 있을 것이다. 그러나 이 책에서 말하는 러닝의 목적은 꾸준히, 오래, 부상 없이 달려서 결국 더 멀리 나아가는 것이다. 그렇다면 비나 눈이 오는 날에는 실내에서 대체 운동을 하는 것이 훨씬 현명하다. 계단 오르기, 실내 자전거, 수영 같은 운동은 러닝의 공백을 충분히 메워 줄 뿐만 아니라, 평소 잘 쓰지 않던 근육까지 자극해 오히려 새로운 자산이 된다. 이미지에 현혹되기보다 신체와 시간을 지키는 실질적인 선택이 직장인 러너의 현명한 태도이다.

부상과 사고는 다르다

부상은 일시적이지만 사고는 치명적이다. 특히 가정과 일터를 책임지는 직장인 러너에게 사고 예방은 책임이자 의무이다. 우리의 진짜 목적지는 결승선이 아니라, 건강한 모습으로 다시 가족의 품에 안기고 사무실 책상 앞에 앉는 것이다. 부상은 관리할 수 있지만, 사고는 한순간에 모든 것을 무너뜨릴 수 있음을 잊지 말고, 다음의 두 가지 원칙을 염두에 두도록 하자.

먼저, 위험한 곳을 달리지 않는다. 겨울철 그늘진 곳의 블랙 아이스, 비 온 뒤의 젖은 낙엽, 공사 구간의 돌출물 등은 러너의 무릎과 발목에 위협을 가하는 지뢰밭이니 피해서 달리자. 가로등이 없는 어두운 골목이나 차량 통행이 빈번한 곳은 피한다. 낯선 코스를 달릴 때는 평소보다 페이스를 낮추고 노면을 '스캐닝'하는 신중함이 필요하다. 모르는 길은 가급적 달리지 않는 게 상책이다. 장거리를 달리다 보면 체력이 소진되기 때문에, 돌발 상황 발생 시 대처력이 떨어지게 마련이다.

두 번째는 능동적인 위험 회피다. 보이고 들려야 위험을 피할 수 있다. 7장에서 말한 것처럼 새벽이나 야간 러닝에서는 반드시 상대방(운전자, 자전거)이 나를 인지할 수 있도록 형광색 의류나 반사 밴드를 착용해야 한다. 그리고 이어폰 볼륨을 높이고 달리는 것은 외부의 모든 경고 시그널(경적 소리, 자전거 벨 소리)을 차단하는 위험한 행위다. 특히 인이어형 이어폰 등은 주변 소음을 차단하므로 매우 위험하다. 노이즈캔슬링 기능은 반드시 꺼 두자. 가급적 주변 소리를 들을 수 있는 골전도 이어폰을 사용하거나, 한쪽 귀에만 이어폰을 착용하고 다른 쪽 귀는 열어 두어 '상황 인식' 능력을 유지해야 한다.

멈출 줄 아는 용기: 리스크에 대처하는 의사결정

마라톤은 의지의 스포츠라고 하지만, 잘못된 의지는 때로 독이 된다. 극한 기후나 미세먼지 속에서 무리하게 훈련하는 것은 무모한 고집에 불과하다.

비가 내려 지면이 미끄럽거나, 공기질 수치가 '매우 나쁨'을 가리킨다면 과감히 야외 훈련을 취소해야 한다. 실내 트레드밀을 이용하거나 대체 운동으로 돌리는 것이 훨씬 유익하다. 최악의 환경에서 억지로 $10km$를 채우는 것보다, 안전한 환경에서 $5km$를 밀도 있게 뛰는 것이 지속 가능한 러닝의 핵심이다.

Chapter 9

러너의 식단과 에너지 발란스

"오늘 당신이 먹는 것이 내일 당신의 레이스를 결정한다."
"What you eat today decides how you race tomorrow."
— 헤일레 게브르셀라시에, 최초로 2시간 4분대의 벽을 돌파한 에티오피아의 마라토너

"운동은 훈련이고, 영양은 과학이다. 이 둘이 만날 때 비로소 잠재력이 폭발한다."
"Exercise is a discipline, and nutrition is a science. When they meet, potential is unleashed."
— 조지 시한, 러너들의 철학자로 불리는 의사, 『달리기와 존재하기』 저자

달리면 살이,
… 빠진다

다이어트에 크게 관심이 없는 필자로서는 연료로서의 식단에 더 중점을 두지만, 독자분들 중에는 달리기가 제공하는 압도적인 체중 감량 효과에 더 눈길이 가실 수도 있겠다. 무엇을 먹느냐보다 달리기 전후 우리 몸의 에너지 대사 원리를 이해하여, 각자의 환경에 맞게 이 흐름을 제어하는 개념을 갖추는 것이 목표이다. 다소 이론적인[15] 내용들이 포함되는데, 대략이라도 이해하고 있으면 완주에 반드시 도움이 될 거라 믿는다.

건강한 신체에 대한 열망이 달리는 이유의 전부가 되지는 않는

---

[15] 본 장에 담긴 수치와 이론들은 공신력 있는 문헌에 근거하고 있으나, 그것을 해석하고 삶에 대입하는 과정은 철저히 필자의 개인적인 경험과 데이터에 기반하고 있다. 숫자로 세상을 읽는 것을 즐기는 직장인 러너로서, 어떻게 '번아웃'되지 않고 매년 1,200㎞ 이상을 달리고 42.195㎞를 완주할 수 있는지, 그 생리학적 근거를 찾기 위해 나름 치열하게 공부하고 몸소 실험해 본 결과물이다. 따라서 이 내용은 의학적 처방이 될 수 없으며, 과학적으로 100% 정확하다고 장담드릴 수도 없다. 독자 여러분의 고유한 시스템을 구축하기 위한 하나의 '참고 데이터'로 활용해 주시기를 바란다.

 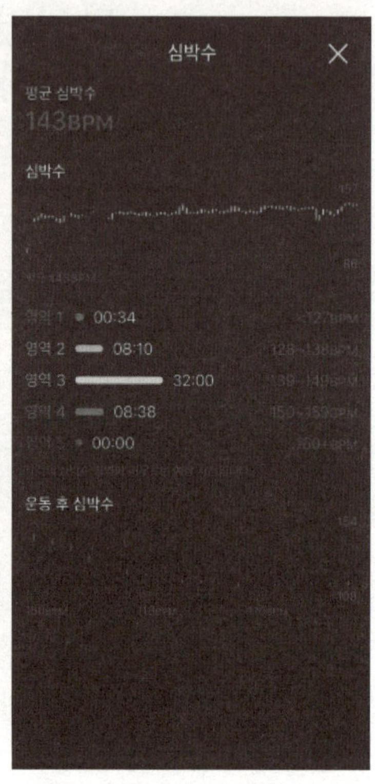

2025년 4월 20일(일) 아침의 러닝 데이터. 54분 동안 10.03km 를 5'26"/km 페이스로 달렸다. 활동 킬로칼로리는 643kcal, 총 킬로칼로리는 725kcal, 평균 케이던스는 179spm.

이날 러닝의 심박수 데이터. 평균값보다는 얼마나 안정적으로 심박수를 목표 구간에서 유지했느냐가 중요한데, 전체 시간의 절반 이상을 영역 3(Zone 3)에서 머물렀다. 러닝 시작 단계에서부터 빠르게 목표 구간에 진입하여 140 대를 거의 일정하게 유지했으며, 달리기를 마친 후 3분 내에 154 → 108 즉 Zone 4에서 영역 1로 신속히 안정되었음을 보여 준다.

다고 책의 앞부분에서 이야기했지만, 큰 동기 중 하나가 되는 것은 사실이다. 꾸준히 달리면 몸이 건강해지는 거야 아침에 동쪽에서

해가 뜨는 것만큼 당연한 거지만, 달리기와 체중 감량의 관계는 우리에게 어떤 달리기가 필요한지 이해하기 위해 알아둘 필요가 있다. 심박수 영역별 달리기가 영양 대사에 미치는 영향을 이해함으로써, 목표에 맞는 적절한 운동 프로그램을 스스로 구성할 수 있게 하기 위함이다. 스스로 운동 계획을 짜지 않고 러닝 앱이 추천하는 대로 달리는 경우에도, 달리는 이유와 목적을 알고 달리는 것과 무작정 달리는 것에는 큰 차이가 있다.

체중 관리에서 얘기하는 원칙 중에 CICO(Calories In, Calories Out)라는 것이 있다. 우리 몸이 섭취하는 칼로리가 사용하는 칼로리보다 많으면 살이 찌고, 그 반대이면 빠진다는 것이다. 살을 빼고 싶으면 1)음식 섭취를 줄여 들어오는 칼로리를 줄이거나, 2)달리기를 비롯한 운동을 통해 더 많은 칼로리를 소모하거나, 두 가지 방법밖에 없다. 달리기가 체중 감량에 효과가 있다는 것은 여러 가지 의미가 있다. 운동 중에 평시보다 많은 칼로리를 소모하는 것은 물론이고, 달리지 않는 23시간 동안의 신체 대사 활동, 그리고 지방, 탄수화물, 단백질과 같은 연료의 종류 등이 복합적으로 작용한다.

어느 일요일 아침 필자의 $10km$ 달리기 기록을 살펴보자. $10km$ 살짝 넘는 거리를 5'26"/km 페이스를 유지하며 달렸고, 활동 킬로칼로리는 643kcal, 총 킬로칼로리는 725kcal을 기록했다. 평균 케이던스는 179spm였다. 중요한 건 심박수다. 평균값보다는 얼마나 안정적으로 심박수를 목표 구간에서 유지했느냐가 중요하다. 전체의 절반 이상을 Zone 3에서 머물렀고, 러닝 시작 단계에서부터 빠르게 목표 구간에 진입하여 140 대를 거의 일정하게 유지했으며,

달리기를 마친 후 3분 내에 154 → 108 즉 Zone 4에서 Zone 1로 신속히 안정되었음을 알 수 있다. 달리기 직전과 직후에 체중을 재어 보면, 10*km*를 달리고 난 후 보통 0.5~1kg 정도가 빠져 있다. 20*km* 이상을 달리고 나면 2~3kg씩 빠져 있을 때도 있다. 풀코스를 완주한 러너들은 보통 3~5kg 정도 체중이 감소한다고 알려져 있다. 좋아하기엔 이르다. 사실 달리는 동안의 체중 감량은 거의 땀으로 배출된 수분의 무게이기 때문이다. 물을 마시고 식사를 하면 다시 원상 회복된다. 실망하기에도 이르다. 달리기의 체중 감량 효과는 운동을 통한 칼로리 소비라는 즉각적인 효과뿐 아니라, 훨씬 복잡하고 지속적인 과정을 통해 나타난다. 즉 쉽게 살이 빠지고, 한번 빠진 살은 다시 찌기 어려운 체질로 변화하게 된다.

이 운동을 통해 소모된 칼로리를 살펴보자. 1시간 동안 소모된 칼로리는 대략 730kcal. '총 킬로칼로리'로 표시된다. '활동 킬로칼로리'는 대략 640kcal 인데, 이는 순수하게 운동으로 소모한 칼로리를 뜻한다. 일요일 아침에 1시간을 달리지 않고 집에서 가만히 있었어도 90kcal 정도는 소모했을 거라는 말이다.

성인 남녀의 하루 세 끼 식사 기준 권장 한 끼 칼로리는 보통 남성 700~850kcal, 여성 500~650kcal 수준이다. 하루 전체 권장량을 3으로 나눈 수치인데, 현상 유지를 위한 양이므로 다이어트를 한다면 한 끼 섭취 열량을 400~500kcal 이하로 줄여야 한다. 한식 기준으로 흰쌀밥 한 공기는 300kcal 정도이고, 나머지 찌개/국이나 반찬 등으로 이의 1.2~1.5배 정도를 채우게 된다. 즉 1시간 달리기로 소모되는 칼로리는 대략 한 끼 식사 정도로 섭취하는 칼로리와 비슷한 수준이다.

직접적인 체중 감량의 효과도 생각해 보자. 1kg 감량을 위해 줄여야 하는 칼로리 밸런스는 대략 7,000~8,000kcal 정도로 알려져 있다. 달리기로 700kcal를 소모했으니, 수분 배출로 인해 줄어든 체중 말고도, 100g 정도는 지방을 태워 실제 감량이 일어난 셈이다. 1시간 또는 10km 달리기 한 번으로 700kcal을 소모한다고 하면, 산술적으로는 10번에서 11번 정도 달려야 1kg을 줄일 수 있다고 할 수 있다. 하지만 매일 달린다고 해도 최소 열흘에서 2주 정도는 달려야 하니, 그 기간 동안 섭취하는 열량에 따라 결과는 판이하게 다를 것이다. 식사와 연계해서 생각해 보자면, 다이어트를 위해 줄여야 하는 매 끼니당 200kcal 정도를 달리기가 대신 줄여 주니, 평상시 먹던 대로 먹고도 다이어트를 할 수 있다.

달리기와 칼로리 소모의 관계를 이해하자

달리기를 통한 대략의 칼로리 소모량은 간단히 몸무게와 거리를 곱하면 된다. 필자의 경우 몸무게가 73kg 정도인데, 10km를 달렸을 때 소모하는 칼로리는 다음과 같이 계산된다.

$$73\text{kg} \times 10km = 730\text{kcal}$$

공식이 너무 간단해서 이게 과연 유의미한 데이터인가? 갸우뚱하셨을 수 있는데 이 책에 나오는 모든 이론은 스포츠 과학자, 운동생리학자 같은 훌륭한 분들이 깊이 연구한 내용들이니 안심하셔도 된다.

MET(대사 당량)라는 것이 있다. 눕거나 앉아서 휴식을 취하고 있는 상태(1 MET)를 기준으로, 운동 중 소비되는 산소량과 에너지양을 수치화한 운동 강도 지표이다. 수치가 높을수록 고강도이며, 천천히 걷기, 스트레칭 등은 저강도(3 MET 미만), 빠르게 걷기, 가벼운 자전거 타기, 골프 등은 중강도(3-6 MET), 우리가 대략 '운동'이라고 생각하기 시작하는 달리기, 계단 오르기, 수영 농구 등산… 등은 고강도(6 MET) 활동에 해당한다. 즉 MET는 '숨만 쉬고 있을 때'를 기준으로 특정 활동이 몇 배의 에너지를 쓰는지 보여 준다.

MET에 기반한 기반 칼로리 소모 계산 공식은 다음과 같다.

$$\text{Energy Expenditure(kcal)} = \text{MET} \times 체중(kg) \times 시간(hours)$$

몸무게가 60kg인 사람이 3 MET 정도의 강도로 30분 운동하면 3 × 60kg × 1시간 = 180kcal 정도의 열량을 소모한다는 것이다. 대충 계산하는 것 같지만, 실은 미국스포츠의학회(ACSM)에서 발표하는 표준적인 지침이다. 이 지침에 따르면, 운동의 종류에 따라 1시간 동안 소모되는 열량은 다음 표에서 보는 바와 같다.

앞에서 달리기를 통한 칼로리 소모량 추정치가 간단한 것은, 시간당 $10km$ 또는 km당 6분(6'00"/km) 페이스의 표준적인 달리기의 MET 수치가 10에 근접하기 때문이다. 이보다 더 빨리 달리면 MET는 올라간다. 중요한 점은 표준적인 달리기의 MET가 수영, 자전거, 웨이트 트레이닝보다 높다는 점이다. 즉 달리기가 다른 운

운동별 1시간 소모 칼로리 비교(73kg 기준)

운동 종류 (강도)	MET 수치	1시간 소모 열량(kcal)	비고
달리기 (10km/h)	9.8	약 715kcal	전신 근육 및 심폐 동시 가동
수영 (크롤, 보통)	8.0	약 584kcal	부력으로 인해 중량 부하 적음
자전거 (20km/h)	7.5	약 548kcal	하체 위주의 국소적 소모
웨이트 (고강도)	6.0	약 438kcal	세트 사이 휴식 시간 존재
약간 빠르게 걷기 (5km/h)	3.5	약 255kcal	저강도, 낮은 심박수 유지

출처: 미국스포츠의학회(ACSM)의 〈2011 신체 활동 지침서(Compendium of Physical Activities)〉 데이터를 기반으로 작가 재구성(체중 73kg 기준 계산)

동보다 열량 소모가 많다! 달리기는 전신 근육과 심폐 기능을 동시에 가동하기 때문이다. 물론 달리기보다 MET 수치가 높은 활동이 없는 것은 아니다. 접영, $30km/h$ 이상의 고속 사이클링, 크로스컨트리 스키 등은 MET가 14~15에 이른다. 하지만 이들 신체 활동을 1시간 이상 하는 것은 어렵다. 달리기는 단위 시간당 칼로리 소모량도 높을 뿐더러, 장시간 지속할 수 있다는 점에서 다른 모든 신체 활동을 압도한다. 즉 칼로리 소모를 늘려 체중 감량을 하기에 이상적인 스포츠라는 말이다. 하지만 그걸로 끝이 아니다. 많이들 들어 보셨을 기초대사량과 연결해서 생각해 보자.

인간의 몸은 36.5°라는 체온을 유지하는 것만으로도 생각보다 많은 에너지를 소모한다. MET 공식으로 몸무게 73kg인 필자의

시간당 칼로리 소모를 계산하면

$$1(\text{MET}) \times 73(\text{kg}) \times 1(\text{시간}) = 73 \text{ kcal/hour}$$

이를 하루 전체로 환산하면

$$73\text{kcal/hour} \times 24\text{시간} = 1{,}752\text{kcal/day}$$

이 수치가 바로 체중 73kg인 나의 일일 기초대사량에 근접한 기준 값이 된다. 성인 남자의 1일 기초대사량인 1,500~1,800kcal 범위 내에 들어옴을 알 수 있다. 성인 여자의 경우 약 1,200~1,600 kcal가 하루 동안 생명 유지에 필요한 최소한의 에너지 소비량이다. 즉 하루 종일 누워 있어도 최소 이만큼의 열량이 공급되지 않으면 우리 몸은 어딘가부터 깎여 나간다.

기초대사량은 나이, 체형, 성별에 따라 모두 다르고, 개인차도 심하다. 53세에 몸무게 73kg, 키 175cm 남성인 필자의 경우 미플린 공식으로 계산해 보면 대략 65 정도가 나온다. 우리가 흔히 '살이 찌지 않는 체질'이라고 말하는 것은, 이 1 MET의 기준값이 되는 기초대사량이 근육량이나 대사 활성도에 의해 남들보다 높은 상태를 의미한다. 위의 칼로리 소모 계산 공식에 체중이 아닌 BMR을 대입하면 좀더 개인화된 수치를 계산할 수 있다.

Energy Expenditure(㎉) = MET x BMR x 시간(hours)

화창한 어느 봄날 일요일 아침 필자의 달리기 데이터로 돌아가 보자. 54분간 달리는 동안의 총칼로리 725㎉와 활동칼로리 643㎉와의 차이인 82㎉를 1시간으로 환산해 보면 90㎉ 이다. 필자의 기초대사량은 평균적인 50대 남성의 수치를 상회하는데, 이는 꾸준한 달리기가 평시에도 칼로리 소모가 높은 체질을 만들었음을 의미한다. 장기간에 걸쳐 꾸준히 달린 결과, 달릴 때뿐 아니라 평시에도 칼로리를 많이 소모하는 체질이 되었다고 할 수 있다. 실제로 레이스 준비 직전 한두 달을 제외하고는 평상시에 식사량 조절을 거의 하지 않는다. 먹고 싶은 만큼 양껏 먹고, 15년 전에 담배를 끊은 이후로는 단것도 사양하지 않는 편이다. 다만 나이가 들어 소화력이 떨어지다 보니 과식이나 폭식은 가급적 삼가하는 편이긴 하다.

기초대사량이 높아 더 많은 에너지를 소모한다면, 연비 측면에서 비효율적인 것 아냐? 라고 생각하실 수 있는데 오해다. 필자는 빠른 페이스로 달림에도 활동 칼로리 소모는 기준치보다 낮은데, 이는 러닝 이코노미를 통해 경제적인 달리기를 하고 있다는 뜻이다. 이를 MET로 보정하면 10.77이 된다. 여기에 체중 73kg과 시간(54분 = 0.907시간)을 적용하면 $(MET - 1) \times$ 체중$(kg) \times$ 시간$(hr) = (10.77 - 1) \times 73 \times 0.907 = 647$㎉로 계산되는데, 기록된 활동 킬로칼로리는 643㎉로 이보다 살짝 낮은 수준이다. ACSM의 데이터는 20~40세의 건강한 성인 남성(엘리트 선수 아님)을 대상

으로 수집된 데이터였음을 감안하면, 50대인 필자가 기준치를 하
회하는 에너지 소모를 하고 있다는 것은 고무적이다. 50대인 나의
심폐 시스템과 대사 능력이 표준적인 젊은 남자 성인 수준으로 관
리되고 있다는 것이고, 러닝 이코노미를 익혀 경제적인 달리기를
하고 있다는 뜻이다.

달리지 않는 동안에도
살은 빠지고 있다

달리는 동안의 칼로리 소모 이외의 요소들로 넘어가 보자. 하루의 총 에너지 소비량(TDEE)은 기초대사량(BMR), 활동 대사량, 식사성 발열 효과를 합산한 하루 총 칼로리 소모량이다. CICO 원칙으로 따지면 체중 감량 시 TDEE보다 적게, 증량 시 많이 섭취하는 것이 기본이다.

앞서 성인 남자의 일일 기초대사량은 약 1,500~1,800㎉ 인데 식사량의 기준이 되는 권장 섭취량은 약 2,400~2,700㎉ 라고 말씀드렸다. 인간은 섭취하는 에너지의 약 2/3를 생명 유지에 쓰고 있는 것이다. 식사성 발열 효과는 음식 소화 및 흡수에 소모되는 에너지로, TDEE의 약 10% 정도이다. 나머지가 활동 대사량인데, 일상 움직임 및 운동으로 소모하는 에너지이다. 전체 소비량의 15~30%로, 큰 비중은 아니나 범위가 2배 가량 차이가 난다. 즉 그만큼 변동성이 크다.

달리기를 마친 후에도 비운동성 활동 열소모(NEAT, Non-Exercise

Activity Thermogenesis)와 애프터번 효과(EPOC, Excess Post-Exercise Oxygen Consumption)가 지속되어 우리 몸의 전체적인 칼로리 밸런스를 결정한다.

활동적인 사람이 NEAT를 통해 소모하는 열량은 생각보다 훨씬 크다. 개인의 생활 습관에 따라 하루 300kcal에서 많게는 2,000kcal까지 엄청난 편차를 보인다고 한다. 1,500kcal를 넘어 가는 경우는 고강도의 육체 노동이나 종일 서서 근무하는 경우 등인데, 보통의 사무직도 활동적인 사람은 약 600~900kcal 정도의 NEAT 소모량을 보인다고 한다. 중요한 점은 달리기가 달리지 않는 동안의 NEAT를 끌어올린다는 것이다. 달리기와 같은 고강도 운동은 교감신경을 자극하고 에너지를 생성하는 미토콘드리아의 효율을 높인다. 이로 인해 발생하는 활력이 일상적인 움직임을 더 활기차게 만든다. 아침 운동의 성취감은 '활기찬 사람'이라는 정체성을 부여하며, 이는 엘리베이터보다 계단을 이용하는 등 일상 속 활동량(NEAT)을 높이게 된다. 달리기는 에너지를 소모하는 행위지만, 역설적으로 에너지를 '생성'하는 행위이기도 하다는 것이다. 잘 달리는 사람은 달리지 않을 때에도 활동적이다. 매일 1시간씩은 아니더라도 주 2~3회 이상, 한 번에 30분씩이라도 달리기를 지속하고 계시다면 이미 이러한 효과를 체감하고들 계실 것이다. 달리기를 계속 하는데도 생활에 활력이 부족하다면 부상이 의심스러우니 8장을 참고하시기 바란다.

아침에 달리기를 하고 나서 샤워를 하고 출근길에 나서다 보면, 셔츠 아래로 땀이 배어 나와 살짝 난감할 때가 있다. 분명히 찬물로 마무리를 했음에도 쉽게 체온이 떨어지지 않아서이기도 하고, 좀 더 복합적으로 애프터번 효과라고 한다. 애프터번 현상은, 중 고강도 운동 직후에 엔진을 식히고 젖산을 제거하며 손상된 조직을 수리하기 위해 평소보다 더 많은 에너지를 쓰는 상태를 말한다. 운동이 끝난 후에도 몇 시간 동안 BMR 자체가 5~15% 상승해 있게 되는 것이다. 애프터번을 유도하려면 운동 시간보다는 강도가 중요하다. 주로 인터벌 훈련이나 템포런을 끝까지 해서 Zone 4와 Zone 5를 계속 오르락내리락 했을 때, 즉 산소 부채가 발생할 정도의 강도로 운동한 뒤 부족했던 산소를 이자까지 쳐서 갚는 과정이다. 반대로 강도보다 시간이 중요한 Zone 2 러닝에서는 운동 도중에 지방을 태우는 비율이 월등히 높고, 시스템 부하가 적으니 매일 가동해도 무리가 없다. 애프터번을 기대할 수 있는 고강도 운동과 Zone 2 운동을 번갈아 하는 것이 가장 효과적인 체중 감량 방법이라고 할 수 있다.

다시 CICO로 돌아가 보자. 달리기의 Calories Out 효과에 대해 이야기했지만, Calories In에 미치는 영향도 무시할 수 없다. 사실 이 부분은 복합적인 면이 있다. 달리기와 같은 육체 활동을 하면 입맛이 좋아지기도 하거니와, 보상 심리로 인해 더 많이 먹게 될 수도 있다. 반대로 심리학에서 이야기하는 '노력 정당화' 기제가 작동할 수도 있다. 스스로 투입한 노력이 클수록 그 가치를 훼손하고 싶지 않아 하는 심리가 식단 조절의 '강력한 의지력'으로 치환되는 것이다. 달리기가 우리 몸의 에너지 균형에 어떤 영향을 끼치는지를 이해하고 생각하면, 먹고 싶은 음식을 참는 데에서 오는 박탈감보다는, 스스로를 잘 통제하고 있다는 효능감이 더 크게 작용하게 된다.

마지막으로 체중 조절의 방향성에 대해 짚고 다음으로 넘어가자. 먹거리가 넘쳐나는 현대인 중에는 과체중이 걱정인 분들이 훨씬 많을 거라고 생각하지만, 반대로 저체중으로 고민하는 분들도 분명히 있다. 저체중인 분들은 그나마 있는 살이 더 빠지는 것이 두려워 달리지 못한다는 경우가 있다. 기우다. 달리기는 무조건 체중을 줄이는 것이 아니라, 러너가 '적정 체중'으로 찾아 가는 길을 안내한다. 앞에서 달리기를 통해 소모되는 칼로리는 몸무게와 거리를 곱하여 구할 수 있다고 했다. 즉 몸무게가 무거울수록 달리기의 칼로리 소모 효과가 크다! 반대로 몸무게가 1kg 빠지면 그만큼 칼로리 소모는 줄어든다. 저체중인 분들에게는 체중 감량 효과는 적고, 입맛이 좋아지고 신진대사가 활발해지면서 소화가 촉진되어 식사량이 늘어날 수 있다. 결국 '적정' 체중으로 수렴해 가는 것이다.

탄수화물, 지방, 단백질
– 연료냐 재료냐

지방, 탄수화물, 단백질은 신체 생명 유지에 필수적인 3대 영양소라고 초등학교 때 배운 것을 떠올려 보자. 우리 몸에 들어 오는 영양소는 복잡한 대사 과정을 거치지만 크게 보면 몸을 구성하는 재료가 되거나, 몸을 움직이는 연료가 된다.

탄수화물은 거의 순수한 연료다. 글리코겐의 형태로 간과 근육에 저장된다. 저장 용량에 한계가 있다는 게 관건이다. 준비 과정에서는 용량을 늘리고, 레이스에서는 최대한 잔고를 오래 유지해야 한다.

지방은 에너지 저장 및 세포막 구성 등을 담당한다. 말하자면 백업 연료 저장 장치라고 할 수 있다. 장점은 용량에 한계가 없다는 거다. 단점도 용량에 한계가 없다는 거다.(…) 최대한 연료로 활용해서 태워 버리는 메커니즘을 구축해야 한다.

단백질은 근육 등 신체 조직을 구성하고 기능을 조절하는 역할을 담당한다. 우리 몸을 구성하는 '재료'에 해당하지만, 탄수화물과 지방이 고갈되면 연료로 사용될 수도 있다. 우리 몸이 그 정도로 고도의 에너지 전환 시스템을 갖추고 있다는 사실은 경이롭지만, 이는 러너로서 가장 피해야 할 상황인 '근손실'이다.

이들 각각의 역할을 명확히 하면, 마라톤의 준비 과정과 레이스 당일에 우리가 어떤 달리기를 해야 하는지를 알 수 있게 된다.

가장 중요한 것은 탄수화물 저장 탱크다. 성인의 체내 총 글리코겐 저장량은 약 350~600g(약 1,400~2,400kcal) 내외로, 주로 간과 근육에 저장되어 고강도 운동 및 에너지원으로 사용된다. 우리가 달리기에 사용하는 연료는 근육에 저장된 약 250~500g이다. 글리코겐 1g당 4kcal의 효과를 낸다고 하니 우리 몸은 1,000~2,000kcal의 연료를 근육에 저장해 두고 꺼내어 쓰는 셈이다. 글리코겐은 3~4배 정도의 수분과 함께 저장되는데, 연소될 때 수분도 함께 빠져나간다. 매일의 달리기에서 일시적으로 체중이 감소하는 것은 땀으로 인한 수분 배출이 대부분이라고 했는데, 글리코겐 연소와 함께 빠져나가는 수분도 상당하다는 것을 알 수 있다. 표준적인 성인 남자가 $10km$를 달리면서 600~700kcal를 소비한다. $30km$를 달리면 대략 2,000kcal의 열량이 소비된다! $30km$의 '벽'이 왜 생기는지 알 수 있다. 탄수화물만을 에너지원으로 해서는 사람이 한 번에 42km를 달리는 것은 생리적으로 불가능하다는 것이다.

그렇다면 인간이 $30km$를 넘어 달리기 위해서는 어떻게 해야 하는 걸까? 세 가지 방법이 있는데, 모두 한꺼번에 동원해야 한다.

첫 번째. 탱크의 용량, 즉 근육을 키우거나 에너지 밀도를 높이는 거다. 근육 1kg당 12~15g 정도의 글리코겐을 저장할 수 있다고 하니, 근육량(골격근량)이 30kg라면 400g의 글리코겐 즉 1,600㎉의 에너지를 풀충전할 수 있다는 계산이 나온다. 이래서야 $30km$는 커녕 $25km$도 못 가서 방전이다! 마라톤 훈련에서 근력 운동이 필수인 이유다. 근육이 커야 더 멀리 달릴 수 있다! 다만 체중이 따라 늘어나면 에너지 소모가 더 커지므로 소용 없다. 꾸준히 달리면 당연히 같은 크기의 근육이 저장할 수 있는 글리코겐의 양이 많아진다. 인터벌 등 고강도 훈련을 통해 글리코겐을 완전히 비웠다가 즉시 탄수화물로 보충하는 과정을 몇 번 거치면 저장 효율이 더 높아진다. 마지막 희소식은 글리코겐은 꽉꽉 눌러 담으면 더 들어간다! 레이스 직전에 '카보 로딩'으로 탄수화물을 때려먹어 줘야 하는 이유다. 단, 근육이 저장할 수 있는 용량 이상의 탄수화물이 공급되면 이는 모두 지방으로 전환되어 저장되는 사태가 일어나니 주의하자.

두 번째 방법은 하이브리드 모드를 가동하는 것이다. 지방연소를 활성화함으로써 탄수화물 연소를 최대한 줄여 글리코겐 고갈 시점을 최대한 뒤로, $42km$ 이후로, 미루는 거다. 이 두 번째 방법이 마라톤 완주의 최대 관건이라고 할 수 있다. 먼저 지방의 에너지 저장 능력을 살펴볼 필요가 있다. 앞에서 '1kg 감량을 위해 줄여야 하는 칼로리 밸런스는 대략 7,000~8,000㎉ 정도'라고 했다. 체내 지방은 막대한 에너지를 저장하고 있어, 체지방률 15%의 성인 남성만 해도 수만㎉에 달하는 잠재적 연료를 보유한 셈이다. $10km$당 700㎉를 소비하는 러너라면 $1,200km$ 가까이 달릴 수 있는 열량이다. 근골격계의 내구성이 허락한다면, 에너지 용량만으로는 서울

부산 거리를 왕복하고도 개성을 거쳐 평양까지 달릴 수 있다. 근육 내 글리코겐의 한정된 용량을 따지면서 짜쳐 있다가 갑자기 이런 수치를 보니 가슴이 웅장해진다. 드럼통을 메고 달리는 것과 마찬가지인데 드럼통은 에너지를 많이 저장할 수는 있지만 외관상으로는 영 좋지 않다. 지방이 딱 그렇다. 인간이 극한으로 줄일 수 있는 체지방률은 남성 3~5%, 여성 10~13%라고 한다. 이 정도로도 계산해 보면 $42km$를 달릴 수 있는 열량은 나온다. 물론 생존과 필수 신체 기능에 필요한 '필수 지방' 수준이니 체지방률 10% 이하의 몸으로 풀코스를 달리는 것은 지극히 위험할 것이다.

그러니까 에너지 저장 장치로서의 지방의 '양'은 신경 쓸 필요가 없다는 건데 이렇게 쉬울 리가 있나. 지방만을 태워서 달릴 수 있다면 인생이 참으로 편하고 행복할 테고, 비만치료제를 개발하는 제약회사들의 주가가 날아다닐 일도 없고, 주변을 돌아 보면 늘씬한 선남선녀들만이 넘쳐날 것이다. '낮게 열린 열매'를 가장 잘 실천하는 것이 우리 몸의 대사 작용인데, 가장 편하게 접근할 수 있는 근육 내 글리코겐부터 먼저 사용하고 체지방 연소는 그 다음이기 때문이다. 글리코겐은 빠르게 에너지로 전환할 수 있는데, 지방 대사는 속도가 느리고 거쳐야 하는 단계가 많다. 특히 산소의 양이 많아야 한다. 천천히 오래 달리는 동안 산소가 부족함 없이 충분히 공급되면, 우리 몸은 1) 아, 이대로 계속 오래 달릴 모양이네. 슬슬 지방 저장고에서 에너지를 꺼내 써야겠는걸? 2) 산소가 충분히 공급되는 걸 보니 탄수화물 대사를 줄이고 지방 산화를 시작해도 되겠군! 이라는 두 개의 스위치가 켜지면서, 점차 지방

대사를 늘려 간다. 이때 지방 대사의 비중이 탄수화물 대사를 넘어서는 순간을 크로스오버 포인트라고 하는데, 보통 VO2max의 40~60% 수준이고, Zone 2 훈련을 오래 하면 이 시점이 점점 오른쪽으로 이동한다. 즉 보다 높은 운동량(빠른 페이스)에서도 지방 대사가 탄수화물 대사보다 높은 수준을 유지하게 된다는 것이다. 사람에 따라 다르겠으나 Zone 2 훈련의 페이스는 레이스 당일의 목표 페이스보다 훨씬 느리기 때문에, 평소 훈련에서 지루하더라도 Zone 2 러닝의 비중을 최대한 높여 둬야 레이스 당일에 목표 페이스로 달리면서도 글리코겐을 적게 쓰고 지방을 태워 가며 하이브리드 모드로 달릴 수 있다.

　나는 체중 감량은 필요 없고 레이스 당일 완주가 과제인데, 그렇다면 레이스 당일 전략으로는 글리코겐을 다 쓰고 난 뒤에 순차적으로 지방을 태우면 되는 거 아냐? 천천히 달려서 언제 마일리지를 다 채운대? 라고 생각하실 수 있다. 오산이다. 체내에 있는 글리코겐이 고갈되면, 곱게 지방대사로 넘어가지 않는다. 극심한 피로감, 무기력증, 현기증, 집중력 저하 등이 주요 증상이라고 되어 있는데, 이게 아 달리다 보니 점점 힘들어져서 더 이상 못 뛰겠네. 이런게 아니다. 갑자기 다리에 힘이 빠지면서 한 발짝도 더 뗄 수 없는 상태가 되는데, 이를 봉크(bonk!)라고도 한다. 예고도 없이 갑자기 찾아오기 때문에 보이지 않는 '벽에 부딪힌다'고 표현하는 것이다. 글리코겐 연소 → 지방 연소로 부드럽게 넘어가려면 글리코겐이 상당히 남아 있는 상태에서부터 지방 대사가 시작되어 있어야 한다는 거다. 그러니 Zone 2 러닝을 평소에 많이 해 두는 것

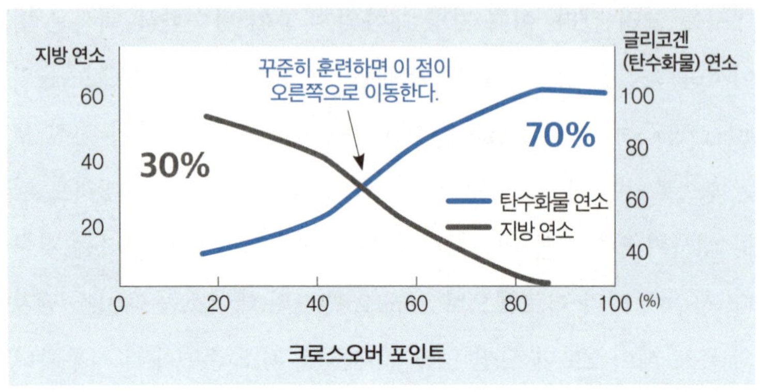

이 고통 없이 완주할 수 있는 길임을 잊지 말자.

세 번째는 에너지 젤 등 중간 급유를 활용하는 방법이다. 풀코스 대회에서는 보통 5km마다 급수대를 설치하고, 물과 이온음료뿐 아니라 바나나, 초코파이 등 빠르게 소화되고 열량을 공급해 줄 수 있는 보급품들을 제공하곤 한다. 바나나는 러너들뿐 아니라 에너지 관리가 필수인 고강도 운동 또는 지구력 운동에서 완전 식품으로 추앙받는다. 일단 소화에 부담이 없고 당이 높아 빠르게 에너지로 전환되어 탄수화물 대사에 연료로 공급된다. 칼륨과 마그네슘이 근육 경련을 예방하며 피로 물질인 젖산을 낮춰 신속한 회복을 돕는다. 달리기 전에 먹어도 좋고, 달리는 중에도 먹을 수 있으며, 달린 후에 먹어도 회복에 도움이 된다. 러너들에게는 완벽에 가까운 천연 에너지원이지만, 바나나를 들고 달리기는 곤란하다. 그래서 많은 러너들이 에너지 젤을 몇 개씩 챙겨 러닝벨트에 넣고 달린다. 에너지 젤은 보통 한 포에 100$kcal$ 정도 열량을 포함하고 있다. 바나나 한 개의 열량과 비슷한데, 양이 적고 휴대가 간편하다는 것이 장점이다. 흡수가 빨라 보조 에너지원으로 유용한데, 풀코스 당일 레이스 전에 미리 적응하는 연습은 필요하다. 2~3주 전에 LSD를 할 때 2~3개 정도 챙겨 가서 $10km$ 또는 $15km$ 정도 시점부터 $5km$ 간격으로 한 개씩 섭취하고 달리는 체험을 해 보면 레이스 당일에 자연스럽게 적응이 될 것이다.

급수대의 보급품으로는 바나나가 가장 보편적이지만, 그 외에는 문화권에 따라 조금씩 차이가 있다. 오렌지나 수박, 포도알 등 과일은 먹기에 간편하고 수분과 당분을 동시에 제공해서 보편적으로 인기인데 섬유질이 있어 너무 많이 먹으면 소화에 지장이 있을 수 있으니 주의할 것. $35km$ 이후 급수대에서는 물 외에 콜라를 따라 주는 경우가 있다. 즉각적인 당분(탄수화물) 보급 효과는 물론이거니와, 콜라의 카페인 성분이 지친 러너의 신경을 일깨워 준다. 시원한 청량감 또한 마지막 힘을 쥐어짜는 데 도움이 된다. $30km$ 이후에는 카페인이 도움이 되는 경우가 많은데, 에너지 젤 중에도 카페인 함량이 높은 제품들이 있다. 필자는 보통 $15km$ 지점부터 $5km$ 간격으로, 즉 $20km$, $25km$, $30km$ 지점에서 에너지 젤을 섭취하므로 4개 + 여분 1개의 젤을 챙기되 마지막은 카페인이 함유된 것으로 한다. 흡수 시간을 고려할 때 $35km$ 이후에는 먹어 봐야 어차피 완주 전에 도움이 안 될 가능성이 크다.

국내 대회에서는 초코파이를 잘라 주는 경우가 많은데 역시 당분이 높고 즉각적으로 에너지 보충이 되지만 소화 측면에서 갸우뚱하게 되는 면이 있다. 2005년에 개봉한 영화 '말아톤'의 주인공이 초코파이를 좋아해서 레이스 중 지쳐 쓰러졌을 때 누군가가 건

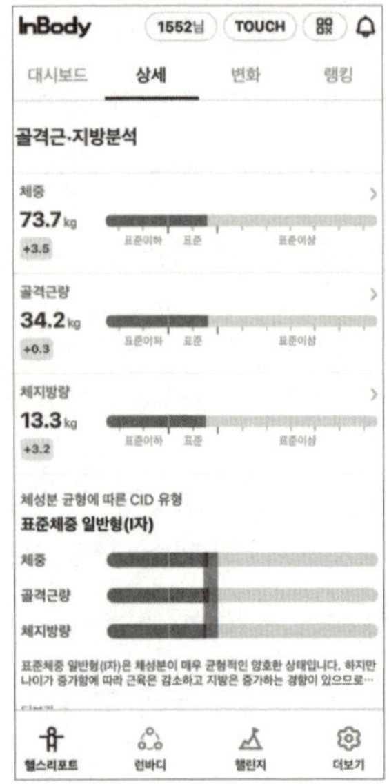

인바디로 측정한 필자의 체성분표. 골격근량으로 내가 저장할 수 있는 글리코겐의 양 즉 탄수화물만으로 달릴 수 있는 거리를 대략 추산해 볼 수 있다. 물론 이것만으로 에너지 저장량을 특정할 수는 없으니 절대량보다는 추세를 위주로 보는 게 좋겠다. 개인의 건강 정보를 너무 많이 공개하는 것 아닌가 싶기는 한데 독자분들께 조금이라도 생생한 실제 데이터를 전해 드리고자 하는 충정임을 이해해 주시면 감사하겠다.

네 준 초코파이에 힘을 얻고 다시 일어나는 장면이 있다.

혹시 이 영화를 안 보신 분이 있다면 꼭 보시기 바란다. 배우들의 연기도 훌륭하고 스토리가 감동적일 뿐 아니라 특히 클라이막스의 마라톤 레이스 장면 연출이 일품이다. 자폐인인 주인공이 레이스 마지막에 환상을 보며 영화에 등장한 모든 인물들의 (주인공에게 친절했던 사람은 별로 없다.) 응원과 환호를 받고, 좋아하는 얼룩말과 함께 초원을 질주하는 장면은 볼 때마다 가슴이 벅차오르는 최고의 명장면이다. 20년이 지난 지금도 필자는 레이스 후반에 꼭 이 장면을 떠올리며 힘을 내곤 한다.

잘 먹어야
회복한다

달리기에 필요한 에너지의 원천은 결국 우리가 섭취하는 음식이다. 앞의 두 절에서 우리 몸의 재료와 연료로서의 영양소들이 우리가 달리는 동안 그리고 달리지 않는 동안, 몸의 에너지 밸런스에 어떤 작용들을 주고 받는지 살펴봤다. 이 장의 마지막 절에서는 그래서 실제로 뭘 어떻게 먹어야 하는지를 생각해 보도록 하자.

러너의 식단이라는 것은 사실 뭐 특별할 것이 없다. 레이스 준비 기간 즉 D-1개월 정도 전 외에는 보통 생각하는 건강식, 즉 몸에 좋은 음식이 달리기에도 좋다. 다만 바쁜 직장인들이 빠듯한 하루 하루 속에서 일상의 달리기를 이어 나가기 위해 몇 가지 생각해 둘 지점들이 있다.

언제 먹고 언제 달릴 것인가

3장에서도 이야기했지만, 러닝을 일상의 루틴으로 정착시키기 위해 달리는 시간을 고정해야 한다. 이때 물론 가장 중요한 것은 일터의 시간표다. 직업에 따라 직장에 따라 스케줄이 제각각이 겠지만, 어쨌든 매일 출근해야 하는 직장인에게 1시간 이상의 시간을 고정적으로 확보하는 것은 나름 고심해야 할 과제다. 다시 한 번 강조하지만, '시간 날 때 달려야지.'는 절대 안 통한다. 처음 한 두 번은 몰라도 그 시간은 여간해서는 나지 않을 것이다. 특히 달리기는 식사 스케줄과의 전후 간격을 고려해야 한다. 달리기 전 언제 무엇을 먹을 것인지, 달린 후에 무엇을 먹을 것인지 모두 중요하다.

달리기 전에 식사를 한다면 충분한 소화 시간을 확보해야 한다. 식후에 배가 꺼지기 전에 달리다가 옆구리를 찌르는 듯한 복통이 온 것은 누구나 경험한 적이 있을 것이다. 영어로는 'Side stitch'라고 한다. 원인은 다양하지만, 해결법과 예방책은 간단하다. 달리다가 Side stitch가 왔다면 그냥 속도를 늦추고 천천히 걸으면서 배를 마사지하거나 상체에 긴장을 풀고 심호흡을 한다. 통증이 계속되면 그날의 달리기는 접고, 휴식을 취하거나 움직임이 덜한 대체 운동, 가령 근력 운동으로 전환한다. 간혹 참고 달리다 보면 복통이 사라지는 경우도 없지 않은데, 자칫 횡경막 경련이나 소화기계 질환으로 이어질 수 있으니 웬만하면 참으시지 않는 게 좋다. 예방책은 당연히, 식사 후 적어도 2시간 정도 소화될 시간을 주고 나서 달리는 거다. 만약 그 정도 여유 시간 확보가 어렵다면, 소화가 잘 되고 위에 머무는 시간이 짧은 음식으로 식사를 하면 된다. 죽이나 진밥 등 부드러운 탄수화물, 단백질은 흰살 생선이나 두부 등이다. 기름기가 있는 음식은 피하고, 섬유질도 가급적 피한다.

보통 퇴근 후 저녁 시간에 달릴 때 이와 같은 고민을 많이 하게 된다. 평범한 직장인이 일과를 마치고 퇴근해서 6~7시 정도에 귀가하여 저녁 식사를 한다면, 9시 정도 이후에야 충분히 소화된 상태에서 달릴 수 있다. 달리고 난 이후도 문제인데 10시에 러닝을 마치고 들어와 씻고 나면 교감신경 활성화, 체온 상승, 코르티솔 분비 증가 등으로 바로 누우면 숙면이 어렵다. 2시간 정도는 릴랙스 하고 나야 숙면을 취할 수 있다고 하니, 자정을 훌쩍 넘기게 된다. 저녁 러닝을 하는 분들 중에는 공복에 달리고 나서 식사를 하시는 분들도 있다. 이 경우 일상의 피로와 공복이 겹쳐 힘드니, 보통 퇴근 시간 한두 시간 전 그러니까 4~5시 정도에 직장에서 간단히 간식을 먹어 탄수화물을 보충하고, 퇴근 후에 빈속으로 달리고 나면 8시 전에 편히 저녁을 먹을 수 있다.

나의 경우 새벽 4시에서 5시 사이에 일어나는 것이 습관으로 정착하여 거의 아침에 달리는 편이다. 당연히 공복 러닝인데, 퇴근 후 공복과는 달리 피로가 누적된 것은 아니라 충분히 달릴 수 있다. 장점은 자는 동안 체내 탄수화물(글리코겐)이 고갈된 상태라 체지방을 주 에너지원으로 사용한다는 점이다. 식후 운동 대비 월등히 높은 지방 연소 및 체지방 감량, 특히 내장지방 감소에 효과적이라고 하는데, 나는 매일 아침 그렇게 달려도 체성분 분석을 해보면 내장지방이 항상 경계선에 있는 걸 보면, 나잇살은 어쩔 수 없나 보다 하고 있다. 단, 근손실 위험이 있다 보니 완전 공복은 아니고, 3장에서 설명한 것처럼 눈 뜨자마자 루틴대로 커피를 내린 뒤 올리브유 또는 MCT 오일 한 스푼을 삼킨 후에 마신다. MCT

오일은 탄수화물 고갈 상태에서 지방 연소를 촉진하여 오래 달려도 덜 지치게 해 준다. 나가기 전에 바나나 반 개 정도를 먹어 주면 더 좋다. 물은 충분히 마셔야 한다.

달리고 난 직후가 중요하다

매일 달리는 러너의 식사에서 가장 중요한 것은 매끼가 '회복식'이 되어야 한다는 것이다. 8장에서 이야기했듯이, 직장인 러너는 러닝 후에 생긴 미세 부상을 다음날 다시 달리기 전까지 23시간 동안 최대한 회복해야 이어 갈 수 있다. 매끼가 영향을 끼치지만 그 중에서도 달리고 난 직후에 열리는 '기회의 창'을 잘 활용하는 것이 관건이다.

운동생리학에서 말하는 '기회의 창'은 운동 종료 후 30분에서 60분 사이를 뜻한다. 강도 높은 훈련 직후, 우리 몸은 고갈된 글리코겐을 채우고 파열된 근육을 복구하기 위해 영양소 흡수 효율을 평소의 몇 배로 높인다. 이 시기에 탄수화물과 단백질을 섭취하면 회복 속도가 비약적으로 상승한다. 이 창을 놓치면 복구 공정이 지연되어 다음 날의 '10㎞ 루틴'에 지장을 줄 수 있다.

러닝 후에 필자는 우유나 코코넛워터에 BCAA와 유청단백질 파우더를 섞어 마시고 출근한다. 코코넛워터는 맛은 약간 애매한데 익숙해지면 괜찮고, 갈증이 비교적 빨리 가시는 효과가 있다. 우유는 단백질과 칼슘의 공급원이 되어 주어 코코넛워터와는 다른 장점을 제공한다. BCAA는 아미노산 계열의 다양한 보충제 중에서 러너들에게 가장 적합하다. 웨이트 트레이닝을 하는 이들이 섭취하는 여느 보충제들과는 달리 근육을 키우거나 하는 효과보다는, 운동 후에 근손실을 억제하는 역할을 한다. BCAA 외에 하나 정도를 더 고르라면 혈관을 확장시키는 아르기닌 계열의 보충제가 유용한 것 같다. 알약 형태로 되어 있는 경우가 많은데 흡습성이 있어서 보관을 잘못하면 부스러지곤 하니 주의하자.

단백질 보충을 위해 많이들 먹는 소위 '단백질 파우더'는 크게 우유에서 추출한 유청단백질과 콩에서 유래한 대두단백질이 있다. 유청단백질은 흡수가 빠르고 단백질 비중이 높아 근성장, 러닝 후 즉각적인 영양 공급, 근손실 방지에 도움이 된다. 유당불내증이 있는 경우 소화에 어려움이 있을 수 있으니 주의하시길. 대두단백질은 유청 대비 흡수 속도가 느리다는 단점이 있지만 유당이 없어 소화가 잘 되고, 포만감이 오래가 다이어트에 유리하다. 채식주의자라면 필수 선택이 될 수도 있다. 예전에는 단백질 파우더가 잘 녹지 않고 맛이 역해서 먹기에 고역이었는데, 요새는 다양한 단백질 보충제가 출시되면서 맛도 좋고 확실히 잘 녹는다.

필자는 단백질 파우더 등 보충제에 거부감이 없는 편인데, 나이가 들어 가면서 점점 더 그렇다. 특히 50대부터는 근육의 합성 효율이 떨어져 단백질 섭취량을 늘려야 하는데, 동시에 위산과 소화 효소의 분비가 줄어들면서 소화력이 약해지다 보니 육류를 통한 섭취는 한계가 있다. 식사에서 영양을 찾기보다는 그냥 그때그때 입에 즐거운 음식을 먹고, 부족한 영양소는 영양제나 보충제로 채우는 게 낫다는 주의로 점점 기울게 된다. 독자분들에겐 각자의 식사 철학이 있으실 테니 각자의 라이프 스타일과 러닝 생활에 맞게 잘 궁리해 보시면 좋겠다.

근육 회복과 에너지 보충을 할 수 있도록 양질의 단백질과 탄수화물이 풍부하고, 바쁜 아침 시간을 절약할 수 있도록 준비와 섭취가 간단하며, 소화가 쉽다는 정도의 원칙만 지키면 된다. 절대 피해야 할 것은 이왕 달린 김에 살을 더 빼야겠다고 러닝 후의 식사를 건너뛰는 것이다. 이는 즉각적인 근손실로 이어진다. 운동 후 적절한 영양 특히 단백질 섭취가 없으면, 몸은 근육을 분해해 에너지로 사용해 버리며, 피로가 누적되고 운동 효과가 떨어진다. 결과적으로 근육이 줄어들면 앞서 말한 것처럼 기초대사량이 낮아져 오히려 다이어트에 불리해진다. 가장 확실하고 요요 없는 다이어트는 체성분에서 근골격량이 차지하는 비중을 높이는 것이다.

해장국이 최고의 회복식이다

러닝 직후 식사 외의 다른 끼니도 회복식의 연장이어야 한다. 그렇다고 무슨 대단한 것을 먹자는 것은 아니다. 단백질과 탄수화물이 풍부한 한식 메뉴들이 대부분 훌륭한 회복식이 되어 주기 때문이다. 기름진 음식보다는 찌거나 굽는 조리로 담백하고 소화가 잘 되는 음식, 특히 우리가 흔히 '해장 음식'이라 부르는 것들이 사실은 아주 뛰어난 회복식이다. 따뜻한 국밥이나 북엇국 같은 해장 음식은 풍부한 단백질과 전해질 덕분에 손상된 조직 회복과 에너지 충전에 매우 효과적이다. 편의점에서 파는 숙취해소제 성분을 보면 아르기닌이나 비타민, 전해질 등이 들어 있는데, 이는 근손실을 막아 주는 스포츠 보조제들과 거의 유사하다. 평소보다 강한 훈련을 했을 때에는 동료들을 꼬셔서 해장국집으로 유도하면 어떨까? 가령 평소 $5km$를 달리다가 출근 전 $10km$를 소화했다면, 점심에 해장 음식 같은 고단백·고에너지 식사를 챙겨서 다음날 일상 루틴으로 빠르게 복귀하도록 하자.

Chapter 10

마지막 90일의 준비

레이스에 임할 때에는 1% 지나치게 훈련하는 것보다 10% 부족하게 훈련하는 것이 더 낫다.
It's better to go into a race 10% undertrained than 1% overtrained.
— 스티브 간제미 박사, 미국의 카이로프랙틱 전문의, 울트라 마라토너 겸 철인 3종 경기 선수

그냥 달리고 싶으면 1마일을 뛰어라. 다른 삶을 경험하고 싶다면, 마라톤을 뛰어라.
If you want to run, run a mile. If you want to experience a different life, run a marathon.

— 에밀 자토펙[16], 올림픽 육상 금메달리스트

 1948년 런던 올림픽 1만m, 1952 헬싱키 올림픽 5천m, 1만m, 마라톤 금메달리스트. 마라톤 금메달리스트가 다른 종목에서도 금메달을 딴 경우는 현재까지 에밀 자토펙이 유일하다. '인간 기관차'라는 별명을 갖고 있으며 역사상 가장 위대한 러너 중 한 명으로 꼽힌다.

90일 뒤에 42.195㎞를
달리겠다는 결심

앞서 9-6-3 프레임워크를 통해 풀코스 완주의 궤적을 짚어 보고, 안전하고 지속 가능한 달리기를 위한 실천법들을 필자의 경험과 함께 살펴보았다. 각자의 라이프스타일이 다르기에 정형화된 일정표를 강요하지는 않았다. 러너가 훈련 원리와 몸의 변화를 이해한다면 자신에게 최적화된 과정을 스스로 설계할 수 있다고 믿기 때문이다.

5장에서 설명드린 것처럼 최근의 러닝 앱들은 목표한 레이스 날짜와 자신의 상태 및 상황($10km$ 완주해 봤다, 기록은 어떻다, 주 몇 회 운동 가능하다 등)을 입력하면 그에 따라 운동 계획을 자동으로 수립해 준다. 러닝 기록들이 누적되어 감에 따라 업데이트된 목표 스케줄을 제시하고, 그때그때 상황에 맞는 코칭이나 격려도 그럴싸하게 제공한다. 이렇듯 개인화된 유연한 프로그램에 따라 달리기 훈련을 누적해 나간다 하더라도, 중요한 것은 러너 자신이 그 훈련의 목적과 결과를 이해하고 체감할 수 있어야 한다는 거다.

'러너'로서의 정체성을 확립한 이들에게 달리기는 생활이다. 풀코스 완주 계획 여부와 상관 없이, 달리고들 계실 것이다. 그 과정에서 10㎞나 하프는 특별한 계획이나 목표 없이도 자연히 거쳐가게 되는 중간 기착지 혹은 마일스톤에 해당한다. 그러나 42.195㎞를 달리는 것은 다르다.

30㎞를 넘어 달리는 것은 평범한 인간의 생리적 한계를 넘는 신체 활동이다. 마라톤의 기원이 된 아테네 병사의 일화를 기억하자. 겁주려는 의도는 아니지만, 42.195㎞는 준비 없이 도전할 경우 생명을 위협할 수도 있는 거리다.

그래서 풀코스 레이스를 준비하는 마지막 3개월만큼은, 체계적인 훈련 계획이 반드시 필요하고, 평소와는 다른 종류의 달리기를 포함시켜야 한다. 풀코스 완주 경험이 많은 숙련된 러너들에게도 마찬가지다. 책에서 표로 정리된 90일 간의 프로그램을 적어 주는 것보다는, 독자 여러분이 각자 사용하는 러닝 앱이 맞춤형으로 제공해 주는 것을 따르는 것이 편리하다. 다만 각 단계별로 반드시 필요한 훈련 원칙과, 이를 소화하기 위한 실전 팁, 그리고 앞의 장들에서 미처 다루지 못한 측면들을 소개해 드리도록 하겠다.

완주나 경기력 향상을 이야기하기에 앞서, 이 기간에 가장 중요한 것은 무엇보다도 부상을 피하는 것이다. 평소의 달리기 즉 9 → 6 또는 6 → 3이라면 일정 조정 등 여러 가지 방법으로 어떻게든 꾸려 나갈 수 있겠지만, 풀코스 레이스 3개월을 앞두고 무리해서 달리다가 부상을 당하면 방법이 없다. 우리의 목표는 완주 후 다음 날 정시에 출근하여 정상 근무하고 일상을 이어 가는 것이다.

Phase 1: D-3개월, 끝까지 달릴 수 있는 기반을 놓는다

풀코스 완주를 준비하는 3개월 중 첫 달의 목표는, 먼저 우리 몸이라는 하드웨어를 90일 뒤에는 $42km$를 달릴 수 있는 엔진으로 확실하게 빌드업하는 트랙에 올려 놓는 것이다. 지금 당장 $42km$를 달릴 수 있게 만든다는 것이 아니라, 그렇게 만들어 가는 과정에 착수해서 3개월 동안 끊임없이 이어져 나갈 수 있는 토대를 놓아야 한다. 같은 듯 다른 것 같지만, 중요한 차이다. 마지막 3개월은 이전과는 다른 '트랙'에 올라타서 그 관성으로 쭈욱 끝까지 달려야 한다. 매일의 달리기에서 결승점 즉 $42.195km$의 끝을 염두에 두는 것이다.

트랙에 오르기 전에, 현재의 상태와 상황이 아래의 기준에 맞는지 생각해 보자. 기존에 얼마의 기록으로 달렸던 적이 있는지는 중요하지 않다.

- 주 3회 이상 달리고 있고, 한 번에 $7{\sim}8km$ 이상을 달릴 수

있다. 페이스는 상관 없다. 매월 80~100km 정도, 즉 매주 20~25km 정도를 꾸준히 달리고 있다.

- 천천히 달리면 12~15km 정도의 거리도 무리 없이 달릴 수 있다. 살짝 힘들 수는 있으나 후유증이 오래가지 않고, 바로 다음날에도 3~5km 정도 가볍게 달리는 데 아무 지장이 없다.
- 주 5회 이상 훈련 시간을 확보할 수 있다.

현재의 러닝 라이프가 이 정도 수준을 유지하고 있고, 여기서 20% 정도 훈련량을 늘릴 수 있도록 상향 조정이 가능하다면, 3개월 뒤 풀코스 완주는 가시권에 있다고 할 수 있다. 그렇지 못하다면 다음 시즌으로 미뤄야 한다.

중요한 것은 현재 얼마나 달리고 있는지, 몸 상태가 어떤지보다도, 훈련량을 상향 조정할 수 있느냐다. 직장인으로서 향후 3개월 동안 어떤 일이 일어날지를 예측하는 것은 쉽지 않지만, 대략 현재의 내 생활에서 달리기에 할애하는 시간과 에너지를 어느 정도 늘릴 수 있을지는 가늠할 수 있을 것이다. 가족이나 함께 일하는 동료에게 미리 선언을 해 두는 것도 방법이다. 인생에는 달리기보다 중요한 일이 많다. 예기치 못한 출장이나 가족사 등으로 훈련에 집중하기 어렵다면 미련 없이 다음 기회를 기약하는 용기도 필요하다.

이달에는 월간 누적 200km의 마일리지를 확실히 정착시켜야 한다. 절대적인 숫자가 중요한 것은 아니다. 조금 모자란 150~180km가 될 수도 있고, 착실히 채워 나가다 보면 250km를 훌쩍 넘겨 버릴 수도 있다. 중요한 것은 주 단위 훈련 계획과 목표를 세우고 적어도 80% 이상은 수행해 나가는 것이다. 예를 들어 월화수 각 8~10km를 달리고 목요일 하루 쉬고 금요일 다시 10km를 달리고 토요일 쉬고 주말에 15~17km를 달리면 주간 55km, 한 달이면 220km다. 4주 중 한 주를 제외하고는 주중 하루 정도는 건너뛴다고 가정하고, 주말의 지속주를 한 주 정도 빼 먹었다고 쳐도 180km는 확보할 수 있다. 이런 루틴이 확실하게 자리 잡아 그 결과로서 최소 180km의 마일리지를 쌓았다면 마라톤 풀코스 D-90의 첫 달은 성공적으로 보냈다고 볼 수 있다.

러닝 '드릴'로 RE를 몸에 익히자

운동에서 드릴이란 '복합적인 전체 동작을 작은 단위로 분해하여 반복 숙달하는 훈련'을 의미한다. 특정 기술을 수행하는 데 필요한 근육의 협응력과 신경계의 반응을 '자동화'해 둠으로써 뇌가 복잡한 전체 동작을 일일이 명령하지 않아도 하위 시스템들이 최적의 프로토콜대로 움직이게 만드는 과정으로, '머슬 메모리'를 형성하는 것이다. 마라톤은 같은 동작을 수만 번 반복하기 때문에 달리는 중에도 계속 의식적으로 교정할 필요가 있다고 했었다. 평소의 러닝에서도 틈날 때마다 RE의 원칙을 되새기고 힘의 흐름을 느끼며 자세를 가다듬다 보면 어느덧 내 몸의 근육과 관절에 기억이 고정되어 점점 달리기가 수월해진다. 하지만 레이스 당일에는 이것저것 생각할 여유가 없다. 대회 특유의 고양된 분위기는 평소 러닝과는 달리 차분히 자신의 달리기에 집중하기 어렵게 만든다. 연습 때는 거의 달려 본 적이 없는 30km의 벽 이후, 몸과 마음이 한

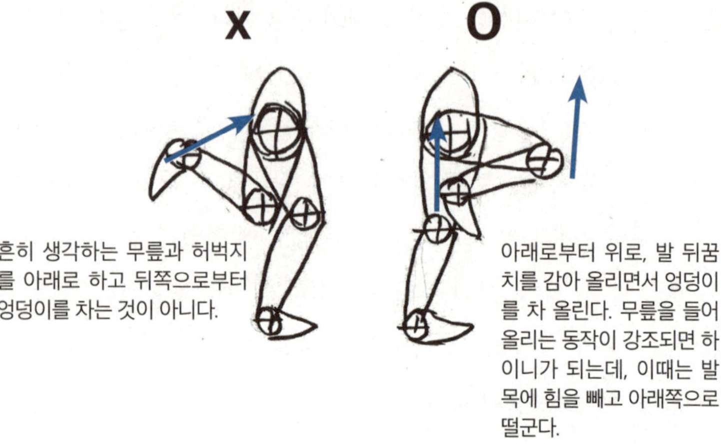

흔히 생각하는 무릎과 허벅지를 아래로 하고 뒤쪽으로부터 엉덩이를 차는 것이 아니다.

아래로부터 위로, 발 뒤꿈치를 감아 올리면서 엉덩이를 차 올린다. 무릎을 들어 올리는 동작이 강조되면 하이니가 되는데, 이때는 발목에 힘을 빼고 아래쪽으로 떨군다.

계에 다다른 상태에서도 다리가 기계적으로 한 발 한 발 움직이며 몸을 앞으로 보내게 하기 위해서는, 역시 몸이 기억하게 만들어야 한다. 그래서 레이스를 90일 앞둔 시점부터는 러닝 드릴로 바른 자세와 내 몸의 관절과 근육이 그 자세에 맞게 단련되고 있는지를 점검할 필요가 있다.

대표적인 달리기 드릴은 아래와 같은 것들이 있다. 동작의 세부 사항을 책에서 구구절절 설명하기보다는, 쇼츠나 릴스 등 짧은 동영상을 검색해서 직접 보시기를 권한다. 다만 각 동작이 목표로 하는 바가 무엇인지를 명확히 이해해야 한다. 가령 A-Skip과 B-Skip은 엘리트 선수들이 연습하는 동작을 봐도 헷갈리는데, 목적을 이해하고 보면 확실한 차이를 알게 된다. 각 동작을 실행할 때 가급적이면 목표 케이던스에 맞춰 실행하고, 팔치기도 잊지 말아야 한다. 모든 동작에서 상체를 쭉 펴고 골반이 지면에서 가급적 높게 떠 있어야 한다.

A-Skip: 무릎을 골반 높이까지 가볍게 들어 올리며 리드미컬하게 통통 튀는 동작을 반복한다. 지면 반발력을 활용하는 법과 안정적인 수직 자세를 익히는 데 중점을 둔다. 지면 접촉 시간을 단축하고 발목의 탄성을 높이는 효과가 있다.

B-Skip: A-Skip 동작에서 무릎을 들어 올린 후 발을 앞으로 뻗었다가 지면을 긁듯이 뒤로 당기며 착지한다. 착지 전 '당기는 힘(Paw-back)'을 연습하는 건데, 햄스트링의 활성화를 돕고, 오버스트라이드를 방지한다.

버트 킥과 하이 니: 버트 킥이라고 하면 허벅지를 고정한 채 뒤꿈치가 엉덩이에 닿도록 빠르게 차는 동작을 생각하는데, 달리기 드릴에서의 버트 킥은 다르다. 오히려 하이 니와 비슷하게, 무릎을 들어 올리면서 뒤꿈치가 아래로부터 엉덩이를 차올린다는 느낌으로 킥한다. 다리를 접어 회수하는 속도를 높여 빠른 케이던스에 적응하게 해 준다. 버트 킥과 하이 니는 외관상 유사한데, 버트 킥이 다리 뒤쪽에서 발을 감아올리는 햄스트링에 중점을 둔다면 하이 니는 다리 앞쪽에서 무릎을 들어 올리는 데 쓰이는 장요근을 강화하는 것이 목적이다. 둘 다 RE에서 말한 '롤링' 동작이 자연스럽게 이루어지도록 근력과 협응력을 키우는 데 도움이 된다.

위의 세 가지 동작은 모두 무릎과 관련이 있는데, '무릎으로 달린다' 즉 '니 드라이브'를 살리기 위한 훈련이다. 초보 러너들은 가급적 무릎을 쓰지 말고 달려야 하는 것으로 착각하기 쉽지만, 무릎이 그저 수동적으로 몸무게의 충격과 지면의 반력을 받아 내는 역할에 머물면 오히려 빨리 무리가 온다. 무릎이 적극적으로 러닝을 이끌어야 무릎이 감당해야 하는 충격을 최소화할 수 있다. 니 드라이브와 '롤링'은 동전의 양면이라 할 수 있다. 무릎으로 달리면 발뒤꿈치가 수레바퀴처럼 돌아가게 되어 있고, 수레바퀴가 돌면 무릎은 자연히 전방 위쪽으로 차올려지게 된다.

스트레이트 레그 런: 무릎을 굽히지 않고 다리를 곧게 편 채 앞부분으로 지면을 밀어내며 나아간다. 고관절과 햄스트링의 개입을 높이고 발목의 탄성을 강화한다. 통통 튀는 느낌을 살리는 것이 중요하다.

바운딩: 멀리뛰기를 하듯 공중 체류 시간을 길게 가져가며 큰 보폭으로 도약하여 달려 나간다. 근육의 힘을 주행 거리에 투사하는 연습이라고 할 수 있는데, 보폭을 효율적으로 넓히는 데 도움을 준다. 아니, 오버 스트라이드는 만악의 근원이라고 하지 않았었나? 오버 스트라이드는 보폭과 상관없이, 딛는 발이 무게 중심의 앞에 떨어지는 것을 의미할 뿐이다. 딛는 발을 무게 중심 안쪽에 유지하면서 보폭을 넓힐 수 있으면 같은 케이던스로 더 빨리 달릴 수 있고, 결과적으로 힘이 덜 든다.

카리오카(Carioca): 옆으로 이동하며 다리를 앞뒤로 교차하여 꼬며 나아가는 건데 동영상을 찾아 보시면 아 이거~ 하실 거다. 고관절의 회전성과 골반의 유연성을 확보하여 주행 중 골반 안정성을 높인다.

앵클링: 발뒤꿈치는 떼고 발가락 부분으로 지면을 아주 짧고 빠

르게 툭툭 치며 나아간다. 발목이 약한 필자가 항상 중점을 두는 드릴인데, 제자리뛰기 하듯이 하면서 발목에 최대한 집중하여 불필요한 힘이 들어가지 않도록 주의하는 훈련이다. 발목과 아킬레스건의 탄성 에너지를 활용하는 연습이라고도 할 수 있다.

러닝 드릴을 D-3개월 시점에서 다시 꺼내는 또다른 이유는, 훈련 루틴을 정착시키는 과정에서 각 세션 전후의 워밍업을 드릴 훈련과 조합할 수 있기 때문이다.

운동 전후의 몸풀기에는 동적 웜업과 정적 웜업이 있다. 동적 웜업은 움직임을 통해 체온을 높이고 가동 범위를 넓혀 운동 전 부상을 예방하고 퍼포먼스를 향상시킨다. 반면 정적 웜업은 고정된 자세로 근육을 늘려 유연성을 개선하는데, 운동 전에는 퍼포먼스를 저하시킬 수 있어 주로 운동 후에 하라고 권한다. 장거리 러닝에 도움이 되는 동적 웜업 동작에는 고관절 가동 범위 확보를 위한 앞뒤/좌우 레그 스윙, 팔치기 준비를 하는 견갑골 주변 근육 활성화 운동 등이 있다. 마찬가지로 정확한 동작을 찾아 보시기 바란다.

앞서 소개한 달리기 드릴들은, 일종의 동적 웜업으로 활용할 수도 있다. 운동 전 웜업의 중요성은, 두말하면 잔소리고 시간도 가급적 길게 할수록 좋겠으나, 바쁜 시간에 달리기를 하면서 웜업은 짧게 하고 싶은 것이 우리 직장인 러너들이다. 드릴 동작이나 동적 웜업이나 5~6개의 동작을 골라 한 동작당 1~2분씩만 연속으로 하면 대략 10~15분의 워밍업 세션을 구성하게 된다. 러닝 전에 무엇을 할지 생각하지 말라고 한 것을 기억하라. 필자는 애플헬스 운동 앱에 커스텀으로 6개의 드릴 동작을 넣어 두고, 워치가 알려 주는 대로 수행하여 아침 러닝 전 워밍업으로 삼고 있다. 드릴의 형태로 단순화된 바른 움직임을 뇌가 기억한 상태에서 본 주행에 들어가면 RE 개선 효과가 크다.

천천히 달려서 지구력을 높인다

풀코스 준비 첫 달에 중요한 것은 훈련량을 본궤도에 올리는 것과 자세를 가다듬는 것 외에, 훈련의 내용을 재정비하는 것이다. Zone 2 러닝을 늘려서 지구력을 키우는 것이 관건인데, 실제로 해 보면 의외로 이게 가장 어려울 수도 있다는 것을 알게 된다.

달리기가 루틴으로, 삶의 일부로 자리 잡고 나면, 보통 자신에게 가장 편한 거리와 페이스가 생기게 마련이다. 사람에 따라 다르지만 필자의 경우 5'40"/km 정도의 일정한 페이스로 50여 분간 8~10km 정도를 달리는 것이 가장 편안한 달리기다. 적당한 부하가 몸에 걸리면서 그날의 달리기를 해냈다는 성취감도 느끼고, 일상의 스케줄과 조화를 이루면서 활기찬 하루를 보낼 수 있다. 심박수 구간으로 따지면 Zone 3의 상단 정도에 해당하는 젖산 역치(LT) 구간보다 조금 아래쪽 정도에서 일정한 수준을 유지하는 달리기다. 마라톤 훈련 프로그램에서는 템포런이라고 한다. 5'40"/km으로 4시간을 달리면 42km를 달리게 된다. 필자가 매번 봄가을에 대회에 출전할 때마다 목표로 삼는 4시간 완주의 기준 속도이다. 50분 정도를 달리기에 편안한 페이스지만, 이 속도로 3시간, 4

시간을 달리게 되면 어떨지? 템포런은 젖산 역치를 밀어올려 심폐지구력 향상과 속도 유지 능력 강화에 효과적이라고 하는데, 템포런만 해서는 반드시 정체를 겪게 된다. 레이스 준비의 핵심은, 이 편안한 달리기를 어떻게 지속하게 만드냐는 것이다.

답은 의외로, 천천히 달리는 데 있다. 엘리트 러너들이 실천하는 80/20 법칙의 핵심은 '천천히 달려야 더 빨리 달릴 수 있다.'는 것이다. 훈련의 80%를 저강도로, 나머지 20%만 고강도로 배분할 때 우리 몸은 정체를 극복하고 잠재력을 최대치로 끌어올린다. 아마추어 러너들은 그 반대로 한다. 편안한 강도로 훈련하기보다는 계속 무리한 강도로 훈련을 이어가는데, 역설적으로 이것이 그들의 기록 향상을 막는 가장 큰 걸림돌이 되고 있다. 물론 엘리트 러너들의 저강도 훈련은 아마추어 러너의 고강도 훈련을 아득히 뛰어넘는 수준일 것이다. 훈련의 기준이 거리나 속도(페이스)와 같은 절대적인 지표가 아닌, 심박수와 VO2max 등을 기준으로 개인차에 따른 상대적인 지표가 되어야 하는 이유다. Zone 2 러닝의 중요성은 이 책의 여러 곳에서 반복해서 이야기했지만, 지방을 에너지로 쓰는 미토콘드리아를 가장 효율적으로 증식시키고, 모세혈관을 확장하여 근육 구석구석으로 산소를 전달하는 도로망을 확충하는 역할을 한다. 즉 지방 대사가 탄수화물 대사보다 활발해지는 크로스오버 포인트를 매 훈련 세션마다 조금씩 오른쪽으로 밀어 이동시키는 것이다.

Zone 2 러닝을 여러 번 강조하는 이유는, 필자 스스로 마라톤 훈련 과정에서 가장 난감해하는 부분이기 때문이다. 달리기의 목적은 가능한 빨리 결승선에 도달하는 것이기에, 본능적으로 점점 빨리 달리게 되어 있다. 특히 일터에서 가정에서 언제나 시간에 쫓기는 우리 직장인 러너들은, 여러 가지 심리적/환경적 요인으로 인해 저강도 운동 비중을 늘리기가 생각보다 훨씬 어렵다. Zone 2 러닝은 시간이 많이 걸린다. 같은 1시간을 투자했는데도 거리와 운동량이 템포런에 비해 현저히 적다. 투입 시간 대비 산출물로 계산되는 업무 생산성에 매여 살다 보니 달리기에서도 '가성비'를 추구하게 된다. 또다른 요인은 벼락치기 심리다. 직장인 러너가 '충분히' 훈련하고 레이스에 임하는 호사를 누리는 경우는 거의 없다고 봐야 한다. 목표한 훈련량과 마일리지에 미치지 못한 채 레이스 날짜가 다가오다 보니, 목표한 페이스로 달릴 수 있을지 완주나 가능할지 불안해지고, 벼락치기로 실력을 점검하거나 부족한 마일리지를 채우고 싶은 유혹에 쉽게 빠지게 되는 것이다. SNS에 러닝 로그를 공유함으로써 동기 부여를 받는 러너들은 특히 주의해야 한다. 천천히 달린 기록이 왠지 수치스럽게 느껴져 자꾸만 빨리 달리게 된다. 마지막으로 중강도 훈련 즉 Zone 3의 '유혹'이 있다. 초중급 러너들은 Zone 2를 유지하려면 너무 천천히 달려야 해서 운동하는 맛이 나지 않다 보니 훈련 중의 많은 시간을 Zone 3에서 보내게 되는데, 이는 자칫 적당히 힘들어서 운동한 기분은 나지만, 다음날 회복에 지장을 줄 만큼 피로하고, 정작 경기력을 드라마틱하게 높여 주지는 못하는 구간에 잡혀 있게 한다. 더 편하게 달려 원하는 시간대에 완주하려면 Zone 2 러닝을 늘리는 것이 관건이다.

Phase 2: D-2개월, 다양한 훈련으로 나의 러닝을 업그레이드한다

이 기간은 마라톤 준비 기간의 정점이다. 훈련량도 그렇고, 경기력 향상 측면에서 그렇다. 이 기간을 어떻게 보내느냐가 완주 여부 혹은 목표 기록 달성 여부를 결정한다. 핵심은 다양한 훈련법을 도입하여 우리 몸이라는 달리는 기계에 계획된 과부하 또는 저부하를 주는 것이다. 중요한 점은 이 기간에도 Zone 2 훈련 즉 저강도 훈련을 줄이면 안 된다는 거다. 원칙은 심박수가 젖산역치를 넘나드는 즉 Zone 4와 5를 오가는 고강도의 인터벌 훈련을 저강도 훈련 사이사이에 끼워 넣는 것이다.

이 기간에 시도해 볼 수 있는 다양한 훈련법은 크게, 인터벌 훈련, 후반부 스피드 유지를 위한 역 에스컬레이션, LSD 빌드업의 세 가지다. 먼저 스프린트 즉 전력 질주를 마라톤 훈련에 끼워 넣는 효과에 대해 잠깐 생각해 보자. 인터벌 훈련과 같이 어느 정도 거리나 시간 동안 전력 질주 또는 최대 강도의 80~90% 정도로 달렸다가 느리게 뛰거나 걷는 방법으로 쉬면서 심박수를 떨구는 것을 수차례 반복하는 것을 '윈드 스프린트'라고 한다. 인터벌 훈련은 VO2max를 단기간에 강화할 뿐 아니라, 레이스 페이스보다 빠른 스피드를 경험함으로써 실제 경기에서 체감하는 신체적·심리적 부하를 낮춰 주는 효과가 있다. 먼저 최고 속도와 레이스 속도의 차이에서 오는 신체적 심리적 여유다. 최고 속도가 200km인 차와 100km인 차가 각각 100km로 주행할 때의 시스템 부하를 생각해 보자. 전자는 안정적으로 100km를 유지할 수 있지만 후자는 그렇지 않을 것이다. 즉 최고 속도가 여유 있다는 것은 레이스 속도를 일정하게 가져갈 수 있다는 뜻이다. 항상성 유지는 에너지 소모를 줄여 더 멀리 달릴 수 있게 해 준다. 또한 전력질주는 자세 교정을 통한 RE에도 도움이 된다. 레이스 페이스보다 빨리 달리려면, 다리뿐 아니라 팔과 상체 전반의 가동 범위가 훨씬 커진다. 가동 범위의 제약으로 막혀 있던 동작에 여유가 생기면서 자세가 좋아지고, 결과적으로 RE가 좋아진다. 근육 발달 측면에서도 장점이 있다. 마라톤과 단거리는 사용하는 근육이 다르다. 지근(slow muscle)과 속근(fast muscle)이라고 한다. 30km를 넘어가면서 지근이 한계에 다다랐을 때, 속근이 버텨 주는 역할을 한다. 마라톤에서 쓰일 일이 없을 것 같은 스프린트를 틈틈이 하면 속근이 단련되어 30km 이후에 도움이 되는 것이다.

인터벌 훈련의 일종인 야소 800(Yasso 800s)은 트랙에서 800m 즉 두 바퀴를 빠른 속도로 달리고, 400m를 같은 시간 동안 천천히 달리면서 회복한 뒤 다시 800m를 빨리 달리는 것을 10회 반복한다. 물론 전후에 충분히 워밍업과 쿨다운을 해야 한다. 이 훈련이 재미있는 것은, 풀코스 완주 가능성과 기록을 예측하는 수단으로 활용될 수 있기 때문이다. 이 열 번의 800m를 각 3분에 달릴 수 있는 러너는 풀코스를 3시간에, 4분에 달릴 수 있는 러너는 4시간에 완주할 수 있다는 것이다. 왠지 야매 같은 소리지만 바트 야소가 퍼뜨린 이 훈련법은 전 세계 수많은 러너를 통해 그 유효성이 입증되었다. 4시간 이내 완주를 기준으로 하는 필자 역시 실전에서 나름의 예측력을 직접 경험했다. 800m를 4분에 달리는 것을 페이스로 환산하면 $5'00''/km$, 달리는 총거리가 $12km$, 트랙 30바퀴인데 마지막 랩까지 800m 4분($5'00''/km$)을 가까스로 유지할 수 있었다. 잭 다니엘스 박사의 VDOT 표에 따르면 필자의 VO2max 수치인 45는 4시간보다 조금 안쪽으로 들어올 수 있는 심폐 기능이라고 했던 것과도 거의 일치한다. 조금 무리하면 3시간 50분 정도까지 단축해 볼 수도 있을 것 같지만, 4시간 정도면 만족한다. 다음날 출근해야 하니까.

언덕 반복 주행(Hill Repeats)은 경사도가 있는 언덕을 전력의 80~90%로 뛰어 올라가고 조깅으로 내려오기를 반복하는 방법이다. 레이스에서 만날 수 있는 오르막길에 대비할 수 있는 효과도 있지만, 그보다는 VO2max 확장을 위한 인터벌 훈련의 일환으로 봐야 한다. 심폐 지구력과 하체 근력을 동시에 강화하며 주행 폼을 견고하게 만든다.

파틀렉(Fartlek)은 정해진 거리 없이 지형지물에 맞춰 속도를 높였다 낮췄다 자유롭게 반복하는 훈련을 말한다. 그냥 내키는 대로 뛰라는 거 아냐? 싶지만 목표가 명확하면 그렇지 않다. 항상성을 깨뜨리는 변동성 훈련으로서, 다양한 속도 대역에 대한 신체 적응력을 높이는 것이 목적이다. 주로에 다른 러너들이 있다면 '저 다리에 이르기 전에 앞의 저 사람을 앞질러야지', 또는 '저 앞에서 개를 데리고 산책하는 여성보다 벤치를 먼저 지나쳐야지' 하는 식으로 지루하지 않게 시도해 본다. 단 이렇게 페이스에 변화를 주면서도 케이던스와 호흡은 일정하게 항상성을 유지한다.

크루즈 인터벌(Cruise Intervals) 또는 롱 인터벌(Long Intervals)는 역치 페이스(약간 힘든 정도)로 1~2km를 달리고 아주 짧은 휴식(1분 내외)을 취하는 것을 반복하는 것이다. 젖산 역치(LT)를 높이는 효율적인 방식인데 휴식 시간이 짧아서 필자에게는 야소 800보다 힘들었다. 피로 누적 상태에서도 빠른 속도를 유지하는 '항속 능력'을 개선하는 게 목적이다.

장거리를 달리다 보면 아무래도 힘이 남아 도는 전반부보다 후반부에 페이스가 떨어지게 마련인데, 이를 극복하고 항속을 유지하기 위한 생리적, 심리적 적응 훈련인 역 에스컬레이션도 시도해 볼 필요가 있다. 빌드업 주(Progression Run)는 아주 느린 속도로 시작하여 5~10분마다 조금씩 페이스를 높여 마지막에는 목표 페이스보다 빠르게 마무리한다. 대사 시스템의 점진적 가동을 유도하여, 후반부에 에너지를 쥐어짜는 능력을 키우고 부상 위험을 낮춘다. 네거티브 스플릿은 좀 더 단순하게, 전체 거리의 전반부보다 후반부를 반드시 더 빠르게 달리는 훈련이다. 역 에스컬레이션의 훈련 효과는 페이스 안배와 절제력 함양이다. Zone 2 러닝에서 알 수 있듯 천천히 달리는 게 더 고역이다.

애플피트니스 달리기 앱의 커스터마이즈 기능이나 가민 커넥트의 커스텀 워크아웃 기능을 활용하여 미리 구간별 목표 등을 설정해 두면, 달리는 동안은 워치의 지시에 따라 오직 달리는 데에만 집중할 수 있으니 반드시 활용하자.

마지막으로, 이 기간의 주말에는 가급적 15km 이상에서 시작해 점차 거리를 늘리는 Zone 2 러닝 세션들을 배치하여 다음 달 레이스 전의 LSD 거리에 적응해 두어야 한다.

Phase 3: D-1개월, 줄여야 끝까지 갈 수 있다(feat. LSD, 테이퍼링, 카보 로딩)

레이스가 불과 한 달 앞으로 다가왔다. 이 즈음이면 '레이스팩'이라고 불리는, 배번표와 기념품, 안내 책자 등등을 담은 꾸러미도 택배로 도착해 있을 것이다. 레이스에 대한 기대로 설레겠지만 한편으로는 부족한 훈련량과 마일리지로 마음이 초조해지기 시작한다. 레이스 한 달 전은 더하는 것보다 덜하는 것이 중요한 시기다. 주말 LSD를 제외한 주중 훈련은 과감히 줄여 회복력을 극대화해야 한다. 전체 마일리지의 80%는 이미 앞선 두 달간 완성되었어야 함을 명심하자.

대회 당일로부터 적어도 3~4주 전 주말에는 30km 이상 거리를 달리는 LSD 훈련을 꼭 해야 한다. 목적은 근지구력 강화, 지방 연소 효율 극대화, 그리고 30km 이후의 '벽'을 극복하는 멘탈 강화에 있다. 몸이 장시간 달리는 것에 적응하여 페이스 조절 능력과 폼 유지력을 높이고, 후반부 글리코겐 고갈을 방지하는 것이다. 기본적으로 Zone 2 훈련이라고 할 수 있는데, Zone 2가 심박수에 집중

한다면 LSD는 거리와 시간에 집중한다. 즉 풀코스 완주 목표 시간 동안을 달려서 적응해 보는 것이다. 필자의 Zone 2 러닝 페이스는 7′/km 정도이니 그보다 살짝 느린 7′10″/km 페이스로 4시간을 달리면 34km 정도를 달릴 수 있다. 즉 34km가 내 수준에 적합한 LSD 거리다. 생리적 효과보다 중요한 것이 멘탈 강화와 필드 테스트다. 30km에 채 이르기도 전에 '벽'이 찾아오면서 오만가지 생각이 다 들 텐데(대체 왜 이런 고생을 사서 하고 있는 거지?) 이때 잘 이겨 내면 레이스 당일에는 충격이 훨씬 덜하다. 시간 확보도 중요하다. 4시간을 달리고 나면 그것만으로도 반나절인데 남은 반나절도 뻗어 있을 가능성이 크다. 주말 하루를 온전히 비워야 하는 것이니 미리 가족들에게 양해를 구해 두자.

주로 확보도 생각보다 만만치 않다. 레이스 당일의 42km는 주최측에서 교통도 통제해 주고 급수대도 설치해 두는데, 혼자 LSD 를 하면서는 그런 보급을 스스로 해결해야 한다. 30km 이상을 집중해서 달리려면 미리 어디부터 어디까지 달릴 것인지 정해야 하고, 에너지를 바닥까지 소진한 상태에서 무탈하게 귀가할 계획도 세워 둬야 한다. 레이스 당일의 보급 계획도 이때 필드테스트를 해 보자. 달리는 도중 에너지 젤을 섭취했을 때 위장이 이를 거부하지 않고 흡수하는지, 물은 어느 정도 마셔야 갈증과 복통 사이의 균형 을 맞출 수 있는지 점검해야 한다.

3주 전 주말에 30km LSD를 잘 해냈다면, 다음날부터 바로 테이 퍼링에 들어간다. D-21~15는 '적응과 유지'의 기간으로 삼고, 훈 련량을 기존의 80% 이하로 낮춘다. 그주 주말에 피로를 회복하면서도 몸이 장거리 감각을 잃지 않도록 15~20㎞ 내외의 Zone 2 러닝을 해 주면 아주 좋다.

테이퍼링 2주차인 D-14~8은 '본격적인 회복'의 기간이다. 훈련량은 과감하게 절반으로 줄인다. 갑자기 운동량이 줄면 몸이 무겁게 느껴질 수도 있는데 에너지가 응축되는 기간이니 동요하지 말자. 주말에는 Zone 2가 아닌 12~15㎞ 정도를 목표 마라톤 페이스로 가볍게 달리며 레이스 감각을 점검해 본다.

대회 주간인 D-7~D-Day에는 모든 초점을 '신선한 다리 상태 유지'와 '연료 비축'에 맞춘다. 거리도 시간도 정하지 말고 가볍게 조깅하는 사이사이 100m 스프린트를 간간히 끼워 넣어 근육이 늘어지지 않도록 한다. D-3부터는 슬슬 카보 로딩을 시작한다. 한국인 러너는 흰쌀밥을 왕창 때려먹는 게 최고다. 삶은 감자도 좋은데 고구마는 섬유질이 많아 피한다. 기름기 있는 음식은 최대한 삼간다. 우리 몸에는 이미 서울-부산을 왕복하고도 남을 지방이 저장되어 있으니, 글리코겐 저장에 방해가 되는 영양 섭취는 피한다.

레이스 당일 – 쓰러지기 전에 걸어도 괜찮다

자, 이제 레이스 당일이다. 풀코스 도전이 처음이건 이미 여러 번 경험을 해 봤건, 레이스를 앞둔 설렘과 두려움은 매한가지일 것이다. 지난 3개월 또는 6개월 또는 9개월 또는 그 이상의 기간 동안 충분히 준비를 해 왔으니, 자기 자신을 믿고 힘차게 발을 딛는 것이다. 레이스 전후의 주의사항 등은 대회 안내 책자로 숙지가 되어 있을 테니, 완주를 위해 한 가지 다른 아이디어를 드리고자 한다.

무라카미 하루키의 『달리기를 말할 때 내가 하고 싶은 이야기』는 전 세계 30개국에 번역되어 소개된, 달리기에 관한 책 중 최고의 베스트셀러이다. 수많은 러너들에게 영감을 준 책이지만, 옥에 티로 지적하고 싶은 대목이 있다. 이 책의 마지막 문단에 작가 자신의 묘비명에 '적어도 끝까지 걷지는 않았다.'는 말을 넣으면 좋겠다고 했는데, 이 때문에 수많은 아마추어 러너들이 '끝까지 걷지 않는다.'를 금과옥조로 삼게 된 것이다. 오해다.

얼마 전 타계한 제프 갤러웨이는 1972년 뮌헨 올림픽에 1만 미터 미국 대표로 출전한 올림피언이면서 2시간 10분 대의 마라톤 개인 기록을 가진 당대 최고의 엘리트 러너였지만, 마라톤을 '특별한 신체 조건을 가진 엘리트의 전유물'에서 '의지를 가진 모든 이의 도전'으로 바꾸어 놓았다고 평가받는다. 마라톤 대중화에 지대한 영향을 끼쳤고 수많은 아마추어 러너가 그의 방법을 따라 생애 첫 풀코스 완주에 성공했다고 하는데, 그의 가장 큰 업적은 초보 러너들을 가르치며 고안해 낸 '런-워크-런' 주법이다. 즉 걸어도 괜찮다는 것이다! "부상은 러너의 가장 큰 적이다. 멈추기 전에 쉬는 것이 완주의 비결이다."가 그의 철학이다.

지금까지도 러너들에게는 달리다가 한번 걷기 시작하면 다시 달리기 힘들다, 아무리 힘들어도 끝까지 걷지는 말아야 완주할 수 있다, 는 등의 통념이 있는데, 제프 갤러웨이는 걸어도 괜찮다고 가르치고 있는 것이다. 주의할 점은 제프 갤러웨이의 런-워크-런은 '힘들면 걸어라.'가 아니고 '힘들기 전에 걸어라.'라는 것이다. 즉 마라톤 후반부에 멘탈이 무너진 상태로 힘들면 걷는 게 아니라, 미리 계획한 방법에 따라 선제적으로 걷기 루틴을 달리는 사이에 짧게 넣어 시스템의 과열을 막으라는 것이다. 머리로만 알고 있다가 레이스 당일에 너무 힘들어서 어쩔 수 없이 "아 맞다, 제프 갤러웨이 코치님이 걸어도 괜찮다고 했지."하고 걷는 것이 아니라, 평소에 연습해 둘 필요가 있다.

꼭 그의 방법론을 따르지 않더라도, 달리기를 '고통스러운 고행'에서 '지속 가능한 시스템'으로 격상시킨 업적은 기억할 만하다. 부상 없이 안전하게, 일상과의 조화 속에, 오래도록 꾸준히 달리는 것이 우리의 목표니까. 기록이야 어쨌든, 우리는 레이스 다음날 아무 일 없었다는 듯 일상에 복귀하여 정시 출근·정상 근무를 하고, 퇴근 길에 다시 다음 레이스를 꿈꿔야 하니까.

963 직장인 마라톤
42㎞ 스마트 러닝 루틴

초판 1, 2쇄 인쇄 2026년 4월 27일
초판 1, 2쇄 발행 2026년 5월 1일

지은이   곽원철
발행인   안유석
편집   하나래
디자인   이유진
펴낸곳   처음북스
출판등록   2011년 1월 12일 제2011-000009호
주소   서울특별시 강남구 강남대로 374 스파크플러스 강남 6호점 B219호
전화   070-7018-8887
팩스   02-6280-3032
이메일   cheombooks@cheom.net
홈페이지   www.cheombooks.net
인스타그램 @cheombooks
페이스북   @cheombooks
ISBN 979-11-7022-324-5 (03690)